KB019395

경기도 근현대 생활문화 I

경기그레이트북스 **18**

경기도
근현대 생활문화 I

경기문화재단

이 책은 경기문화재단이

경기도의 고유성과 역사성을 밝히기 위한 목적으로 발간하였습니다.

경기학연구센터가 기획하였고 관련전문가가 집필하였습니다.

2008년 연말쯤 경기문화재단 관계자로부터 경기도사람들의 근현대 생활문화 공간을 조사해보지 않겠느냐는 제안을 받았다. 건축 전문가도 아니고, 한국 근현대사를 전공한 역사학자도 아니어서 살짝 망설였으나, 흥미에 이끌려 해보기로 작정했다. 기자 시절 지역사의 현장을 찾아 헤매던 향수 때문이었는지 모르겠다.

2009년 초에 두어 차례 예비 탐사를 갔다가 낭패감을 느꼈던 기억이 새롭다. 소략한 설명을 길잡이 삼아 찾아간 곳에서 어떤 의미 있는 취재도 하지 못했다. 돌아오는 차 안에서 프로젝트를 해낼 수 있을지 고민이 깊어졌다. 운전 못 하는 남편을 위해 직장에 휴가까지 내고 함께 나섰던 아내가 다른 방식을 고민해보라고 위로해 주었다.

누구를 먼저 찾아가고, 어떤 자료를 우선 검토할 것인지 궁리를 거듭한 끝에 일단 부딪쳐 보자고 마음먹었다. 운전과 사진 촬영은 동생(양훈철)에게 부탁했다. 마침 동생은 이직한 상태여서 시간을 낼 수 있었다. 2009년 2월부터 답사가 시작됐다. 거리가 먼 곳부터 주1회 2박3일 혹은 1박2일 일정을 잡았다.

운이 따랐다. 시·군 문화원, 향토사 연구자들, 지역 주민들은 기대 이상으로 협조해 주었다. 현장에 가지 않았다면 입수하기 어려운 증언과 옛 사진들을 상당히 확보해 돌아오기도 했다. 지금 생각해보면, 지역의 근현대사에 대한 관심이

막 시작되던 시절이라 그랬는지도 모르겠다. 물론, 순조롭게 취재가 이뤄지지 않은 곳도 많다. 10곳을 목표로 떠났다면, 보고서 작성이 가능할 만큼 성과를 얻어 온 장소는 3곳 정도에 불과했다.

2009년부터 2010년까지 경기도를 세 바퀴쯤 돌았다. 한여름과 한겨울만 피하고, 2년 동안 부지런히 돌아다녔다. 돌아보고 싶은 장소가 외져서, 내비게이션으로도 찾기 어려운 곳이 적지 않았다. 어찌어찌 찾아갔어도, 인터뷰를 거절당하거나 입증 자료가 없는 경우도 많았다. 사정이 생겨 2009년 10월부터는 운전과 사진을 후배(한영호)가 맡게 되었다. 그러나 다시 생각해도 운이 좋았다. 2년 사이 100편 가까운 보고서를 제출할 수 있었으니 말이다.

2011년 관련 예산이 삭감되어 부득이 작업은 중단되었다가 2018년에야 재개되었다. 다시 한 번 동생과 길을 나섰다. 10년 사이 경기도 사정이 꽤 달라져 있었다. 1차 작업 때만큼 운이 따르지 않기도 했다. 경기도를 최소한 한 바퀴는 더 돌아보고자 했으나 20여 곳 정도 취재를 마치는 선에서 마무리해야 했다.

보고서 양식이 정해져 있지는 않았다. 답사를 통해 파악한 내용과 자료를 검토하여 정리하면 되었다. 하지만 신문에 연재기획물을 쓰는 작업과 비슷하면서도 달랐다. 길이가 딱 정해져 있는 신문 기획물이라면 쓰지 않아도 좋았을 세세한 내용을 담고 싶다는 욕심이 생기기도 했고, 사실(史實)을 지루하게 나열해서는 안 되겠다 싶어 구성에 신경이 쓰이기도 했다.

책을 내기 위해 보고서를 다시 읽어보니 얼굴이 화끈거린다. 글맛도 밋밋하고, 충실한 역사 기록이라기에는 부족한 면이 많다. 사실, 2012년 『거기 삶이 있었네 – 경기 근현대 답사』(도서출판 글을읽다)라는 제목으로 1차 작업 보고서 가운데 35편을 엮어 펴냈다. 당시에도 비슷한 변명을 했던 기억이 난다. 다시 책을 내게 되면 원고를 모두 다시 써야겠다고 느꼈으나, 그로부터 7년이 지났는데도 손을 대지 못했다. 게으른 탓이다.

이번 책에는 그동안 작성한 보고서 120여 편 가운데 108편의 보고서를 골라 실었다. 경기도 사람들이 살아 낸 근현대 삶의 자취를 더듬어볼 수 있다고 판단되는 장소를 최대한 찾아가 보고, 듣고, 조사한 내용을 정리했다. 보고서 수록 순서는 지역과 답사장소를 가나다순으로 실었다. 지난 10년 동안 경기도는 계속 변해왔다. 보고된 장소 가운데는 사라지거나 훼손된 곳이 꽤 된다. 지역 연구자들의 노력으로 새로운 내용이 밝혀지기도 했고, 일부 공간은 등록문화재로 지정되기도 했다.

처음에는 변화와 변동을 반영해 기록해두어야 하지 않을까 싶었다. 그러나 10년 전의 기록은 그것대로 가치가 있다는 경기문화재단 경기학연구센터의 조언을 받아들였다. 충실도와는 무관하게 보고서 자체가 이미 경기도 근현대 생활 문화의 일부다. 일부 보고서 말미에 변화와 변동 상황을 짧게 기록했다가 최종 교열 단계에서 모두 삭제하고 말았다. 보고서에 쓰인 '현재', '오늘날', '지금' 따위 표현은 모두 답사 당시를 가리킨다.

보고서의 일관성과 사진에 관해서도 변명을 해 두어야겠다. 보고서가 그때그때 작성되다 보니 문체는 말할 것도 없고, 문장부호도 통일되지 않았다. 부호나마 마지막 교정에서 최대한 잡고자 했으나 놓친 부분이 많다. 사진의 경우 원 보고서에 첨부된 사진은 책에 수록된 사진보다 훨씬 많다. 선별 과정에서 부주의로 중요한 사진이 빠졌을 가능성이 있다. 독자들이 일관성과 사진 문제를 너그럽게 보아주시기를 바랄 뿐이다.

이제는 108편 보고서 가운데 일부라도 경기도 근현대에 대한 관심을 조금이나마 높이는데 기여하기를 바라는 일만 남았다. 역사적 사실과 해석 오류는 모두 견문 짧은 보고자의 책임이다.

경기문화재단 경기학연구센터 김성태 선생, 동생 양훈철과 후배 한영호에게 감사의 마음을 전한다. 불쑥 찾아온 사람에게 친절하게 좋은 정보를 알려주신 모든 분께 지면으로나마 인사를 올린다. 곁에 있다는 사실만으로도 힘을 주었던 아내, 더는 답사길 뒷얘기를 들어주지 못하게 된 아내에게는 어떻게 감사해야 좋을지 모르겠다.

2019년 12월 9일

집필자 양훈도 씀

| 차 례 |

※ 경기도 근현대 생활문화 2권과 3권의 차례는 판권 앞 페이지에 수록

1부

가평

01
청평유원지와 대성리유원지

답사일 : 2009년 4월 6일

박하사탕 같았던 가평의 강가

조종천(혹은 청평천)이 북한강으로 유입되는 어귀에 하천을 따라 형성된 안전유원지의 역사는 70년이 넘는다

이창동 감독의 영화 〈박하사탕〉의 첫 장면과 마지막 장면은 70년대 말 서울 근교의 작은 천변이다. 많은 젊은이들이 야유회나 소풍을 즐겼던 그런 평범한 물가다. 영화는 1999년의 강가 유원지와 1979년 유원지를 대비시키며 과거로의 여행을 떠난다. 순수했던 청춘의 시절을 향해 시간을 역으로 거슬러 오르며 평범했던 한 인간이 우리 현대사의 질곡 속에서 어떻게 파멸의 과정을 밟아왔는지를 보여준다. 기차에 몸을 던지며 "나 돌아갈래!"를 외치던 주인공 김영호(설경구 분)가 돌아가고 싶어 했던 공간은 '가리봉 봉우회'가 야유회를 떠났던 그 시절의 강가다. 그 순수의 공간에서 젊은이들은 기타를 치며 '나 어떡해'를 불렀고 첫사랑의 수줍은 눈빛을 나눴다. '박하사탕'처럼 순수했던 젊은 날, 그 추억의 배경은 가평의 하천변일 수도 있다.

가평 땅은 산과 물, 철도와 도로를 빼면 아무것도 안 남는다는 말이 있다. 그만큼 산이 많고 물이 많다는 말이다. 그러니 당연히 자연경관이 빼어날 수밖에 없다. 더구나 가평은 서울에서 가까워 예전부터 도시민들의 쉼터 역할을 해왔다. 팍팍하고 건조한 도심을 탈출해 기차를 타거나 버스를 타고 북한강 줄기를 따라 한 시간가량 달려가면 고향같이 넉넉한 가평의 대자연이 있었다. 그래서 경기·서울지역 사람들의 추억 속에는 가평에서의 즐거웠던 한때가 있다.

가평은 산과 물이 많은 만큼 일찍부터 유원지가 발달했다. 그중에서 대표적인 것이 일제강점기에 만들어진 청평 유원지와 70~90년대 청춘들의 숨통 역할을 했던 대성리 유원지다. 그곳은 "인생 뭐 있어?"를 껌 뱉듯 하는 중년들이 '그래도 인생엔 뭐가 꼭 있을 것'이라고 믿어 의심치 않았던 '박하사탕' 같은 청춘의 장소였다.

청평유원지(현 청평국민관광지)

서울이나 경기지역에 사는 중년 이상의 사람들은 누구나 한 번쯤은 청평에 가본 적이 있을 것이다. 가족들과 함께 혹은 친구들과 어울려 설레는 마음으로 춘천행 기차에 몸을 실었을 것이고 싱그러운 녹음과 쏟아질 듯 가득한 강가의 별들을 떠올리며 북한강이 흐르는 청평으로 향했을 것이다.

청평 유원지는 경기도 청평면 청평리와 설악면 회곡리 일대에 있는 유원지로서 경춘선 청평역과 청평댐 사이에 산재한 안전 유원지, 청명 유원지, 송포 유원지, 산장 유원지, 나이아가라 유원지 등의 통칭이다. 청평 유원지는 가평지역에서 가장 먼저 생겼으며 1943년경부터 유원지 개발이 시작된 것으로 추정된다. 이곳은 청평댐과 약 3km 정도 떨어져 있는데 청평댐 건립 시기인 1943년을 전후로 유원지 개발이 시작된 것으로 알려진다. 청평 1·2·3리에 위치해 있는 '돌밭골'은 돌이 유난히 많아서 붙여진 이름이라고도 하고, 청평발전소 건설 당시에 많은 사람들이 모여들어 돈거래가 많게 된 후부터 '돈밭골'이라 불리어졌다는 설이 있다. 이후 행정구역 명을 정할 때 '돌밭골'의 한자표기인 '석전동'으로 이름 붙여졌다. 자연 경관이 좋은 곳에 돈도 많아지니 유원지문화가 일찍 형성된 것으로 보인다. 이후 인접 지역에 비슷한 유원지들이 생겨났으며 1969년에 국민관광지로 지정되었다.

경기도 내 유원지 중에서 가장 유명한 곳인 청평 유원지에는 35곳의 보트영업소와 약 70척의 자가용 모터보트가 있어서 여름이면 수상스키와 모터보트를 즐기려는 사람들이 많이 찾는다. 서울에서 당일치기 행락이 가능한 곳이어서 사철 행락객이 끊이지 않으며, 청평댐에서 모터보트를 이용해 남이섬, 홍천강, 모래섬에 갈 수도 있다. 여름철에는 연예인이 경연競演하는 '청평 축제'가

열리고 방송국의 야외공연도 벌어져 성황을 이룬다.

청평 유원지에 속하는 여러 유원지 중에서 가장 먼저 생겨나 지금의 청평 유원지의 모체 역할을 한 것은 청평안전유원지(이하 안전유원지)다. 조종천(혹은 청평 천)이 북한강으로 유입되는 어귀에 하천을 따라 형성된 유원지다. 1944년 가평 으로 이주해 청평역에서 철도공무원으로 근무했던 원강얼씨(현 청평1리 노인회장) 에 따르면 초기 안전 유원지에는 아름드리 밤나무가 많았다고 한다. 당시 유원 지 부지의 대부분은 사설 철도회사인 경춘철도주식회사의 소유였는데 회사 측 은 서울 관광객을 유치하기 위해 밤송이가 아람이 되어 떨어지게 놔두었다. 사 람들이 밤을 주으러 오게 하려던 것이었으나 계획이 성공적이지는 못했다.(이 밤 줍기 관광객 유치전략은 1940년대 청평 유원지에서는 실패했으나 1965년 이 전략을 이벤트로 발전시 킨 초기 남이섬은 큰 성공을 거둬 밤나무만 많았을 뿐 황량했던 섬이 유명해지는 계기가 됐다.)

안전 유원지가 본격적인 유원지로 탄생하게 된 배경에는 최승열이라는 선구적 인물이 있다. 최 씨는 일제강점기 때 일본에서 대학을 나온 사람으로 유원지의 일부 땅을 소유하고 있었다. 그는 그곳이 유원지로 발전할 수 있는 자연환경을 가졌다고 판단해 사람들에게 개발 가능성을 역설했고 실제로 방갈로를 지어 일부 관광객을 끌어들이기도 했다.(최 씨가 지었던 방갈로는 현재 남아 있지 않다.) 원래 '밤벌'이라고 불리던 그곳을 안전 유원지라고 이름 붙인 것도 최승열씨가 한 것으로 알려진다. 하지만 당시 유원지라는 말조차 생소했던 사람들은 그의 얘기를 이해하지 못했다. 머지않은 장래에 반드시 유원지가 개발될 거라던 그의 예견은 한국전쟁 이후에 현실화됐다. 전쟁 직후에는 파괴된 시설 복구 임무

청평 안전 유원지의 조종천과 하천변 그늘막

를 가지고 있던 885부대('지게부대'라고 불렀던 한국 노무단(KCS)의 예하부대 중 하나일 것으로 보임)가 안전 유원지 터에 주둔을 했고 복구작업이 대충 마무리되자 안전 유원지 땅은 일반인에게 불하되었다.

1950년대 중반부터 유원지는 본격적으로 꼴을 갖춰나가기 시작했고 전쟁의 상흔이 완전히 가시지 못했음에도 불구하고 젊은이들이 몰려들었다. 당시만 해도 교통수단은 기차뿐이어서 열차표를 사려는 사람들이 청평역 매표소에서 청평 초등학교까지 길게 줄을 설 정도였다고 한다. 그때는 청평 호반 주변의 관광시설도 없던 시절이어서 안전 유원지는 단연 인기를 끌었다. 놀러 온 젊은이들은 방갈로에 들거나 냇가를 따라 텐트를 치고 놀았다. 텐트도 보잘 것 없어서 군용텐트이거나 간단한 에이텐트(A자형 삭은 텐트)가 많았다.

지역 주민이 지켜보았던 놀이문화는 시대별로 약간의 차이가 있다. 원강

1939년 6월 20일 보통역으로 영업을 시작한 청평역

열 청평1리 노인회장에 따르면 유원지가 활성화되기 시작한 50~60년대에는
행락객들이 조용하고 예의 바르게 놀았다. 한때는 유원지 밤놀이의 필수코스가
되다시피 했던 캠프파이어도 그때는 없었다는 것. 냇가에 발 담그고 텐트치고
밤하늘의 별을 보며 잠들던 그야말로 소박한 유원지였다. 당시에 군청에서 근
무했던 조정현 가평문화원장은 주말이면 바가지요금이나 불법 상행위 단속을
나가고는 했다며 65년과 69년 사이에 청평 유원지가 대성황이었다고 말했다.
70년대에 들어서며 '야전'이라고 불리던 야외전축을 들고 와 춤추고 노래하는
젊은 사람들이 늘어났고 캠프파이어 등으로 시끄러워지기 시작했다. 80년대엔
야전이 커다란 카세트 라디오로 바뀌었고 놀이문화는 한층 더 떠들썩해졌다.
90년대엔 행락 시설이 늘어나면서 유원지가 화려해지는 한편 싸움도 빈번해졌
고 밤새 울려대는 고성방가로 주민들이 잠을 설치기 일쑤였다는 것이다. 자연

히 인심은 각박해졌고 유원지 환경도 지저분해졌다.

대성국민관광지 입구 안내판

유원지의 운영 면에서도 초기에는 최승열 씨가 보트 영업점이나 식당 등을 지역주민들에게 고루 안배해 비교적 질서 있게 운영되었으나 최 씨가 사망하면서 기존의 질서가 무너졌다. 그가 소유했던 땅이 분할 매각 되자 상인들 간에 무분별한 경쟁이 붙었고 바가지요금이 기승을 부렸다. 행락객들에게 자릿세를 걷기 시작했고 자릿세는 부르는 게 값이었다. 그러면서 안전 유원지는 점차 사양길로 접어들었다. 90년대 말부터 찾는 사람이 줄어들었던 것은 유원지 문화가 험악해진 것도 있지만 자가용이 일반화되면서 행락객들이 좀 더 멀리 갈 수 있게 되었고 때가 덜 탄 소풍 터를 찾기 시작했기 때문이다.

가평군은 줄어든 관광객을 다시 불러들이기 위해 지명도 바꾸었다. 청평 유원지는 원래 외서면에 속했으나 2004년 12월 1일 외서면을 청평면으로 개명하면서 주소지가 바뀌었다. 사람들이 '외서'라는 지명은 잘 모르니까 아예 리의 이름을 따서 청평면으로 바꾼 것이다. 마을 이름에 불과한 청평이 고을 이름인 가평과 대등하게 여겨질 정도로 교통 중심지로서 중요한 위치를 점하고 있었던 탓도 있겠지만, 청평 유원지, 청평댐, 청평 호반 등 청평이란 이름에 대한 대중인식이 확산된 결과다. 결국 리가 면 이름을 잡아먹은 격이다.

현재 안전유원지에는 하천을 끼고 200m쯤 카페거리가 형성되어 있고 계곡을 따라서 음식 판매와 숙박시설 등이 늘어서 있다. 유원지 안쪽으로는 차량 통행을 금지시켜 행락객들이 편하게 놀 수 있도록 하고 있다.

대성리유원지
한국전쟁과 4.19혁명, 조국 근대화를 외치던 군부정권의 개발독재 그리고 광주

대성국민관광지와 북한강

민주화운동과 6.10항쟁에 이르기까지 남한 사회는 분단체제로 인한 반공 이데올로기의 일상적 억압을 경험했다. 사상과 표현의 자유가 억압된 것은 물론이고 고문, 학살, 수배 등의 극단적 공안통치가 '겨울공화국'으로 불릴 정도로 폭압적으로 국민 삶의 구석구석을 지배했다.

그 시절을 살았던 모든 세대가 폭력적 통치 때문에 고통스러웠지만 특히나 자유와 정의 대한 동경과 열정으로 가득 찬 20대의 고통은 더욱 컸다. 따라서 지독한 가난과 숨통을 조이는 암울한 정치 상황 속에서 20대를 보냈던 사람들의 청춘에 대한 기억은 거칠고 어둡다. 즐길 것이 별로 없던 시대. 절박한 민주주의의 열망과 빈곤의 고통으로 인해 꽃다운 청춘이면서도 청춘의 아름다움을 만끽하는 것은 일종의 사치로 여겨졌다. 개인의 욕망을 지나치게 절제하는 시르죽은 청춘들은 어울리지 않게 엄숙하기까지 했었다. 하지만 그렇게 폐철더미처럼 황량한 기억들임에도 불구하고 대부분의 사람들은 남루한 청춘을 추억한다.

그 추억의 한 구석에 대성리가 있다. 1962년생인 작가 김하인은 시집『가을여행』에 수록된 〈대성리 경인 여인숙〉이란 시에서 대성리를 다음과 같이 반추한다.

"내게 잠시 묵고 간 빛나는 것들이여./ 내가 하룻밤 묵었던 아픈 것들이여./ 그 이름들을 하나씩 되뇌면 탁한 가슴이 명징하게 투명해진다./ 살며 맑아지는 건 사랑의 결핍이 주는 가난함뿐일런가."

당시 서울지역 젊은이들에게 여행은 억눌림으로부터의 탈출을 의미했다. 현실을 벗어나는 것이 목표였기 때문에 일단 떠나고 보자는 식이었다. 특별한 목적지도 없이 그렇게 춘천행 열차에 몸을 싣는 행위는 기성사회에 대한 절망

대성리역 임시역사

감의 표출이자 숨을 쉬기 위한 몸부림이었다. 춘천행 열차를 타고 흔들리며 북한강을 따라가다보면 대성리가 있었고 강촌이 있었다.

대성리는 한때 'MT 1번지'로 불릴 만큼 모꼬지 장소로 인기를 끌었다. 젊은이들은 민박집의 좁은 방에 틀어박혀 쓴 소주에 고추장, 멸치, 꽁치통조림 등을 늘어놓고 밤을 새워 격론을 벌였다. 1978년 8월 하순에는 서울대학교 문과대학 11개 학회를 대표하는 학생들이 이곳으로 MT를 와서 학생운동조직인 '서울대 77언더그룹'을 결성하기도 했다. 당시에 대학에 다니며 사회과학 학습서클에 몸담았던 사람들은 집요했던 공안경찰의 감시를 피해 각자가 따로 기차나 버스를 타고 MT 장소로 가기도 했었다. 그들은 시골의 한 지점에 모여 캄캄한 밤길을 한 시간여 걸어 낯선 민박집에 이르던 밤길의 기억을 공유한다.

가평군 청평면 대성 3리에 위치한 대성리 유원지는 대성리역을 중심으로 형성되어 있는 유원지다. 청량리역에서 경춘선 기차를 타면 대성리역까지 약 40분 정도면 도착한다. 청평댐에서 6km 하류에 총 8만여 평의 레저타운을 이루고 있으며 대성리역 맞은편에는 대성리 번지점프장이 있다. 대성리의 대성이란 이름은 대승大升 또는 대성大城으로서, 높은 언덕 또는 둔덕을 의미하는 것이라고 전해지며, 이곳으로 흐르는 북한강 기슭이 마치 성곽처럼 이어져 있어서 대성이라 붙여졌다는 유래도 있다.

경춘선 마석역과 청평역 사이에 있는 대성리역(청평면 대성리 196번지)은 대성리 유원지의 현관 역할을 하는 곳이다. 유원지가 활발할 때에는 대학생 MT나 교회 수양회, 각종 야유회를 온 젊은이들이 제각기 짐가방을 들거나 기타를 어깨에 둘러메고 웃음소리와 함께 쏟아져 나오던 흥겨운 곳이다. 70, 80년대 이곳으로 MT를 왔던 사람들에게는 또 하나의 추억의 장소다. 대성리 역사는 1937년 7월 25일에 건립되었으나 최근 경춘선 복선 전철 공사로 인해 기존 역사가 철거되고 새로운 역사를 완공할 때까지 임시 역사가 운영되고 있으며, 구 역사 자리인 618-11번지 일원은 매장문화재 존재 가능성이 있어 2009년 4월 6일 현재 겨레문화유산연구원에 의해 발굴조사가 진행되고 있다.

1940년대에 철도공무원으로 청평역에서 근무했던 원강열 청평1리 노인회장과 가평군 공무원 출신인 조정현 가평문화원장은 대성리 유원지의 역사에 대해 다음과 같이 술회했다. "왜정 때 대성리역은 간이역이있는데 유원지가 활성화 되면서 보통역이 됐다. 대성리역에서 취사도구와 식재료가 담긴 상자를 든 대학생들이 몰려나오던 모습이 일상적 풍경이었다. 가평은 개울을 끼고 있는 모든 곳이 유원지이고 내에 옥수 같은 물이 흘러서 대성리에도 자연발생적으로 유원지가 형성됐다. 북한강에서 보트놀이를 할 수 있어서 사람들이 많이 놀러왔다. 초기에는 역 뒤편보다 삼회리 쪽으로 놀러 오는 사람들이 많았는데 배를 타고 강을 건너가서 놀았다. 대성리에서 강 건너편인 삼회리 쪽에는 초가

대성국민관광지 보트장

집이 겨우 몇 채 있었는데 그 후 카페촌으로 변했다. 국민관광지가 되면서 국가에서 집 사서 나가라고 해서 원래 주민들은 거의 나가고 이젠 놀러오는 사람도 줄어서 시들해졌다. 현재는 남양주시 수동면으로 들어가는 물골안계곡(수동계곡)에 민박집이 제일 많다."

대성리 유원지는 2개로 나뉘는데 하나는 북한강변에 형성된 대성국민관광단지이고 다른 하나는 MT 촌이 있는 수동계곡 쪽이다. 대성국민관광지에는 산책로 및 자전거도로, 번지점프장, 민박촌·텐트촌·그늘막·나루터 등 각종 숙박 및 위락시설을 비롯하여 배구장과 축구장, 오락용 농구 코트 등이 있다. 강 양쪽으로는 보트장이 들어서 있다. 1978년 7월 '북한강레저' 소유의 페리호를 이곳에 옮겨와 대성리에서 맞은편 삼회리 사이를 부정기적으로 운항하고 있다. 북한강은 물이 깊어 수영은 일체 금지되어 있으나 수상스키나 보트놀이, 유람선 관광은 즐길 수 있다. 2004년에는 청평-대성간 자전거도로를 만들어 북한강변을 따라 자전거 하이킹을 할 수 있도록 해놓았다.

　북한강변의 유원지가 시작된 것은 1970년대 초였다. 대성리 강변은 포플러 나무가 늘어서서 시원한 그늘을 만들었기 때문에 사람들이 찾기 시작했다. 당시만 해도 여름철 휴가문화가 그리 일반화되지 않았던 때라 고작해야 가족단위나 친목회 정도의 작은 모임이 주를 이루었다. 큰돈 들이지 않아도 되고 물과 그늘이 있어 놀기 좋다는 소문이 돌면서 1980년대 초부터 서서히 학생들이 단체로 찾아왔다.

　한편 남양주 수동면에서 대성 3리를 가로질러 북한강으로 흐르는 구운천에 조성된 대성리 유원지는 MT촌이 있는 민박지역으로 대학생들의 모꼬지나 기업체의 단체 연수 장소로 1년 내내 붐비는 곳이다. 여기서는 국민관광단지로 지정되어 있는 북한강변과는 달리 물놀이도 즐길 수 있다. 구운천을 따라 50리 이상 유원지가 이어져 있는 이곳은 1970~80년대 대성리를 대표하던 민박촌이다. 민박이 활성화되다보니 단체 학생들을 위해 대규모의 캠프시설을 갖추고 있으며 계곡을 따라 산책로나 피크닉장, 야영장 등 각종 위락시설이 조성되어 있다.

대학생들이 가장 활발하게 찾아오는 시기는 봄철이다. 신입생들의 연합 MT를 시작으로 동아리 모임, 각종 세미나, 회사 야유회로 이어지다가 여름에는 가족 단위나 친목회, 야유회가 있고 가을과 겨울에는 다시 대학생들과 회사원들이 몰린다. 고등학생들도 한몫을 한다. 대성 3리만 해도 현재 100여 가구가 민박업을 하고 있으며 많은 인원이 들어갈 수 있는 방을 가구당 7개 이상씩 가지고 있다.

가평군지에 수록된 민박집 주인 김용완 · 조호원씨의 얘기에 따르면 학생들이 많이 찾아와 본격적으로 민박이 형성된 시기는 1983년경이다. 초기에는 비만 안 맞게 해달라는 학생들의 부탁으로 마당에 비닐을 치기도 했었고 주방 시설이 변변치 않아 그릇 같은 가재도구도 한 군데에 쌓아놓고 사람들이 필요한대로 빌려 쓰다 제자리에 다시 갖다 놓던 시절도 있었다고 한다.

1970년대 초에는 대부분의 땅이 사유지인데다가 대성리 전체를 관광지로 묶어놓으면서 어떤 시설행위도 할 수 없었기에 개발을 하지 않은 상태에서 입장료만 받는 꼴이었다는 것. 사람들이 강을 찾아왔는데 민박은 모두 계곡을 따라 형성되어 있고 강을 보려면 1,000원씩의 입장료를 내야하는 것에 학생들의 불만이 컸다고 한다.

이근호 대성 3리 노인회장과 민박집을 운영하고 있는 주민 김태성씨에 의하면 대성리 유원지는 봄, 가을이 성수기이며 주중에는 금요일에서 일요일까지가 가장 붐빈다고 한다. 1972년경에 강변 쪽 유원지가 활성화돼서 1975년경에는 강변에 친 텐트만 5백 개가 넘을 정도로 호황을 누렸다는 것. 하지만 차츰 텐트문화는 민박 문화로 변해갔고 아무 집이나 방만 있으면 빌려주곤 했었는데 이제는 제대로 된 시설이 아니면 학생들이 찾지를 않는다고 한다. 그런 이

유로 구옥들은 거의 다 사라지고 민박집들은 펜션화 되어가는 추세다. 이제 대성리에서 소박한 유원지 개념의 민박은 더 이상 찾아볼 수 없게 됐다. 샤워시설 없이 방 한 칸 빌려주던 시대는 추억 속으로 사라졌고 지금 민박집들은 화장실과 주방을 기본으로 싱크대, 냉장고, TV, 가스렌지 등이 갖춰져 있고 더러는 노래방 기기까지 설치돼있다.

하지만 이렇게 민박의 시설이 대형화, 펜션화해도 대성리를 찾는 발길은 점점 줄어들고 있다. 대부분의 민박집들이 몇 십 명에서 많게는 400~500명에 이르는 단체 손님을 받기 위해 규모를 키웠지만 사람들은 대성리보다 좀 더 시설이 잘 돼있는 강촌으로 가고 있다. 2002년경부터 대성리를 찾는 사람들이 크게 줄었지만 수도권정비계획법 등의 규제로 인해 관광지로서의 개발에 한계가 있고 사유지가 80%에 달해 활성화 방법을 찾지 못하고 있는 상태이다. 더구나 작년부터는 가평군 시설관리공단에서 관리를 하지 않고 있는 실정이다. 이곳은 이미 휴양객이 돈을 쓰고 가야 주민의 생계가 이루어지는 민박지역으로 변한 만큼 지역주민들의 활로에 대한 고민은 크다.

남은 과제

현재 청평 유원지와 대성리 유원지는 모두 관광객이 줄어들고 있어 지역 주민과 해당 관청이 활로를 찾기 위해 전전긍긍하고 있다. 하지만 그동안 각종 시설이 무계획적으로 신축되면서 경관과 환경 훼손이 심해졌고 지역의 인심도 각박해져 별다른 관광객 유인책을 찾지 못하고 있는 실정이다. 설령 시설 개선이 가능하다 하더라도 지금까지와 같이 획일화된 방식으로 여느 유원지와 다를 바 없는 환경개선이 이루어진다면 이는 개선이 아니라 개악이 될 수도 있다. 이제는 사람들이 좋아하고 찾는 것이 달라졌기 때문이다. 비슷한 볼거리와 비슷한 먹을 거리, 비슷한 놀이기구로는 사람들을 끌어들이기 어렵다. 사람들은 이제 도시면 제대로 도시답거나 농촌이면 질박한 멋을 풍기는 농촌다움을 원하고 있다. 상업적인 이미지와 편리한 시설보다는 인간적이고 정서적인 느낌으로 다가오는 푸근한 고향 같은 쉼터를 원하고 있는 것이다.

그런 의미에서 청평 유원지와 대성리 유원지는 사람들에게 전혀 의외의 것을 안겨줄 수 있는 곳으로 거듭나지 않으면 안 된다. 이 유원지들의 자산은 이제 역사다. 과거 추억을 되살려 볼 수 있는 곳, 사람들이 자신의 청춘을 되살려보고 그 순수를 다시 한번 느껴볼 수 있는 곳으로 거듭날 수 있다면 이 오래된 유원지들은 결코 외면당하지 않을 것이다. 경유형 당일 관광패턴에서 단기 체류형 숙박관광으로의 전환이 필요하다는 식의 단순한 손익 계산은 결코 활로가 될 수 없다. 역사 문화 콘텐츠를 최대한 개발해 지역사회의 숨은 가치를 드러낼 수 없다면 활로 모색은 얄팍한 상술로 전락할 것이 뻔하기 때문이다. 민박집 주인이 닳고 닳은 상인처럼 이해득실에 눈을 빛내는 것이 아니라 자기 집을 찾는 사람들에게 밥은 먹었냐고 물어줄 수 있는 넉넉함이 되살아 날수 없다면, 많은 시설 개선 자금이 투여돼도 결코 재기에 성공할 수 없을 것이다. 이제 대성리와 청평 유원지는 삶에 찌들어 자신을 잃어버려가는 도시민들에게 순수의 시절을 환기시켜주는 시간여행을 해야 할 필요가 있다.

| 도움말 주신 분 |

조정현 가평문화원장
김진희 가평군청 군정홍보담당
원강열 청평면 청평1리 노인회장
이근호 청평면 대성3리 노인회장
김태성 청평면 주민(민박집 운영)

| 참고자료 |

가평군사편찬위원회, 『가평군지』, 2006
철도청공보담당관실, 『한국철도요람집』, 1986
『경기도 근대문화유산 조사 및 목록화 보고서』, 2004
김하인, 『가을여행』, 자음과모음, 2002

02
가평 청평수력발전소

답사일 : 2009년 4월 6일

청평댐 전경

금강산의 옥발봉에서 발원한 북한강은 춘천을 지나면서 소양강을 합하고 남서로 방향을 전환해 가평천과 홍천강, 조종천을 합한 뒤 양수리에서 남한강과 합류해 거대한 한강을 이룬다. 북한강은 한강의 지류 가운데 가장 긴 강으로, 유량이 풍부하여 댐 건설에 유리하기 때문에 청평댐·화천댐·춘천댐·의암댐 등이 건설되었고 이에 따라 청평호·파로호·춘천호·의암호 등 여러 호수가 생겨났다. 북한강 수계에서 가장 먼저 건설된 댐은 청평댐이다. 가평군 청평면 청평리에 위치한 청평댐은 1943년에 완공되어 66년간 경인지역의 전력을 공급해왔다.

청평수력발전소 시설현황

가평군 청평면 경춘 국도변 0.2km 지점에 위치한 청평수력발전소는 국내 최대 규모인 고정익固定翼 프로펠러 수차를 채용한 댐식 발전소다. 북한강 본류 및 소양강으로부터 풍부한 수량을 받아 전력을 생산, 경인지역에 송전하고 있으며 상류의 화천·춘천·의암 발전소의 송전선이 모이는 옥외 변전소를 가진 시송전始送電발전소로서 전력계통의 위상位相 기준이 되는 중요한 역할을 담당하고 있다. 청평댐의 상근인원은 총 55명으로 하루 4개조 3교대로 일하고 있다. 10년 전까지만 해도 댐이 국가 보안시설 '다'급에 속했으나 지금은 빠져있다.(화천·팔당댐은 아직도 국가 보안시설이다.)

　　박승길 청평수력발전소 관리 부장에 따르면 청평댐은 3가지 특징을 가진다고 한다. 첫째, 북한강 계에서 가장 오래된 발전소이다. 화천 발전소가 1944년인데 그보다 1년 정도 앞서는 1943년에 건립됐다. 둘째, 4호기가 건설되면 북한강 계에서 가장 큰 발전소가 된다. 4호기는 2011년 6월 완공 목표로 2008년

청평댐 상층부에 나있는 도로. 현재는 통행이 금지돼 있는 상태다

12월에 착공했으며 댐 아래쪽에 터널을 뚫어서 수로식으로 6만㎾ 규모로 건설하고 있다. 4호기가 완공되면 시설용량이 13만 9600㎾로 북한강계 발전소중 가장 큰 규모가 된다. 현재 다른 댐의 시설용량은 팔당이 12만, 화천이 10만 8천, 춘천이 5만㎾ 정도다. 셋째, 대규모 정전사태가 발생했을 때 불씨 역할을 하는 시송전 발전소라는 것이다. 만일 전국적 정전사태가 발생하면 청평발전소에서 작은 소수차를 이용해 전체 발전 시설을 돌려서 인천화력발전소로 전기를 보낸다. 그곳에서 이 전기를 받아 다시 전 지역으로 송전을 함으로써 모든 발전소를 다시 가동할 수 있다. 그러므로 청평은 일종의 불쏘시개 역할을 하는 곳이다. 이곳의 선로는 환상망이라 어디로든 송전이 가능하다.

발전 전용 댐인 청평댐은 높이 31m, 길이 470m, 호수면적 12.5㎢, 저수량 1억 8천만 t의 콘크리트 중력식 댐이다. 중력식 댐은 댐 자체의 무게로 저수지의 물을 지탱하는 콘크리트 댐으로, 구조가 간단하고 지진에 대한 안전도가 크다. 한국에서는 일제강점기부터 주로 건설됐다. 청평댐은 24개의 수문을 가지고 있으며(당초는 25개) 시설용량은 7만 9,600kW이다. 수문은 1년에 1~2번가량 홍수기에만 열고 평상시에는 닫혀 있으며 발전소 쪽에 있는 취수문비를 열어 발전을 하고 있다. 현재 북한강을 가로지르는 댐 내부의 도로는 통행을 금지시키고 있다.

박승길 부장은 댐의 상태에 대해 "일제 때 건설 공사를 하면서 모래와 자갈을 깨끗이 씻어서 축조했다고 들었다. 그래서인지 60여 년이 지난 지금도 튼튼하다."고 말했다. 그의 말대로 청평수력발전소의 대부분의 시설은 완공 당시

청평댐 수문. 청평댐에는 총 24개의 수문이 있다

댐의 맨 꼭대기에 설치되어 있는 철제통로. 초기에는 이곳에서 수문조작을 했다고 한다

상태가 비교적 잘 남아있다. 지난 1993년 노후설비 개선공사의 일환으로 1호기 수차(runner, 발전기와 직결되어 물의 위치에너지를 운동에너지로 변환시켜 발전기를 회전시킴으로써 전기를 생산할 수 있도록 하는 설비) 등의 시설을 교체했을 뿐이다. 일본 히타치 사가 제작해 50년 동안 사용됐던 옛 1호기 수차는 현재 발전소 앞마당에 전시되어 있다.

　발전소 내 관리동 옆에는 오래된 은행나무가 한 그루 서있다. 이 나무는 1926년 생으로 1943년 준공당시에 이미 17년이 된 나무라고 한다. 2009년 현재 수령 84년이 된 이 은행나무는 발전소의 탄생과 역사를 지켜본 산증인인 셈이다. 또 댐 아래쪽에는 발전소 건설 당시에 지어진 것으로 보이는 다리의 교각이 남아있다. 총 7쌍의 철근콘크리트 기둥들이 북한강 건너편의 강안에서 발전소 쪽을 향해 서 있는데 댐을 건설할 때 자재를 실어 나르기 위해 설치한 다리가 부서져 현재는 교각만 남은 것이라고 한다.

발전소 정문 옆의 도로에 인접한 언덕에는 댐 건설 당시에 희생된 인부들의 영령을 위로하기 위해 일본의 건설사가 세운 공난자공양비工難者供養碑(희생자 추모비)가 세워져 있다. 추모비 앞면에는 한강수력전기주식회사라는 건설사 이름과 昭和18년(1943년) 8월 18일이라는 추모비 건립 일자가 적혀있으며 당시 하청을 맡았던 것으로 보이는 건설회사 녹도조鹿島組(카지마구미)가 추모비를 건립한 것으로 나와 있다. 뒷면에는 44명의 희생자 이름이 새겨져 있다.

청평댐의 역사

〈가평군지〉에 의하면 청평수력발전소는 일제가 1930년대에 중국과 전쟁을 시작하면서 우리나라를 대륙 침략의 병참기지화하려고 혈안이 되어 전국 각 수력지점을 물색하던 중 서울에서 가장 가까운 청평을 택함으로써 건립되었다. 1939년 8월 한강계의 전원개발을 위해 한강수력전기주식회사가 설립되면서 북한강 상류에 총 저수량 1억 8,500만 t의 댐 축조공사를 착공하여 1943년 7월 19,800㎾ 용량의 1호기 준공에 이어 동년 10월 같은 용량의 2호기를 완성하였다. 일본 히타치日立제작소가 설계를 맡았으며 주요 기자재를 공급했다. 발전소의 명칭은 2호기를 준공한 1943년 10월에 조선전업(주) 청평수력발전소로 변경됐다.

청평댐 건설은 모든 공사가 조선인의 손에 의해 이뤄졌다. 물론 일제에 의해 강압적으로 동원된 강제노동이었다. 〈가평군지〉에 수록된 이태용(1913년생, 가

1943년 댐 건설 때 자재운반을 위해 이용됐다는 다리의 교각

평읍 달천리 거주) 씨의 증언에 의하면 댐의 건설은 일제말기 조선인 노동력을 국가기간사업 공사에 동원하기 위해 만든 보국대報國隊가 주요한 역할을 한 것으로 나타난다.

"보국대라고 청평발전소를 지을 때, 거기도(청평댐도) 각 군에서 전부 (동원)해서 한 건데 나도 50여 일 동안을 (일)했는데, 거기 가서 곡괭이질, 삽질하고 기술 있는 사람은 남포 하는 사람도 있고. 난 그냥 삽질 50일 동안 했는데, 일당은 생각이 안 나. 27살 때(1939년)인데 그건 돈 바라고 하는 건 아니야. 군에서 나오라 해서. 배가 고파서 (했지). 점심, 저녁밥을 주었어. 날랜 사람들은 (밥을) 푹 담아가지고서 어느새 4~5번씩 빈 그릇이 나왔지."

청평댐 건설 당시 삼촌이 공사장에서 일을 했다는 원강열 청평1리 노인회장 역시 대대적인 인력동원에 대해 같은 증언을 하고 있다.

"청평댐 만들 때 한국인 노무자들 데려다가 일 시켰어. 보국단이라는 걸 만들어서 노역을 시켰는데 사고로 죽거나 다친 사람도 많았지. 일본인 건설소장이 귀가 어두웠는데 그때 보청기는 없었으니까 나팔을 귀에 달고 다녔어. 우리 친척이 그때 장사를 했는데 그 소장이 거기로 나팔을 사러 왔었다구.(나팔처럼 생긴 일종의 깔때기일 것이다.) 나는 왜정 때부터 철도회사에 다녔는데 그때는 댐에서 일하는 것보다 철도가 대우가 좋았지. 월급이 쎘어. 전쟁 후에도 철도청이 한전보다는 나았어. 그래서 한전 다니던 사람들이 시험 봐서 철도청으로 들어오기도 했었지. 우리 노인회에 있는 조대현 부회장도 그때 댐에 있다가 철도로 옮겼다니까. 그런데 난리 끝나고 전후 복구 사업을 하면서 전기가 오히려 철도보다 대우가 좋아지더라고."

한편 댐 건설 당시 측량하는 일을 보조했으며 이후 수문조작 담당으로 청평댐에 근무했던 남석남(청평1리 주민)는 당시의 일을 다음과 같이 회고했다.

청평댐 발전실

발전실 내부에 있는 1, 2호 발전기

"내가 1919년생인데 올해 91세야. 댐에 1941년 23세에 들어가서 1971년 53세까지 30년간 근무했지. 왜정 때 댐 건설 시기부터 있었지.(댐은 1939년에 착공해서 1843년에 완공됨) 처음에는 측량하는 일 보조로 따라다녔어. 특별히 측량을 배운 일은 없어. 그냥 소학교 4학년 나왔고 서당서 한문 좀 배웠던 게 전부지. 그때 건설소장은 가시마구미였어.(하청을 맡았던 일본 건설회사 녹도조(鹿島組, 카지마구미)를 말하는 것으로 보임. 카지마구미는 공난자공양비를 건립한 회사임.) 그때 조組 청부업자들이 나눠서 댐 공사를 맡았지. 자갈 파오는 조는 고싸이구미こつざいくみ(골재조)라고 했어.

나는 처음에 공사할 때 일하러 갔다가 직원으로 채용됐지. 그 후에 수문 조작하는 일을 했었는데 일이 무척 위험했었어. 수문조작을 하려면 댐 맨 꼭대기로 올라가야 했거든. 올라가 보면 좁은 통로가 있는데 지금은 쇠 철판으로 해놓았지만 그땐 나무판자를 깔아뒀었어. 그런데 이놈의 판자가 비에 젖었다가 햇볕에 말랐다가 하면서 썩고 삭아서 밑창이 빠져버릴까봐 다리가 후들거리고는 했지. 게다가 밤에 일하려면 비행기가 폭격할까봐 불도 못 켰어. 깜깜해서 보이지는 않지, 나무판자는 불안하지, 아주 죽을 맛이었다구. 다행이 수문 버튼을 찾아서 누르면 전기가 하도 세서 깜박하고 켜졌는데 (수문을) 1미터 여는데 3분이나 걸리거든. 그땐 참 목숨 걸고 했었지.

그래도 그 일 말고는 별로 할 게 없었지. 출근도장 찍고 거의 놀았지. 강우량, 강설량이나 재고, 시간마다 상태 점검이나 하니까 다른 사람들이 볼 때는 만만해 보였던 모양이라. 사무 보던 강동석이가 쉬운 일로 보였던지 자원을 했는데 수문 여는 일 몇 번 하고는 못하겠다고 나가자빠지더만. 왜정 때 그 일 하고 월급을 30원 받았는데 그다지 많은 것은 아니었어. 나는 언제나 월급 100원

타보나 했었지. 나중에 한전서 월급 많이 받을 때가 돼서야 술인심도 쓰고 그랬지."

청평수력발전소는 1945년 8.15해방과 함께 우리나라에 이양되었다. 남한이 북쪽의 전력 공급에 의존해 오다가 국토의 분단으로 전력 자급이 어려워졌을 때 청평댐은 38선 이남에 위치한 전력 공급원으로서 중요한 역할을 수행했다. 1950년 한국전쟁이 발발해 댐이 북한 치하에 넘어가 발전실의 대부분이 파괴되었다. 남석남 씨는 이 시기에 대해 다음과 같이 증언하고 있다.

"해방되고 일본인들이 떠나자 거기서 일하던 사람들이 맡아서 발전소를 운영했어. 그 당시에는 학벌이 없는 사람도 직원으로 채용됐었지. 난리가 터지자 책임자들이 수차를 못 쓰게 해놓고 중요 기계 부품을 뜯어서 피난을 나갔지. 난 광주로 피난을 갔었는데 거기에 가서 있는데 들리는 소문이 청평, 가평에 민간인 사상자가 5만 명이나 났

10년 전 댐이 국가보안시설이었을 때 군인들이 경계근무를 서던 초소.
지금은 댐이 국가보안시설에서 제외돼 사용되지 않고 있다

발전실 내부 전경

다는 거야. 그때 어머니하고 누이동생이 피난을 못 나오고 남아 있었는데 걱정
이 돼서 견딜 수가 없더구만. 그래서 피난간 지 한 달 보름 만에 양수리로 해서
걸어서 다시 돌아왔지. 미군들이 중간에 차를 태워줘서 좀 얻어 타기도 했어.
그때 댐에 미군 공병대가 주둔했었지. 그런데 돌아온 지 보름 만에 중공군이 밀
려 내려오는 바람에 다시 피난을 가야 했어. 미군들이 댐에서 수문조작하던 사

개 요

본 설비는 발전기와 직결되어 물의 위치에너지를 운동(회전) 에너지로
변환시켜 발전기를 회전시킴으로서 전기를 생산할수 있도록하는 수차설비임

1. 품   명 : 수차(RUNNER)
2. 설치년도 : 1943년
3. 철거년도 : 1993년(철거사유:노후설비 성능개선공사의 일환으로)
4. 중   량 : 28 TON
5. 사용수량 : 90 T/S (출력 : 19800KW)
6. 제작업체 : 日本 HITACHI社

발전소 내에 전시된 옛 1호기 수차,
1943년에 설치되었다가 50년만인 1993년에 철거되었다.
일본 히타치사가 제작한 옛 1호기 수차는 무게가 28톤, 19800㎾의 전기를 만들어낼 수 있는 용량이다

람들 특별 증명을 해줬
었지. 나중에 전쟁 끝나
면 얼른 와서 수문조작
해야 하니까 증명서를
따로 해준 거지. 우리는
수문을 열어 놓고 누가
올리고 내리고 하지 못
하게 땜질을 해 버리고
나서 충북 옥천까지 피
난을 내려갔었어.

발전소 내에 있는 수령 84년 된 은행나무.
이 나무는 발전소의 탄생과 역사를 지켜본 산증인인 셈이다

　　나중에 돌아오니까
댐 소장이 월급은 못 주
지만 발전소에 와서 좀 지켜달라고 하더구만. 그래서 둘씩 조를 짜 가지고 하루
두 차례씩 번을 섰지. 어느 날 댐을 지키다 보니까 군인들이 발동기를 뜯고 있
는 거야. 물어보니까 어디서 물을 푸기 위해 발동기가 필요해서 뜯어간다고 그
러더라구. 그런데 낫도(너트)가 헛돌고 그래서 땀만 빼다가 못 뜯었지. 내가 혹시
몰라서 증명서 하나 해달라고 그러니까 안 해주고 그냥 가더구만. 그런데 이 사
람들이 밤에 몰래 와서 결국 뜯어가 버렸어."

　　전란의 와중에서 기능이 정지됐던 청평발전소는 전력 생산의 중요성으로
인해 전쟁이 끝나기 전인 1951년 7월 복구공사에 착공하여 이듬해 5월에 완공
하였다. 발전실은 파괴됐지만 다행히 다른 시설들은 손상이 적어 전쟁 중에도
빠르게 복구될 수 있었다.

댐 공사에서 희생된 사람들을 추모하기 위해 1943에 건립된 공난자공양비. 발전소 내 언덕에 세워져 있다

한편 60년대 이후로는 1961년 7월 전력 3사가 한국전력(주)로 통합된 이후 2차 전원개발 5개년 계획의 일환으로 1966년 9월 시설용량 4만㎾의 3호기 증설공사에 착수하여 1967년 12월 설치 완료하고 1968년 4월 상업운전에 들어갔다. 주요 기기機器는 일본 히타치日立제작소에서 공급했고, 내·외자 합하여 14억 2,400만원의 공사비가 소요되었다. 1992년에서 1994년까지 제 1, 2호기 성능 개선 공사가 있었으며 2001년 4월에 한국수력원자력(주)이 창립되었다. 현재 청평발전소는 4호기 증설사업이 끝나면 북한강 계 최대 발전소로 거듭날 전망이다.

청평호반

청평호淸平湖는 경기
도 가평군 청평면 청평
리 및 설악면 회곡리 일
대에 있는 인공 호수로
1943년 청평댐이 완공
되면서 만들어졌다. 가
평 8경 중 제1경인 청
평호는 경춘국도라 불
리는 46번 국도변에 있
으며 면적 12.5㎢, 만수
면적 19㎢, 저수량 1억

댐 건설 당시 측량하는 일을 보조했고 이후 수문조작 담당으로
30년간 청평댐에 근무한 남석남씨(91세, 청평1리 주민)

8000t에 달하는 대단위 수면이다. 호수 주변에 안전·산장·자연·밤나무골
등 유원지가 많아서 주말이면 행락객으로 붐빈다.

청평호가 만들어진 것은 1940년대이지만 유원지가 본격적으로 형성된 것
은 1970년대에 와서다. 회곡리 주민 김기원 씨에 따르면 청평호 유원지가 조성
되기 전 이 일대는 "발전소께 몇 집 있고, 여기 사는 사람은 땅이 좁으니 농사도
없고, 산판에 다니면서 먹고살고, 고기 잡고, 고기가 안 잡힐 때는 많이 잡을 때
저축한 걸로 살고, 여름에 벌어 겨울에 살고" 하는 식으로 형편이 어려운 곳이
었다. 1970년대 초까지만 해도 마땅한 유원지가 없다 보니 청평댐 발전소 옆에
임시역을 만들어놓고 행락객을 유치하려고 했었다. 그 후 임시역은 없어졌지만
청평 호반은 유명세를 타기 시작했으며 사람들이 발전소 땅을 얻어서 숙박시

청평호에서 바라본 청평댐

설, 식당을 지으면서 유원지가 모양을 갖췄다.

산과 호반이 잘 어우러져 아름다운 풍경을 만들어 내는 탓에 청평호에
는 일찍부터 별장들이 들어섰다. 원강열 청평1리 노인회장은 재벌 별장촌이
1970~80년대에 만들어졌다고 한다. 호명리, 고성리의 강을 끼고 가면서 양쪽
에 모두 고급 별장들인데 접근이 쉽지 않아 누구의 소유인지도 모른다는 것. 하
지만 고급 별장이 수두룩해도 청평 출신이 돈을 많이 벌었다는 얘기는 못 들어
봤다고 했다.

김진희 가평군청 군정홍보담당은 "부자들이 별장을 만들면서 청평호 유원
지가 활성화됐다"고 말했다. 청평호에서 모터보트와 수상스키가 인기를 끌기

시작한 것도 그 무렵인데 초기의 모터보트는 미군으로부터 불하 받은 것이 이용됐었다고 한다.

결과적으로 청평댐은 지역의 많은 변화를 가져왔다. 댐의 건설로 인해 청평호반이 만들어지고 아름다운 호수는 재벌들의 별장촌을 불러들이고 별장들이 밀집하자 따라서 유원지가 형성되었다. 청평댐으로 인해 지역의 역사는 이렇게 도미노식의 변화를 겪어왔다.

남은 과제

문화재청은 지난 2004년 9월 화천수력 본관 건물을 산업시설물 분야의 상징적

청평호에 들어서 있는 고급별장. 별장촌은 1970년경부터 생겨나 청평호유원지의 형성을 촉발시켰다

가치가 큰 근대문화유산으로 인정해 등록문화재 제109호로 지정했다. 문화재 위원회는 문화재 지정 이유로 "화천 발전소는 1944년 준공된 전력 공급을 위한 시설로서 우리나라 경제발전에 견인차 역할을 한 기념비적인 산업시설이며, 정면 창문을 포함한 개구부의 비례 및 구성방법, 전체 건축물의 비례 등에서 발전소 건축물로서의 근대적인 조형미를 느낄 수 있다"고 평가했다.

　　문화재청은 2005년에 청평수력, 괴산수력 등 역사성이 있는 수력발전소에 대해서도 문화재로서 가치평가 후 등록문화재 지정을 추진할 계획이었으나 2009년 4월 현재 청평댐은 등록문화재로 지정되지 않은 상태이다. 미지정의 이유가 무엇인지는 모르지만, 본 조사자의 의견으로는 등록문화재 지정과 견학 코스 등의 개발 등으로 역사관광자원화 하는 것이 바람직해 보인다. 이와 관련해 박승길 청평수력발전소 관리부장은 "등록문화재 지정 건이 논의 되었던 것으로 안다"며 "발전소 운영에 문제가 없다면 등록문화재로 지정되는 것도 좋을 것"이라고 말했다.

| 도움말 주신 분 |

남석남 청평면 청평1리 주민
박승길 청평수력발전소 관리부장
조정현 가평문화원장
김진희 가평군청 군정홍보담당
원강열 청평면 청평1리 노인회장

| 참고자료 |

가평군사편찬위원회, 『가평군지』, 2006
『경기도 근대문화유산 조사 및 목록화 보고서』, 2004

2부

고양

01
고양 강매동 석교

답사일 : 2009년 6월 9일

아름다운 돌다리

강매동 석교는 고양시 강매동 강고산 마을에서 한국항공대학교 방향으로 넘어가는 옛길 위에 놓여 있다. 지금은 차도, 사람도 다니지 않는 벌판이다. 자유로 북로 IC에서 찾아들어 가는 길이 수월치 않을 정도다. 서울 방향에서 행주산성 쪽으로 달리다 보면 강매동으로 내려가는 급좌회전 길이 나오지만, 초행인 경우 출구를 놓치기 십상이다. 그만큼 통행량이 적다는 뜻일 것이다. 그러나 강매동 석교는 그런 수고를 할 가치가 넉넉한, 아름다운 석교다.

강매동 석교는 창릉천을 건너는 다리다. 지금처럼 사통팔달 도로가 놓이기 전 이 석교는 중요한 길이었다. 일산 · 지도 · 송포 등 한강 연안 서부지역 사람들이 서울로 가는 길목이었기 때문이다. 창릉천은 갈수기엔 폭이 7~8m에 불과한 작은 개울이지만, 장마나 큰물이 질 때 혹은 한 달에 두 번 보름사리와 그믐사리로 한강물이 불어나면 제법 큰 하천이 되는 탓에 다리가 꼭 필요하다.

다리 길이는 18.5m, 폭은 3.6m, 높이는 2.7m다. 교각은 네모진 돌기둥을 3개씩 8쌍 총 24개 박고, 그 위에 교판석을 2열로 깔았다. 교각과 교판석 사이는 가로기둥을 받쳤다. 난간은 없다. 그렇지만 미적 감각을 살려 공들여 놓은 다

강매동 석교

리라는 것을 한눈에 알 수 있다. 교각 돌기둥을 슬쩍 돌려 박아 멋을 냈고, 가로
기둥을 비죽하게 빠져나오게 설치했다. 또한 아치형은 아니지만 다리 가운데를
약간 불룩하게 하여 밋밋하지 않도록 배려했다.

〈고양시사〉에 따르면 조선시대에는 이 석교 자리에 나무다리가 있었다고
한다. 영조 연간에 편찬된 〈고양군지〉에 '해포교'라고 기록되어 있다는 것이다.
하지만 나무다리는 없어지고 1920년에 이 돌다리가 놓였다. 석교 중간 부분 교
판석 옆구리에 '강매리교경신신조江梅里橋庚申新造'라 선명하게 음각되어 있다.

"이 동네 부자인 차 씨네가 돈을 내서 놓았다고 들었어." 강고산 마을 토박
이인 조영휘씨(80세)는 "그 후손들이 복 받을 것"이라고 했다. 하지만 정확히 누
가 얼마를 내어 다리를 세웠는가 하는 기록은 남아 있지 않다. 〈고양시사〉에 따
르면 다리 옆에 오석으로 자세한 기록을 새긴 비석이 있었으나 6.25 때 총격으

정면에서 본 강매동 석교

로 훼손된 후 근처 도로부지에 묻혀 버렸기 때문이라 한다. 물론 다리는 전화戰
禍를 견뎌냈다.

　이 석교를 건너 서울로 가는 길은 오래전 폐쇄되었다. 다리 건너 벌판 끝
에 높은 제방이 쌓인 데다, 창릉천을 따라 비포장도로도 생긴 탓이다. 더 이상
걸어서 서울로 가는 고양 사람도 없을 터이니 당연하다. 고양시는 1999년 2월
1일 이 돌다리를 고양시 향토문화재 33호로 지정했다.

강고산 마을 사람들

"수많은 사람들이 밤을 새워 이 다리를 건너 서울로 갔지. 참외 오이 같은 농산물 보따리를 메고 이고, 나뭇짐을 지게에 지고 서울로 팔러 간 거지." 조영휘 씨와 부인 김정희 씨(75세)도 그 대열을 따라 장사를 다녔다고 한다. 강고산 마을에서 새벽 2시에 출발하면, 수색-신촌을 거쳐 훤할 무렵 염천교 근처에 도착할 수 있었다. 거기서 아침 장사를 하고는 또 걸어와 이 다리를 건너 귀가했다. 화정·일산·송포 사람들이 이 다리를 거쳐 가려면 훨씬 더 일찍 출발해야 했을

다리 옆으로 새로 쌓은 석축

문화재보호구역이라는 팻말이 잡초에 가려 거의 보이지 않는다

터이다. 강고산 마을에서 20분 정도 걸어가면 경의선 강매역이 있다. 하지만 강고산 마을 사람들은 돈 드는 기차보다 기꺼이 돌다리를 건너 걸어 다니는 쪽을 택했다.

창릉천 하류에 위치한, 매화가 많은 고장이라 하여 강매동이라 했다는 이곳에서 강고산 마을은 가장 남쪽에 있는 동네다. "여기는 배천 조 씨들이 많아.

다리 옆으로 쌓은 석축

6.25 때 개성에서 피난 내려와 정착했지. 대부분 가난했지. 마을 땅 대부분이 신 씨네 종중 땅이거나 봉 씨네 땅이었어. 그 땅을 소작하거나 서울로 가서 농작물과 땔감을 팔아야 먹고살았지."

강고산 마을은 지금도 개발제한구역이다. 한때 그린벨트 해제 대상으로 꼽혔으나 마을 사람들이 반대했다. 개발이 되면 이 마을을 떠나야 하는 신세였기 때문이다. 한 세대 전만 해도 이 마을엔 65가구가 살았다. 하지만 지금은 절반 정도밖에 남지 않았다고 한다.

"나 어릴 때는 개울이 참 맑았어. 하루 종일 밥 먹을 줄도 모르고 다리 근처에 와서 살다시피 했지." 창릉천에는 참게, 메기, 빠가사리, 뱀장어도 살았다고 했다. "물이 맑아서 식수로도 사용할 정도였지요. 개울 바닥 모래도 깨끗했어요." 김정희 씨는 "창릉천 상류에 서울시 인분 처리장이 생기면서 개울을 버렸다."고 했다. 인분 처리장은 주민들이 강력히 항의하고 진정서를 내 결국 폐쇄되기는 했지만, 개울은 다시 살아나지 않았다.

버려진 돌다리

90년 풍상을 버텨온 돌다리는 지금 거의 버려져 있다. 다리 상판 몇 곳이 약간

다리 위에서 바라 본 창릉천

흔들릴 뿐 아직 튼튼하지만, 창릉천 물이 되살아나지 못하듯, 옛 구실을 되찾을 길이 없기 때문이다. 다리 앞에 문화재임을 알리는 작은 표지판이 고작이고 다리 주변엔 잡초만 무성하다. "요 몇 년 전에 꽃을 잔뜩 심고, 자전거도로를 만들었어. 하지만 그러면 뭘해. 돌보고 가꾸는 사람이 없으니 이 모양이지." 유심히 보면 자전거도로를 닦은 흔적이 보이기는 하지만 다리 주변 풍경은 묵정밭 그대로다.

'강매동 석교는 축조 연대가 그리 오래되지는 않았으나 조선조 교량 축조 방법의 맥을 잇고 있으며 현존하는 고양시에서 가장 오래된 다리라는 점에서 그 문화재적 가치가 크다고 하겠다.' 〈고양시사〉의

**창릉천 변 자전거도로.
이용자가 없어 버려져 있다**

기록이다. 석교를 향토문화재로 지정한 이유
도 그 때문일 터이다. 그런데도 이 아름다운
다리를 왜 방치하는가?

강매동 석교는 단지 전통을 이었다는 평
가 이상의 의미를 갖는다고 할 수 있다. 다리
가 놓이기 전 가랑이를 적시며 개울을 건너 다
녀야했던 곤고했던 삶과, 사비를 털어 다리를
놓아준 뜻과, 다리를 밟으며 새벽길을 떠나야
했던 궁핍한 시절의 사연을 간직한 근대문화
유산이다. 이를 차분히 정리하고 아름다운 돌
다리를 보전해야 할 의무를 잊어서는 안된다.

| 도움말 주신 분 |

정동일 고양시청 문화재 전문위원
조영휘 고양시 강매동 강고산마을 주민
김정희 고양시 강매동 강고산마을 주민

| 참고자료 |

고양시사편찬위원회, 『高陽市史』, 2005

02
고양고등학교 옛 강당

답사일 : 2010년 4월 6일

북한산의 선물

고양 고등학교 옛 강당은 북한산의 선물이다. 고양시 덕양구 삼송동 45-2에 있는 고양 고등학교 교정에서 바라보면 북한산이 한눈에 보인다. 게다가 이 강당은 북한산 계곡에서 크고 작은 돌을 주워다 지었다. 돌과 돌 사이에 시멘트 모르타르를 넣어 2층 높이까지 차곡차곡 쌓아 올렸다. 다듬은 화강암 석재가 아니라 말 그대로 강가의 돌멩이가 고등학교의 강당이 되었다. 6·25 직후 부족한 건축자재 사정이 이런 건축물을 낳았을 테지만, 그 덕에 강당은 여전히 튼튼하게 서 있다.

고양 고등학교는 1938년 원래 채소실습학교로 출발했기 때문에 터가 넓다. 교문에서 학교 본관까지 꽤 올라가야 한다. 길 양옆으로는 각종 시험재배지와 동물 훈련장 등이 널찍널찍 자리 잡았다. 1998년에 새로 지어진 강당은 넓고 번듯하다. 이 때문에 고양 고등학교 교정과 새 강당은 2010년 전국기능경기대회를 치러낼 수 있을 정도로 시설과 면적이 훌륭하다. 하지만 고양 고등학교의 보물은 단연 옛 강당이라고 해도 과언이 아니다.

옛 강당은 현재 이 학교 태권도부 전용 체육관에 불과하다. 지역의 뜻있는

인사들이 옛 돌강당을 숨어 있는 보물이자 보전해야 할 아름답고 유서 깊은 건축물로 보는데 반해 학교와 동창회에는 이 강당과 관련한 자료가 한 건도 보존돼 있지 않다. 한국전쟁 직후 지어졌다는 사실만 중견 교사들이나 알고 있는 정도다. 70년 넘는 학교 역사를 정리해서 기록했더라면 옛 강당은 단연 첫머리에 올랐을 법한데, 아쉽게도 이런 작업은 이뤄지지 않았고, 당분간 계획도 없다고 했다.

"제가 1989년 초임 교사 시절에 학교로 부임했을 무렵엔 전교생 학생조회를 이 강당에서 했습니다. 또 강당 앞에 있는 지금 잔디광장 자리에 강당과 같은 양식으로 지어진 단층 석조 건물이 4~5칸 있었습니다." 고영주 고양고등학교 교무부장의 증언이다. 다른 학교로 전근되었다가 다시 발령을 받고 왔을 때는 이미 돌교실들은 사라진 상태였다는 것이다. 실제로는 돌강당처럼 북한산 계곡의 옅은 황토색 큰 돌들을 주워다 지은 건물이 강당 말고도 2개 더 있었다고 한다. 고 부장이 4~5칸이라고 기억하는 돌교실은 용케 철거를 면하고 남았

강당 전면

던 건물의 일부인
듯하다. 그마저도
90년대를 지나면서
사라지고 말았다는
얘기다.

돌강당은 고양
고등학교 본관 옆
한울타리를 쓰는 고
양 중학교 교정 앞
에 남향으로 앉아
있다. 강당의 전면
은 종교적 건축물
을 연상시키는 외형
을 보인다. 정면에
는 사각기둥을 세웠
고, 지붕 부분엔 흰
색 페디먼트를 두
어 신전 입구와 같
은 인상을 준다. 측
면에서 보면 현관

강당 왼쪽 면

에 해당하는 부분은 건물 본체보다 폭이 2m가량 넓다. 자갈이라기엔 크고 바위
라기엔 작은 돌들로 쌓은 벽체는 55년이 넘은 현재도 튼튼하다. 창窓을 낸 부분

강당 뒷면

까지도 돌과 시멘트 벽체이기 때문에 마치 돌벽을 일부 헐고 창을 만든 것처럼 보인다. 벽체는 강자갈의 질감을 그대로 드러낸다.

현관을 들어서면 바로 강당으로 이어진다. 강당 전면은 무대형식으로 되어 있다. 하지만 높은 무대가 아니라 바닥과 바로 이어져 교회의 강대상과 같은 모습이다. 원래 강당 바닥은 마루였다고 한다. 300~400명이 들어갈 수 있을 정도의 공간이다. 70년대까지만 해도 이런 크기의 강당을 가진 학교는 흔치 않았다. 입구 양쪽으로는 2층으로 올라가는 옛 계단과 난간이 그대로 남아 있다. 바닥은 태권도부 연습을 위해 새로 깔았다. 그러나 천장 반자는 최소한 70년대 것처럼 보인다. 그러나 언제 내부를 고쳤는지 기록이 없어 알 수 없다.

측면에서 본 강당 돌출면

복구 집념이 탄생시킨 돌강당

1938년 이 학교가 개교할 당시 교명은 고양 공립 채소 실습학교다. 해방 이후 1947년 이 학교는 4년제인 고양 공립 초급중학교가 되었다. 전쟁의 와중인 1952년 이 학교는 다시 고양 농업고등학교로 설립 인가를 받았다. 하지만 고양 농고 1회는 이듬해인 1953년 입학했다. 당시엔 농고와 중학교가 같은 교정 안에 있었다. 1회 입학생인 강태희 씨(후에 총동문회장, 고양시의원 역임)가 들려준 돌강당과 돌교실이 지어지던 상황은 이렇다.

"내가 6·25 참전용사요. 제대해서 53년도에 고양 농고에 들어갈 때 스물 다섯 살이었지. 내가 2학년 때 그러니까 1954년에 강당을 지었어요. 당시에 중고생 합쳐서 전교생이 750명쯤 되었을 거예요. 당시에 이 근처에 미군 공병단 185대대가 주둔하고 있었어요. 이게 후에 한국군 공병여단이 되었지요. 그런데 지축동에서 개척교회를 하던 유명한 박대희 목사가 미군부대에 가서 공부를 했대요. 당시엔 도서관이라는 게 없었으니까 미군부대까지 찾아간 거지요. 그러다가 이 부대 중령과 친분이 생겼어요. 중령이 박 목사로부터 교회가 어렵다는 이야기를 듣고는 교회를 지어주겠다고 해서 교회가 지어졌지요. 그 때 학교도 함께 지어진 거예요."

강 씨의 증언은 신도제일교회 건축기와 일치한다. 이 교회는 1953년 10월부터 강 씨가 언급한 헤럴드 비티(Harold Beaty) 중령이 지원해 지어졌다. (신도제일교회를 예배당 편 참조) 학교를 지어주었다는 중령은 바로 이 비티 중령일 것이다. 학교 신축에는 또 한 명의 공로자가 있다.

"당시 고양 농고 교장이 김종욱金鍾煜 선생이에요. 학교 강당과 교실 설계는 이 분이 했어요. 김 교장께서 설계는 했지만 학교를 지을 돈이 없었는데, 미군 중령이 이 사실을 알고 도와주기로 했지요."

돌은 북한산으로 통하는 송추 골짜기 사기동^(사기막골)에서 가져왔다. 이곳은 북한산 계곡의 하류에 해당하는 곳으로 하상이 높지 않아 노출된 돌이 많았다고 한다. 돌을 고르는 일은 학생들이 직접 했다. "토요일 일요일도 없었어요. 심지어 소풍 갈 때도 가기 전에 개울가에 가서 돌을 골라 놓으면 미군 트럭이 와서 실어 날랐지요. 이 작업을 내가 통솔했지요."

강 씨는 당시 스물여섯 살 늦깎이 고등학생이었는데, '우리 학교'를 지어야 한다는 생각에 학교에 침대를 갖다 놓고 학교에서 자면서 이 작업에 앞장섰다. "시멘트도 미군들이 날라다 주었지요. 한 트럭에 700~800포대였는데, 이걸 나르는 일은 학생들이 했어요. 한 포에 40킬로그램 나가는 시멘트를 져 나르는 일이 보통 일이 아니라서 도망가려는 학생들이 많았습니다. 시멘트를 몇 번 나르면 가루를 뒤집어써야 했기 때문에 다들 싫어했지요."

강 씨는 어린 동생들을 다독이고 얼러서 모두가 학교를 세우는 일에 동참하도록 했다. "우리가 가난해서 육성회비도 못내는 형편 아니냐, 그러니까 우리 노력으로 짓자고 설득했습니다. 돌을 쌓아올릴 때는 요즘 같은 발판^(아시바)이 없어서 산에서 낙엽송을 잘라다가 묶어서 썼습니다. 지붕도 기와를 올릴 형편이 못 돼서 드럼통을 펴서 썼습니다. 모든 걸 학생들 인력으로 해결하려니 공사가 빨리 진행될 수는 없었지요." 2층 높이의 강당을 짓기 위해 학생들이 얼마나 노력했을지 충분히 상상할 수 있다.

하지만 학생들이 지어낸 건 강당만이 아니다. "건물이 모두 3개였어요. 강당도 지었고, 사무실로 썼던 건물도 지었고, 교실 12~13칸이 있었던 건물도 지었습니다. 그런데 후에 새로운 학교 건물을 지으면서 학생들이 피땀 흘려 지은

현재 강당의 준공표지판

2층 천장, 안이 들여다보인다

돌 건물 두 동이 헐렸습니다." 강 씨는 구체적으로 언급하지는 않았지만 돌건물이 헐릴 때마다 학교 측과 마찰이 있었다고 했다. "지금도 강당 앞에 서면 가슴이 뭉클합니다." 그러므로 돌강당은 비티 중령을 비롯한 미군 공병단과 김종욱 교장, 그리고 강 씨를 비롯한 학생들의 합작품이다.

오늘날 돌강당이 태권도 전용 체육관으로 바뀐 것도 내력이 있다. "김종욱 교장 선생이 원래 해방 후에 체육교사로 우리 학교에 오셨다가 교장이 되셨거든요. 그래서 체육에 관심이 많았어요. 김길현 선생이라는 체육 선생이 정열적으로 럭비부, 축구부, 태권도부, 기계체조부를 육성했어요. 그래서 서울 가면 고양 고등학교는 체육 학교라는 소리까지 들었지요."

계곡의 돌처럼 파묻힌 강당의 역사

고양 농업고등학교는 1970년 고양 종합고등학교가 되었다. 고양군에서도 외곽지역인 이곳에서도 인

문계 진학을 원하는 학생들을 받아들이기 위해서였다. 1976년엔 고양중학교와 고양종고가 분리되었다. 신도시가 들어서고 고양이 커지면서 2002년 보통과(인문계반)를 폐지하고 학교 역사를 살린 특성화에 주력했다. 현재는 화훼장식과·식품가공학과·애완동물과·정보전자과 4개과에 한 학년 360명이 정원이다. 3개 학년을 통틀어야 1,100명이 채 안 된다. 넓은 교정에 넉넉한 실습공간을 갖춘 실업계 학교인 셈이다.

하지만 바로 이 점이 고양 고등학교로 하여금 역사의 맥보다는 현실적인 교육에 치중토록 한 원인인 듯하다. "새 강당을 지을 때도 고양시민이 모두가 이용할 수 있을 정도로 번듯하게 짓자는 의견이 많았어요. 왜냐하면 학교가 외곽이어서 학교를 알리려면 그런 게 필요하다고 보았기 때문이지요." 강태희 씨

현재의 강당 겸 체육관

의 이런 언급에서 학교의 고민을 엿볼 수 있다. 개교 70년이 넘었으면서도 학교 측이나 동문들이나 역사를 자랑하기보다는 지역 내에서의 학교의 위상을 어떻게 높일 것인가에 더 관심을 쏟았던 것이다.

"고양시에서 고양고 옛 강당을 근대문화유산으로 지정받기 위해 노력한다는 얘기는 들었습니다." (고영주 교무부장) 돌강당은 근대문화유산으로 손색이 없다고 판단된다. 그러나 지정을 위해서는 학교나 동문회가 강당에 관한 기록부터 찾아내 정리할 필요가 있다. 기록 자료가 이미 산일되어 없다면 강 씨처럼 학교 설립시기 졸업생들이 더 나이가 들기 전에 이들의 증언을 체계적으로 채록해 구술사적으로라도 정리해야 한다. 농고 시기로부터 따져 1만여 명의 졸업생이 이미 지역사회에 배출된 만큼 그 작업을 진행할 1차적 책임은 동문회에 있다고 판단된다.

강 씨의 증언으로 미루어 짐작할 수 있듯이 고양고 옛 강당은 향토사적으로, 교육사적으로도 가치가 높다. 전후 복구의 과정에서 지역 주민들이 어떻게 노력했는가를 보여주는 증거이기 때문이다. 더욱이 정부가 학교 재건에 투입할 여력이 없는 상태에서 학교 관계자와 지역 주민의 열정에 부응해 미군들이 담당한 역할도 간과할 수 없는 부분이다. 그러나 무엇보다도 중요한 점은 향토색을 그대로 드러내는 아름다운 돌강당이 돌교실처럼 머지않아 사라질 가능성을 예방하는 일이다. 특히 이 강당은 공립학교에 속해 있는 만큼 근대문화유산으로 지정하기가 상대적으로 용이하다고 할 수 있다.

| 도움말 주신 분 |

강태희 고양고등학교 1회 졸업생
고영주 고양고등학교 교무부장
정동일 고양시청 문화재 전문위원

| 참고 자료 |

http://www.koyang.hs.kr 고양고등학교 홈페이지

03
신도제일교회 돌 예배당

답사일 : 2010년 4월 27일

교회가 된 창릉천

기독교 대한감리회 신도제일교회는 고양과 서울의 경계지점에 있다. 교회가 자리 잡은 작은 언덕에서 창릉천까지 100m 거리이고, 다리 건너자마자 오른쪽 삼거리를 지나면 서울시 은평구다. 현재 주소는 고양시 덕양구 지축동 518-2, 교회 설립 당시인 1950년대 지번으로는 고양군 신도면 지축리 산 102번지다. 서울 시계이긴 하지만 오랫동안 개발의 삽날이 미치지 않은 한적한 농촌이었다. 1966년에 촬영한 항공사진을 보면 돌로 지은 교회 건물만 드러날 뿐 근처에 인가조차 거의 보이지 않는 두메산골이다.

교회가 기리는 창립일은 1945년 11월 1일이다. 교회 개척자인 박대희 전도사(당시)가 인근 신도면 오금리 93번지(독쟁이)에서 첫 예배를 드린 날이 그 날이라고 한다. 이때로부터 따지면 교회 역사는 65년이 된다. 이후 1951년 교회는 지축리로 옮겨왔고, 이듬해 현 위치에 흙벽돌로 30평 규모 예배당을 세웠다. 지금도 남아 있는 돌 예배당과 교육관 사택이 완성된 날은 56년 전인 1954년 3월 24일이다.

돌 예배당 강자갈을 시멘트 모르타르로 쌓아올려 지어졌다. 고양고등학교

신도제일교회 돌 예배당 전면

돌벽 사이에 붙인 교회표석

머릿돌

돌 강당과 같은 방식이다. 고양고 강당 편에서 언급한 대로 박대희 목사와 미군 공병단 해롤드 비티(Herold E. Beaty) 중령의 인연이 두 건물을 낳았다. 신도제일 교회 유재덕 원로목사가 쓴 글에 따르면 두 건물은 동시에 지어졌다. "휴전 직후인 1953년 10월 당시 고양군 신도면 오금리에 주둔해 있던 미 2사단 공병부대(단장 해롤드 비티 중령)가 전후 복구 사업의 일환으로 고양종합고등학교 건물과 함께 인력과 장비, 물자를 지원해 공사가 시작되었다." ("유서 깊고 정감 어린 우리 교회 구 성전 좀 살려주세요", 〈고양소식〉 2006년 10월호, 7쪽.)

양식은 같으나 신도제일교회 돌 예배당을 이룬 자갈은 고양고 돌 강당의 돌보다 약간 잘다. 강당은 북한산 계곡의 돌을 썼지만 예배당은 인근 창릉천 돌을 썼기 때문인 듯하다. 동네 주민들은 미군의 지원이 너무나 고마워 자진해서 창릉천 강에서 돌을 주워 날랐다. 이 교회 원로 가운데는 어려서 직접 돌을 나르던 일을 기억하는 신도들도 있다.

황토색 강자갈의 색감과 질감을 그대로 드러내는 돌 예배당은 56년이 지난 오늘날도 여전히 아름답다. 이젠 퇴락한 창호 정도만 수리하면 지금도 성전 구실을 넉넉히 감당할 것 같다. 하지만 2002년 새 예배당이 교육관 뒤편으로 지어지면서 104평 규모인 돌 예배당은 어린이 예배실로 쓰인다.

돌 예배당으로 올라가는 계단도 56년 모습을 잃지 않고 있다. 계단석은 건축 당시 근처 야산에 뒹굴던 화강암 비석을 주워다 재활용했다고 한다. 예배당은 지상 1층에 반지하층으로 돼 있다. 전면 종탑부에서 50여 년간 맑게 울리던 종은 이제는 떼어 교육관으로 옮겨 놓았는데, 여전히 소리가 청아하다. 예배당 내부와 천정은 몇 차례(70년대, 80년대, 2003년) 손을 봤다. "그러나 지금 바닥을 뜯어내면 예전 마룻바닥이 그대로 있습니다." 유영종 담임목사의 말이다. 지하층

신축 당시 그대로인 창문

은 여러 칸으로 나누어 예배실과 사무실로 쓴다. 예배당 오른쪽 측면 뒷부분에는 기도실이 마련되어 있고, 예배당 뒤에는 1986년에 만들었던 개인 기도굴이 남아 있다. "기도굴은 지금은 쓰지 않습니다. 예전에 탈영병 한 명이 여기 숨어 있다가 배가 고파서 나온 일도 있었지요." (유영종 목사)

돌 예배당 오른쪽에는 1954년 함께 준공된 돌 교육관이 있다. 차이점은 예배당의 경우 기단석을 놓고 그 위에 건축을 한데 비해 교육관은 바닥에서 그냥 지은 형식이다. 넓은 교회 마당을 바라보는 위치인 교육관 전면도 예배당과 똑같은 창릉천 강자갈로 지어졌다. 교육관은 현재 교회 사무실과 애찬실(식당)로 쓴다. 사무실 안에는 박대희 목사, 유재덕 목사(7대) 등 역대 교역자의 사진이 걸려 있고, 그 아래 유서 깊은 물건들을 일부 모아 놓았다. 50년대에 쓰던 풍금과 십자가, 촛대, 거울, 강대상 의자 등이다.

거울 앞에는 이런 안내 문구까지 만들어져 있다. '1955년 신랑 이윤완 군과 신부 이연옥 양의 결혼식을 신도교회에서 박대희 목사님 주례로 올렸을 때 선물한 거울이다.' 유영종 목사에 따르면 당시의 신랑은 지금 권사이고 신부는 집사로서 이 부부의 손자 손녀들까지 교회에 나온다고 한다. 다른 물건 앞에도 작은 안내판이 있다. 유영종 목사는 "구 성전을 건축 당시 모습대로 복원해서 기념관을 만들기 위한 준비작업"이라고 했다. 유 목사가 한 달 전까지 거주했다는 사택 역시 예배당, 교육관과 함께 지어졌다. 사택은 19평 규모다. 하지만 아쉽게도 교육관과 사택은 머지않아 헐리게 될 운명이다. 교육관은 2003년 구조안전진단 결과 양호 판정을 받았는데도 철거 대상이 되었다.

뒤에서 본 돌 예배당. 덧대어 지은 부분은 기도실

54년 당시의 종.
지금은 사무실 앞에 옮겨 놓았다

교회 뒤에 남은 예전 개인기도굴

끈질긴 교회보전 운동

신도제일교회는 2005년 지축지구 택지 개발 발표가 나면서 비상이 걸렸다. 새 성전은 지어졌지만 교회의 자랑이자 교인들이 너무도 아끼던 돌 예배당, 교육관, 사택이 택지 개발 지구에 포함됐기 때문이다. 목회자 이하 전 교인이 나서서 사방팔방으로 탄원서도 내고 서명운동을 벌이기 시작했다.

"제가 목회를 하는 교회이기 이전에 지역 사회에서 보전해야 마땅한 성전이기 때문이죠. 우리 교회가 신도고등공민학교를 설립한 게 1952년입니다. 이 학교는 1970년 폐교될 때까지 18년간 졸업생 450명을 배출했습니다. 지역 사회에서 종교적 사명과 교육적 사명을 다한 것이지요. 신도고등공민학교는 지금 교육관과 구 성전 지하를 교실로 썼습니다. 이런 역사는 논외로 한다 하더라도, 건축사적으로 보더라도 구 성전과 교육관은 가치 있는 건물 아닙니까?"

유영종 목사가 이 교회와 인연을 맺은 것은 중학교 3학년 때인 1983년이다. 담임목사로 부임하는 아버지(유재덕 원로목사)를 따라와 아름다운 예배당을 처음 보았다. 당시엔 교인 80명인 작은 교회였다. 여기서 성장한 유 목사는 교회 잔디밭에서 결혼식을 올렸다. 그리고 신학대학을 졸업한 뒤 1999년 청소년기와 청년기의 추억이 알알한 신도제일교회의 부목사가 되었고 2005년 아버지가 은퇴하면서 담임목사직을 맡았다. 그가 담임목사가 되자마자 철거 문제가 대두된 것이다.

"택지 개발로 인해 이 일대 그린벨트가 해제될 때 우리는 오히려 교회 전체를 그린벨트로 그냥 두어달라고 요청했지요. 그래야 교회를 보전할 수 있다고 판단했기 때문에…. 그래도 안 되길래 문화재청에 근대문화

비티중령이 미국에서 주문해 왔다는 십자가　　50년대에 쓰던 풍금

유산 지정도 신청하려고 했습니다. 그런데, 알고 보니 예배당 부지 가운데 10여 평이 타인 소유라는 게 밝혀졌어요. 이 사람 승인을 받아오라는데, 막상 소유자는 승인을 해주지 않더군요. 그래서 신청을 못했습니다."

교회 신축 광경 자료사진

유 목사는 고양시와 토지공사(현 LH 공사)를 뻔질나게 찾아다니며 구 예배당을 살려야 한다고 졸라댔다. 〈고양신문〉 등 지역 언론에서도 여

러 차례 이 사실을 보도해 보전의 당위성을 알렸다. 앞서 인용한 유재덕 목사의 인터뷰 기사 역시 그 일환이다. 그런 노력의 결과 LH 공사 측이 최근 돌 예배당만은 보전하기로 결정했다고 한다. 하지만 교육관과 사택은 보전 대상에서 제외되었다.

"원래 우리 교회 부지가 넓어요. 1만 평 쯤 됐지요. 80년대 초만 해도 교회 아래 주

돌 예배당이 지어지기 전 교회 건물

유소와 길 건너 화원 자리까지 다 교회 땅이었어요. 그런데 중도에 팔아서 교회 차량 한 대 사고, 일부는 교회 수리비로 썼다고 해요. 그렇게 하지 않았다면

해롤드 비티 중령

교회 개척자 박대희 목사

유재덕 목사의 젊은 시절 사진

지금은 엄청난 부자 교회지요.^(웃음) 택지 개발지고 토지 보상을 할 때 보상금이 평당 1,000만 원 정도 됐습니다. 우리 교회는 그린벨트로 묶어 달라고 해서 그 보다 보상금이 훨씬 적습니다. 만약 예전 땅을 그대로 가지고 있었다면 1,000평 만 해도 10억 보상을 받았겠지요. 그러나 우리는 구 성전을 보전하게 된 것만 해도 감사합니다."

신 · 구 교회의 조화를 위한 기도

앞서 인용한 유재덕 목사 인터뷰 기사에는 다음과 같은 대목이 있다. "구성전 의 비품을 정리하던 중 유 목사는 3개의 나무 장의자를 닦아내다 한 장의자 밑 에 껌이 붙어 있는 것을 발견했단다. 어느 소프라노 성가대원이 예배가 끝나면 다시 씹으리라 마음먹고 붙여놓았을 그 껌. 유목사는 껌을 붙여놓은 그 성가대 원이 깜빡 잊었는지 아직도 찾아오지 않았다며 웃음을 터뜨렸다." 별 의미 없는 에피소드일 수도 있지만, 돌 예배당 시절의 삶의 흔적 하나하나를 소중하게 여 기는 신도제일교회의 마음 씀씀이가 드러나는 일화다.

2003년에 지어진 신도제일교회 새 예배당도 잘 지어진 교회 건축으로 꼽 힌다. 주변 자연경관을 살린 교회 외관과 깔끔하면서도 상징성을 살린 내부 설 계가 돋보인다. 새 예배당은 〈건축문화〉, 〈인테리어월드〉, 〈목회와 신학〉 등 의 잡지에 아름답고 건축성 뛰어난 교회로 소개되었다.^{(교회건축 홈페이지 www.} archichurch.com 참조) 강대상을 뒤에서 자연채광토록 한 부분이라든지, 왼쪽 면 전체를 통유리로 하고 사면의 기둥을 각기 다른 형태로 세운 방식은 조화와 소 통을 상징하면서 21세기형 작은 교회 건축의 한 표본으로 손색이 없다는 평가 다. 특히 50년대 강자갈을 주워 세운 구 예배당과의 조화가 돋보인다.

교육관 전경. 앞 현관 부분은 2003년 새로 냈다. 뒤 건물 벽은 예배당과 같은 양식으로 지어졌다

현재 신도제일교회 신도는 300명 정도다. 개척자인 박대희 목사가 인가도 거의 없는 자신의 고향에 교회를 세운 이래 56년 세월이 지났지만 성장보다는 작은 교회로서의 사명을 자각하고 실천한 목회자들의 맥을 이어온 결과다. 5년 동안이나 끈질기게 교회 보전운동을 벌인 사실이 그러한 정신을 증명해 준다. 신도가 조금만 모이면 큰 성전 짓기부터 시작하고 보는 한국 교회의 현실에서 신도제일교회의 사례는 모범이 될 만하다.

앞으로 지축지구가 개발되면 7,000세대가 입주하게 된다. 한적한 시골 교회가 아파트 숲에 둘러싸이는 변화가 불가피한 것이다. 하지만 신도제일교회는 아직까지 초심을 잃지 않고 있는 듯하다. 이 마음을 잃지 않도록 하려면 신도들의 기도도 필요하겠지만, 창릉천을 빼다 박은 구 예배당을 보전해 기념관으로 지켜나갈 수 있도록 지원을 할 필요도 있을 것이다.

사택

| 도움말 주신 분 |

유영종 고양 신도제일감리교회 목사
정동일 고양시청 문화재 전문위원

| 참고자료 |

고양시, 『고양소식』, 2006년 10월호
『고양신문』
http://www.sdfmc.or.kr 신도제일교회 홈페이지
http://www.archichurch.com 아키처치 홈페이지

04
한국항공대학교 활주로와 격납고

답사일 : 2009년 6월 9일

일제 강점기부터 존재한 활주로

국립항공학교가 고양군 신도면 화전리 200-1에 훈련용 비행기 격납고를 설치

한국항공대학교 유도로. 이곳이 옛 활주로다

격납고에서 활주로로 나가는 길. 멀리 대학 본관이 보인다

한국항공대 주 격납고

훈련비행 대기 중인 비행기들

한 것은 6·25 직후인 1954년 8월 3일이다. 국립항공학교는 1952년 부산에서 설립되어 1953년 10월 서울 한강로로 옮겨온 상태였다. 국립항공학교는 민간 항공 개척의 필요성이 제기되어 교통부 산하에 설립된 공공교육기관이다. 격납고를 고양 화전에 만든 것은 거기에 일제 강점기부터 사용되던 활주로가 있었기 때문이다.

일제가 이곳에 활주로를 만든 이유와 경위는 정확히 밝혀지지 않고 있다. 다만, 화전 지역이 넓은 평야지대인데다, 활주로 땅은 경의선 철로변에 있어 수송이 용이하고, 경성과 가깝다는 지리적 이점 때문이라고 짐작된다. 6·25 당시에는 미군들이 이 활주로를 활용했다고 한다.

1963년 국립항공대학은 아예 이곳(현 지번은 고양시 덕양구 화전동 200-1)으로 이

격납고 내부 골조   격납고 내부

전했다. 학교의 특성상 비행훈련이 가능한 곳에 자리를 잡는 것이 유리하다는
판단 때문이었을 것으로 짐작된다. 국립항공대학은 1968년 한국항공대학으로
바뀌었다가, 1979년에는 한진그룹이 설립한 학교법인 정석학원에 인수되었다.
한국항공대학은 이곳 활주로에서 수많은 민간 조종사 요원을 훈련시켰다.

　　현재 활주로의 길이는 약 1.3㎞다. 그러나 이 활주로는 일제시대부터 존재
했던 활주로가 아니다. 예전 활주로는 지금은 유도로라 불린다. 유도로의 길이
는 약 800m다. 비행기가 뜨고 내리는 하중 때문에 유도로는 여러 차례 보수되
었겠지만 위치만은 옛날 그 자리라고 할 수 있다. 새 활주로는 유도로 바로 옆
에 있다.

　　"제가 처음 이 학교에 올 때만 해도 비행기가 뜨면 화전 바닥이 먼지로 뽀
얗게 뒤덮이곤 했습니다. 유도로가 잔디였거든요." 1973년 무렵부터 37년간 이

격납고 내부골조 세부. 리벳 이음 방식이 한강철교와 같다

학교에 근무한 간문기 정비팀장은 지금은 격세지감을 느낀다고 했다.

옛 활주로에서는 C-45, L-16, 일제 글라이더, FA 200-180(일명 후지 機) 등이 훈련 비행에 쓰였다. C-45는 프로펠러가 양 쪽에 달린, 일본군이 남긴 비행기다. L-16은 한국 공군이 6·25 때 쓰다가 민간에 넘긴 1호기이고, 후지기 3대는 대일청구권으로 들여온 일제 비행기다. 정석학원이 인수하고 나서는 세스나 337이 도입되었다.

활주로는 한국항공대학교 캠퍼스와 경의선 철로 사이에 있다. 지난 반세기 넘게 이 활주로를 이용한 비행기는 항공대 것만은 아니다. 대한활공체육회 소유의 글라이더도 5~6대나 되었고, 신문사·방송사가 보유한 보도용 경비행기도 꽤 많았다.

활주로에서 뜨고 내리는 비행기는 1974년 지어진 관제탑의 통제를 받는

주 격납고 옆에 늘어서 옛 격납고들.
붉은 벽돌 건물이 공군 특수부대가 썼던 것이고, 그 오른쪽이 경향신문 옛 격납고다

서쪽에서 바라본 옛 활주로(유도로)

옛 경향신문 격납고

활주로 옆 철로

격납고 앞에 세워진 비행기

다. 70년대 중반부터는 인근에 군부대가 주둔하면서 비행계획을 협의해야 하도록 되었다. 구 활주로(유도로) 부지는 항공대학 소유가 아니라 철도공사 땅이고, 신 활주로의 소유권은 지금도 국방부에 있다. 간문기 팀장에 따르면 군 통제 이전엔 비행장 주변에 철조망이 쳐 있지도 않았다고 한다.

"70년대 항공대 학생은 4학년 전체를 통틀어 45명이었습니다. 그런데 지금은 3,500명이나 되지요." 학생 수가 늘어나면서 비행훈련 스케줄도 빡빡해졌다. 답사 차 방문했을 때도 제복을 입은 학생들 여러 팀이 옛 활주로인 유도로 변 격납고 앞에서 자신들 차례를 기다리고 있었다.

곧 사라질 예전 격납고

앞에서 격납고가 1954년 8월에 처음 지어졌다고 했지만, 현재의 격납고가 당시 것인지 확인하기 어렵다. 비행기를 보관하는 가건물 형태이기 때문이다. 그러나 골조가 50년대 방식이라는 것은 확실하다. "구조가 한강철교와 같습니다. 형태뿐만 아니라 철재를 연결하는 방식도 볼트가 아니라 리벳을 썼습니다. 그것도 쇠를 달군 상태에서 망치로 때려서 이은 방식이지요. 그렇게 하면 물이 들어가지 않아 내구성이 커집니다." 간문기 팀장뿐만 아니라 정비사들도 한결같이 그렇게 말했다.

한강철교 구조라는 주 격납고를 포함해서 현재 이곳에는 4동의 격납고가

후지 기

남아 있다. 그 가운데 붉은 벽돌로 지어진 격납고는 60년대 공군 특수부대(도깨비부대)가 쓰던 것이다. 그 옆 격납고는 경향신문이 사용했다. 90년대까지만 해도 이처럼 각 신문사·방송사의 보도용 경비행기를 보관하던 격납고가 죽 늘어서 있었다고 한다. 경의선 복선화 작업이 진행되면서 이들 격납고는 대부분 철거되었다.

60~70년대엔 학교 건물도 짓기 어려웠다. 개발제한구역이였기 때문이다. 그래서 학교엔 가건물 천지였다고 한다. 심지어 교수 연구실도 가건물에 있었다. "처음 찾아올 때 근처 덕은 국민학교가 대학 건물인 줄 알았습니다. 언덕 위에 번듯하게 서 있었거든요." 간 팀장은 학교가 좋아지기 시작한 것은 90년대 중반 들어서라고 했다.

2009년 6월 현재 격납고에 있는 항공대 비행교육원이 보유한 비행기는 총 18대다. "73년 무렵엔 고작 서너 대 있었습니다. 여기 격납고 외에 항공대 체육관의 함석지붕 밑에 모래바닥에 보관하는 실정이였지요." 간 팀장이 정비를 처음 시작할 무렵엔 연탄난로를 피워놓고 일을 해야 했다.

초창기 직원은 4~5명이었다. 배터리 살 돈이 없어 어려움을 겪기도 했다. 기종이 대부분 미제여서 부품을 구하기도 용이하지 않았다. "다뤄본 기종만 수십 종입니다. 몇몇 기종은 폐기된 후에 재조립을 해서 박물관에 갖다 놓기도 하고, 창고에 보관하고 있는 글라이더도 있지만, 파이어 콜트기 등 귀한 기종들이 그냥 고철로 버려진 게 아쉽습니다."

그나마 지금 남은 격납고들도 곧 헐릴 예정이다. 올 10월 활주로 위쪽에 신 격납고를 지을 예정이기 때문이다. "그것도 아쉽지요. 한국 항공의 역사인데요. 한국이 항공 일류국으로 도약하기까지는 우리 학교 활주로와 격납고가 한 역할이 지대합니다." 그럼에도 불구하고 역사적인 건물을 보관할 방도가 없기 때문에 헐어야 한다는 것이다.

| 도움말 주신 분 |

정동일 고양시청 문화재 전문위원
간문기 한국항공대학교 정비팀장
조관표 한국항공대학교 정비팀 부장

| 참고자료 |

고양시사편찬위원회, 『고양시사』, 2005
http://www.kau.ac.kr (한국항공대학교 홈페이지)

05
행주성당

답사일 : 2009년 6월 9일

성당 마당에서 내려다 본 본당. 앞에 보이는 곳이 14처다

본당 정면

종루 쪽에서 본 성당 측면

한옥 성당의 향기

행주 성당은 2009년 5월 31일 본당 설립 100주
년 기념행사를 가졌다. 올해가 공소에서 본당으
로 승격한지 100주년이고, 내년은 본당을 건립
한 지 100년이 되는 해이기 때문이다. 한국 천주
교 역사가 200년이 넘으므로 100년 넘은 성당
이 전국에 여러 곳 있지만, 행주 성당 100주년은
각별한 의미를 갖는다. 한옥으로 된 본당이 100
년 풍상을 겪어내고도 오롯이 의연하기 때문이
다. 고양시 덕양구 행주외동 한강이 내려다보이
는 언덕에 자리 잡은 행주 성당은 한강이 한 세

입구에서 바라본 성당 내부

기를 말없이 흘렸듯 조용히 한강을 굽어보고 있을 따름이다.

성당으로 들어가는 길은 다소 복잡하다. 강변을 끼고 쭉 뻗은 자유로 진출입로가 미로처럼 나 있는 탓이다. 행주 IC에서 행주내동 가는 길로 내려서자면 행주 성당을 알리는 표지판이 나온다. 하지만 여간 주의를 기울이지 않으면 지나치기 십상이다. 성당으로 올라가는 길은 비포장 마을 도로다. 성당 입구에 들어서면 야산 여름꽃 향기와 인근 화훼농가 꽃향기가 한데 어울려 상큼하게 반겨준다.

작은 시골 초등학교 운동장을 연상시키는 성당 마당에서 한강 쪽으로 자리 잡은 아담한 기와집이 본당이다. 팔작지붕 양식에 일곱 칸짜리 일자 형태인데, 한옥 성당을 본 적이 없는 이방인으로서는 작은 탄성을 터뜨리지 않을 수 없을 듯하다.

본당 옆 마당에는 '14처'라는 꽃밭이 조성돼 있다. 예수께서 십자가를 지고 골고다로 올라가다 쉰 자리 14곳을 상징하여 작은 십자가를 세워두었다. 교인들이 힘들 때 돌며 기도하는 곳이라 한다. 본당으로 들어가기 전 오른쪽으로

제단도 한옥양식을 최대한 살렸다

입구 종탑

는 성모 마리아 상 밑에 작은 봉헌대도 만들어져 있다. 미니어처 기와 전각 형식이다.

본당 출입문은 한옥답게 미닫이다. 신발을 벗고 살며시 밀고 들어서면 절로 입이 벌어진다. 기둥, 들보, 서까래 모두가 나무다. 그것도 나무의 결과 생김을 최대한 살렸다. 민속촌에 간다 해도 이런 기둥과 들보와 서까래를 보기 힘들다. 나무는 소나무로 추정되는데, 인근 야산에서 켜온 것이라 한다. 고딕 성당이 높은 천장에 아치형 궁륭으로 천상을 지향한다면, 행주 성당 나무 기둥과 들보는 가볍지 않으면서도 낮은 데로 임하는 천주를 실감케 한다.

한가운데 들보에는 '천주강생 1910년 4월 17일 입주 상량(天主降生 1910年 4月

이라는 명문이 선명하게 보인다. 4년 반 전부터 행주 성당을 맡고 있는 홍승권 대건 안드레아 신부는 "한 세기 전 양식으로 지어진 한옥 성당이 이처럼 잘 보전된 곳은 이곳뿐"이라고 했다. 정동일 고양 시청 문화재 전문위원도 "행주 성당 본당은 성당으로서의 의미를 떠나 건축학적으로도 매우 중요하다."고 강조했다. 이래저래 향기 나는 성당이다.

물론 본당 전체가 100년 전 그대로는 아니다. 1949년 미사 제단이 있는 쪽으로 2칸을 증축했다. 그러니까 원래는 5칸이었다는 것이다. 그러나 벽체와 지붕은 옛 모습 그대로라고 한다. 기와는 1960년대에 조선 기와에서 양기와로 교체했다. 무거운 조선 기와가 나무 기둥과 서까래를 뒤틀리게 하지 않도록 하기 위해서다.

행주 공소에서 행주 성당으로

행주 성당의 역사는 1881년으로 거슬러 올라간다. 당시 이 마을에는 행주 공소가 설치돼 있었다. 미사를 올리는 장소는 있었지만 사제가 상주하지는 않았다는 얘기다. 행주공소는 약현(중림동)성당에 속했다. 한양에 세워진 두 곳 성당 가운데, 종현(명동)성당은 4대문 안을 담당했고, 약현 성당이 4대문 밖과 경기 서북부 지역을 담당했다고 한다. 18년간 공소였던 이곳을 성당으로 승격하자는 논의가 시작된 것은 대한제국이 기울어가던 무렵이었다. 행주 공소 신도가 급격히 늘어났기 때문이다.

그 시절 행주외리(현 행주외동)는 서울 서북부 지역에서 가장 큰 동네로 꼽혔다. 행주나루 뱃길은 한양과 제물포를 잇는 중요 거점이었다. 행주외리는 통진·부평·강화를 관리하는 교통과 물류의 중심 구실을 했다. 한양에서 개성

100주년 기념 역사전시관 가건물

방향으로 오고 가는 인구와 물자가 건너가는 길목이기도 했다. 경기 서북부 지역에서 개성 가기 전 가장 큰 동네가 바로 행주산성이 있는 덕은산 주변이었다. 이 일대가 삼국시대부터 요충지였던 것은 이 때문이다. 임진왜란 당시 권율 장군이 행주대첩에 승부를 걸었던 이유이기도 하다. 그 때 일산은 갈대밭에 불과했고, 제물포도 흥성하기 이전이었다.

"번성한 동네라 선교사들도 일찍 들어왔습니다. 행주외리에도 외국인 선교사가 장로교를 세웠다고 해요. 행주 공소보다 10년 빠르다고 들었습니다. 그런데 어찌 된 일인지 행주 공소의 신도가 계속 늘어났다고 해요. 급기야 행주공소를 행주 성당으로 승격시켜야 한다는 보고가 약현성당에 올라갔지요."(홍승권 주임신부)

1909년 5월 26일 초대 본당신부로 김원영 아오스딩 신부(1869~1936)가 부

임했다. 김 신부는 신도들과 함께 20여 평짜리 한옥 성당과 초가로 된 사제관을
건립하는 일에 착수해, 이듬해인 1910년 4월 17일 감격적인 상량식을 가질 수

파란색 지붕 건물이 옛 사제관이 있었던 자리라고 한다. 앞 가건물은 신양학교를 복원할 자리

Haing tiyou
1934년 11월 6일자 예수성심의 Tabella지에 실린 행주성당 전경

1934년 천주교 잡지에 실렸던 행주성당 전경(행주성당 자료에서 스캔. 이하 스캔 사진 원본은 성당에 있음)

있었다. 공소 시절 야학과 선교 목적으로 본당 아래에 세워진 신앙 학교도 새롭
게 단장했다.

'행주 성당 100주년 기념 전시관'(성당 내 가건물)에는 당시 사진이 걸려 있다.
마을 아래쪽에서 초가집들을 전경으로 올려 찍은 사진이다. 언덕 위 본당이 우
뚝하다. 한강 제방이 없던 시절이었으므로 동네는 야산 쪽으로 형성돼 있었을
것이다. 그 가운데서도 본당은 한강을 내려다보는 배산임수의 중심이라 할 수
있을 듯하다.

일제시대와 전쟁 전후

김원영 초대 신부는 1917년 9월까지 8년 4개월간 행주 성당에 재임하며 성당
을 경기 서북부 중심 성당으로 확고하게 자리매김했다. 이어 김휘중 요셉 신부
(1884~1918)가 1년 1개월간, 황정수 요셉 신부(1890~1975)가 4년 2개월간, 이순성

안드레아 신부(1895~1950)가 3년간, 박우철 바오로 신부(1884~1956)가 6년 3개월 간, 윤의병 바오로 신부(1889~1950)가 2년 4개월간, 이종순 요셉 신부(1885~1935)가 2개월간, 김유룡 필립보 신부(1892~1972)가 5년 7개월간, 이철연 프란치스코 신부(1892~1980)가 4개월간 일제시대 행주 성당을 지켜냈다.

　이철연 신부가 재직했던 기간은 1942년 1월~5월이다. 공식 기록 상으로는 후임 김성환 빅토리오 신부(1911~1982)가 부임한 일자가 1948년 2월 25일이므로 거의 6년 간 행주 성당에는 주임신부가 공석이었다는 얘기다. 일제 말기와 해방 정국 등 어수선한 사회분위기 속에 행주 성당은 주임신부가 없는 약현(중립동) 성당 행주공소로 다시 격하되었다.

1932년 신앙학교와 분리하여 신축된 사제관과 5대 박우철 바오로 신부님

1932년 신축된 사제관과 제5대 박우철 바오로 신부

이기준
토마스 신부

1923년 행주성당 부임직전 사리원성당 이기준 신부님께 사목연수 중인 이순성 신부님

1923년 행주성당 부임하기 직전의 이순성 신부와 당시 사리원 상당의 교우

처음에 세워졌던 성당 종이 공출된 것도 일제 말기였다. 초기 기록사진에
보이는 목제 종탑에 설치돼 있던 종이다. 그러나 현재의 종과 철제 종탑은 기껏
해야 본당 역사의 절반밖에 되지 않는다. 해방 후 다시 울린 종 역시 또 한 차례
공소로 격하되었던 시절에 분실되어, 현 종탑을 1960~70년대에 새로 세웠다고
한다. 교회 종의 역사는 행주 성당이 겪었던 간난신고를 말해주는 듯하다.

김성환 주교는 1950년 6월까지 3년 5개월간 재임했는데, 행주 성당은 다
시 수난기에 접어든다. 그러나 전쟁이라는 엄청난 재앙에 휘말려든 이들에게
희망을 주려는 듯 본당은 기적을 보여주었다. "피난 갔다 돌아온 신도들이 깜짝

놀랐다고 해요. 언덕 위 본당 건물이 멀쩡했거든요. 성당 아래 모든 초가집들이 폭격을 맞아 무덤구덩이처럼 폭삭 주저앉았는데, 오직 본당만 옛 모습 그대로였다는군요."

홍승권 신부는 특히 해병대가 서울 수복을 위해 행주산성 쪽에서 도하작전을 벌였던 격전지였는데도 목조 본당이 다치지 않았다는 것은 기적이라고 할 수밖에 없다고 했다. 예전 주임신부 가운데 두 분이나 전쟁 와중에서 납북되는 슬픔도 있었지만, 본당의 건재는 다시 용기를 내라는 계시처럼 받아들여졌을 법하다.

전쟁기 3년 동안 행주 성당은 또 한 번 약현(중림동) 성당 행주 공소로 격하되었다가 1953년 11월 임충신 마티아 신부(1907~2001)가 부임하면서 행주성당으로 다시 승격되었다. 임충신 신부는 전쟁 이후 굶주리고 가난했던 교우들과 주민들에게 백방으로 노력하여 구한 구호물자를 나누어주는 등 각고의 노력으로 성당을 재건했다. 이 노력 덕에 행주 성당의 교우가 1,000여 명 증가하기도 했다. 그러나 50년대 말 서울이 더욱 급격히 팽창하고, 뱃길로서의 중요성을 이미 상실한 행주 지역 인구 감소로 사목에 어려움을 겪다가 1957년 6월 마침내 본당을 수색으로 옮겼다.(행주성당의 기록) 다시 한 번 공소시대로 접어들게 된 것이다.

행주 성당의 미래

4번째 공소 시대는 꽤 오래갔다. 다시 주임신부가 부임(현 홍승권 신부)한 날이 2004년 11월 30일이므로 무려 48년이다. 이른바 '조국근대화' 시기와 '민주화' 시기를 공소로 보낸 셈이다. 행주는 더 이상 교통과 물류의 중심지가 아니었다.

1950년 2월 25일 남녀교우 150여명에게 집행된 행주성당 견진성사-김성환 신부, 노기남 주교님, 장금구 신부, 윤을수 신부

1950년 2월 견진성사 당시 사진. 앞줄 꼬마들이 지금은 성당의 원로들이다

"50년 전에도 신도 수가 100명 수준이었는데, 지금도 100명 선입니다." 홍 신부는 행주외동 4개 자연부락 가운데 성당이 있는 제1부락에 신도들이 대부분 몰려 산다고 했다. 고향을 떠나지 못하는 이들이 마을도 성당도 지켜가고 있다는 뜻이다.

1950년 2월 견진성사 사진을 보면 150여 명의 남녀노소 교우들의 얼굴이 보인다. 그 맨 앞 열에 앉아 있는 까까머리 꼬마들이 지금은 현재 본당의 원로들이 되었다. 행주 성당이 배출한 인물 가운데는 대전교구 교구장 황민성 주교가 있다. 황 주교는 어린 시절 행주 성당에 다녔다고 한다. 또 가톨릭대 부총장 유병일 신부, 국제대학원 유병화 총장이 이 성당 출신이다.

행주 성당과 드봉 주교와의 인연도 빼놓을 수 없다. 1991년 안동교구에서 은퇴한 드봉 주교는 한적한 곳을 찾다가 천주교 안에서도 기억이 가물가물해진 이곳 행주 공소로 옮겨와 거주했다. 드봉 주교는 2004년 안동으로 다시 옮겨갔지만, 그가 있었기에 본당은 옛 모습을 간직할 수 있었다고 해도 과언이 아닐 듯하다. 2004년 서울 교구에서 의정부 교구가 갈라지면서 행주성당은 본당의 위치를 되찾았다.

행주 성당이 근대화 시기에도 옛 모습을 간직하고 살아남을 수 있었던 것은 아이러니컬하게도 규제 때문이라고 할 수도 있다. 일단 개발제한구역이다. 게다가 한강 변을 따라 철조망이 쳐 있던 민간인 통제구역이기도 했다. 인근에 방공포 부대가 있어 군사보호구역이고, 행주 산성과 행주 서원이 근처여서 문화재보호구역이다. 성당 진입도로가 비포장인 것도 이와 무관하지 않다. 이러한 2중 3중의 규제는 최근에야 높이 10m 건물을 세울 수 있을 만큼 약간 풀렸다.

뒤늦게 행주 성당의 가치가 재발견되고 있지만, 아직은 인정을 받지 못하고 있다. 성당 측은 2008년 봄 문화재청에 근대문화유산 지정을 신청했다. 하지만 신청이 밀려 있다는 이유로 2009년 6월 현재 지정 절차가 진행되고 있지는 않다. 비포장 진입로 확포장도 올해 예산이 없다는 이유로 2010년으로 미뤄졌다.

홍 신부는 올해 자체 100주년 기념행사를 한데 이어 몇 가지 사업을 추진 중이라고 밝혔다. 우선 현재 가건물인 100주년 기념 전시관을 새롭게 지을 예정이다. 본당 뒤쪽 가건물에 있는 사무실 자리엔 신앙 학교를 복원할 계획이다. "자금이요? 자체 힘으로는 어렵지요. 인근 교구 내 성당들에 도움을 요청하고 있습니다."

향후 과제

19세기 말 프랑스 신부들이 부임해 지은 성당들은 대개 고딕식이다. 본국의 지

1954년경의 겨울 행주성당과 행주외동 교우촌

1954년 겨울 무렵 행주 성당과 행주외리. 산위에서 찍었다

원이 있었기 때문이다. 하지만 한국인 신부들은 신도들과 직접 목재를 나르고 흙담을 쌓아 한옥 성당을 지었다. 그러한 성당들은 대부분 사라졌다. 행주성당 본당은 그런 점에서 단연 돋보이는 천주의 집이다. 건축학적 유산으로도 손색이 없다. 근대문화유산 지정을 미뤄야 할 이유가 없다.

100주년 기념관 건축도 성당 자체의 힘으로 추진할 일은 아닌 듯하다. 천주교가 한국 근현대사를 살아낸 한국인들에게 어떤 위안과 힘을 주었는지를 보여주는 장소로 승화시키려면 자치단체의 지원이 절실하다. 이야기가 살아 있는 기념관으로 꾸민다면 고양 지역의 살아 있는 박물관으로서 구실을 할 수 있다. 인근 행주산성, 행주서원 등과 연결하는 역사 문화 탐방코스로서도 제격이다.

이를 위해 광범위하게 자료를 수집하는 일이 선행되어야 할 것이다. 현재도 1910년대 이후 남은 사진이 일부 전시돼 있다. 하지만 그 폭을 넓혀 향토사적으로 중요한 사진 기록을 모으고, 관련 기록을 찾아낼 필요가 있다. 더 늦기 전에 구술 채록을 하는 일도 서둘러야 할 것으로 보인다. 현재 성당 자체적으로 진행하고 있는 『행주성당 100년사』 집필과 편집 과정에서부터 역사가들이 참여할 수 있도록 지원하는 방안도 강구되어야 한다.

| 도움말 주신 분 |

정동일 고양시청 문화재 전문위원
홍순권 대건 안드레아 행주성당 주임신부

| 참고자료 |

『행주성당 100년 약사』

3부

과천

01
구세군과천양로원

답사일 : 2009년 7월 24일

구세군과천양로원

노인을 위한 나라는 없다?

형제 영화감독 에단 코엔(Ethan Coen)과 조엘 코엔(Joel Coen)은 2007년 '노인을 위한 나라는 없다(No Country for Old Man)'라는 영화를 만들었지만, 과천에 가면 노인을 위한 장소가 분명히 있다. 관악산 기슭 자하청류紫霞淸流 아래 위치한 구세군과천양로원이다. 남태령 쪽에서 관악산로를 따라오자면 과천중학교 지나 오른쪽에 있는 붉은 벽돌 건물이다. 과천시 중앙동 83-3 번지다. 구세군 양로원이 과천에 자리 잡은 해가 1968년이므로 벌써 41년이 지났다.

　"어르신들을 모시기에 더없이 좋은 조건입니다. 관악산 공기 좋지요, 장소 널찍하지요, 교통도 그렇게 편할 수 없습니다. 시청 보건소 소방서 경찰서가 모두 5분 거리에 있으니까요. 구급차를 부르면 1~2분이면 옵니다." 조복선 원장의 자랑이다. 40년 전 서울에서 과천으로 터를 이전한 선견지명이 돋보인다.

구세군과천양로원 내부

　구세군 양로원은 원래 1955년 서울시 서대문구 북아현동 125-19에서 무의탁 무연고 노인을 모시는 시설로 시작되었다. 1918년 설립되어 운영 중이던 구세군 아동복지시설인 서울후생원을 북아현

구세군과천양로원 교회. 양로원 건물 지하에 있다

양로원 식당

동에서 상암동으로 이전하고 그 자리에 어르신들을 모시기로 한 것이다. 2009년 90세를 맞은 분이 한창 팔팔한 나이인 30대 중반이었던 54년 전이다.

당시에 무의탁 노인을 위한 시설을 구상했다는 점은 주목할 만하다. 6 · 25 뒤끝에 전쟁고아와 미망인이 넘쳐나던 시절이었으므로, 이들을 위한 시설은 큰 사회적 현안이었으나 전쟁으로 인해 의지가지없는 노인 문제는 뒷전으로 밀려 있을 때였다. 더구나 요즘처럼 고령 사회니 초고령 사회니 하는 담론은 꿈에도 생각지 못하던 시절이었다. 그러므로 구세군 양로원의 설립은 비록 정원이 50명에 불과했지만 의미 깊은 출발이었다고 할 수 있다.

1960년대 중반 구세군은 북아현동 양로원 이전 계획을 세웠다. 노인들을

양로원 운동장

1970년대 구세군과천양로원.(과천초등학교 61회 동창회 홈페이지)

위해 여러 차례 손을 보았지만 그곳 건물은 1918년에 지어진 낡은 집이었고, 처음부터 양로원을 염두에 두고 건립한 것이 아니었기 때문에 노인들에게 불편했기 때문이다. 그에 따라 이사한 곳이 과천의 현 위치다. 당시 주소는 시흥군 과천면 문원리 703-3. 동네 텃밭을 이리저리 돌고 돌아 숨이 차게 올라오면 동네 맨 끝, 바로 관악산 아래 자리 잡은 집이었다.

아궁이마다 불을 지펴야 했고, 방마다 보물단지처럼 요강을 들여놓아야 했던 그 집은 그래도 99칸 덩실한 기와집이었고, 400년 된 은행나무가 시원한 그늘을 만들어 주어 노인들에게 위안을 주었다. "70년대 초쯤이라고 기억해요. 내가 초등학교 2~3학년 무렵이었죠. 그 때 우리 집이 양로원에서 멀지 않은 관악산 계곡 바로 옆 관문리였어요. 당시에 TV가 있는 집은 동네를 통틀어 양로원뿐이었지요. 그래서 눈치도 없이 양로원으로 연속극 '사또 돌쇠'를 보려고 놀러 가곤 했어요." 과천에서 나고 자란 허인자 씨[47]의 회고다. 서울 사람 눈으로 보자면 먼 오지였을 테지만, 과천 양로원 시설은 동네 최고였던 셈이다.

아쉽게도 당시 99칸 한옥 양로원은 사진으로만 남아 있다. 한옥 역시 노인들에게 불편하다는 판단에 따라 양로원은 1985년 그 옆에 있던 구세군 수양관 건물로 옮겼다. 그 건물은 현재 구세군 과천교회가 들어선 자리에 있었다. 그러니까 1968~1984년이 과천 시절 1기에 해당하고, 1985~1992년은 과천 시절 2기가 된다. 1992년에는 현 위치에 다시 새로운 건물을 짓고 옮겨감으로써 과천 시절 3기가 시작되었다.

애초 현재 건물은 대지 2,914m^2에 건평 908m^2, 지하 예배실과 목욕실을 갖춘 단층으로 지어졌다. 특기할 만한 사실은 그 해 11월 6일 거행된 준공예배에 영국 다이애나(Diana) 황태자비가 참석했다는 점이다. 다이애나 황태자비는 구세군과천양로원에 특수목욕기를 선물했다. 1993년에는 2~3층을 증축하고, 30명 정원의 병설요양시설을 운영하기 시작했다. 그리고 2004년 3층을 모두 리모델링하여 오늘에 이르고 있다. 2005년에는 이러한 성과들을 차곡차곡 정리해서 설립 50주년을 기념하는 책자 『섬김으로…사랑으로…』를 발간했다.

과천의 자랑, 양로원의 자랑

"1960년대에 양로원이 이곳으로 옮겨올 때 과천 토박이들은 신기하게 생각했습니다. 과천면에서도 산속이라 할 수 있는 곳에 그때로서는 생소한 시설이 들어왔으니까요. 그런데 양로원에서 불우한 분들이 행복하게 말년을 보내는 걸 목격하면서 과천 사람들 인식이 바뀌었지요." 이영구 과천문화원 부원장은 이제 구세군 양로원이 과천의 자랑이자 명소 가운데 한 곳이 되었다고 했다. "순수한 양로 사업만 했기 때문이지요. 다른 곳과는 달랐어요."

1994년 과천 양로원은 다양한 프로그램을 개발하여 매스컴의 주목을 받기 시작했다. 전국 최초로 노인여름성경학교를 여는가 하면, 제주도 효도관광을 실시하면서 신문, 방송에 자주 등장했다. 1996년에는 동해 속초로, 1998년에는 서해 만리포로 캠프를 떠나기도 했다. 또 소식지 '꿈을 꾸는 노인'도 발행했다. 이 소식지는 과천 양로원에 후원의 손길이 답지하는 계기가 되었다. IMF 외환위기 후에는 푸드 뱅크(Food Bank) 사업도 시작했다. 이러한 노력이 쌓이면서 구세군 양로원은 과천의 자랑이 되었다. 구세군 과천 양로원은 2001년 전국노인요양시설 평가에서 최우수 기관으로 선정되었다.

그러나 양로원이 처음 관악산 기슭으로 이사할 때 과천 사람들이 의아해했듯이, 양로원 분들도 불평불만이 높았다고 한다. 그 당시로서는 이름도 생소한 시골구석으로 가는 것이었기 때문이다. "구세군 내에서도 의견이 분분했다고 해요. 꼭 그리로 가야 하느냐는 볼멘소리가 높았던 것이지요. 그런데, 지금 와서 보면 대단한 선견지명이었어요. 어르신들 모시는데 이만큼 좋은 자리를 어디서 또 구하겠어요." 정 원장은 구세군 내에서도 이구동성으로 탄복한다고 했다. 양로원이 과천의 자랑거리가 되었듯, 과천 또한 양로원의 자랑이 된 것이다.

양로원에 모셔지는 분들은 애초 설립 때부터 무의탁 무연고 어르신이다. 65세 이상 된 기초생활수급자로서 과천 거주자가 1순위다. 하지만 자리가 나면 다른 지역 노인도 입소 가능하다. 후에 생긴 요양원은 양로원 어르신 가운데 병환이 발생한 분들을 옮겨 보호하는 역할을 한다. 요양원의 경우 지난해 7월 장기요양보험 제도가 시행되면서부터는 기초생활수급자 뿐만 아니라 차상위계

예전 양로원이 있던 자리의 은행나무

층도 이용할 수 있다. 양로원은 전액 무료이나, 요양원에 들어오는 차상위계층
은 실비를 받고 수용한다. 따라서 요양원은 1990년대에 과천 양로원 옆에 들어
선 구세군 실비요양원과 기능이 비슷해졌다. "하지만 여기 요양원에 계시는 일
반 어르신은 전체의 3~4%밖에 되지 않습니다." 정은미 행정과장의 귀띔이다.

　현재 구세군과천양로원에서 생활하는 노인은 모두 28분(남자 9, 여자 19)이
다. 연령별로는 70대 19분, 80대 8분, 90세 이상 1분이 사신다. 요양원에서는 50
분을 돌봐 드린다. 설립 때부터 2005년까지 이곳 양로원에서 모신 노인은 585
분(연인원 2,700분)이다. 이 가운데 414분이 돌아가셨다. 노환으로 양로원에서 요
양원으로 옮기거나, 뒤늦게 연고자를 찾아 퇴소하는 경우 새로운 노인을 받아
들인다.

　양로원에서 요양원으로 가셨다가 돌아가시게 되면 구세군 양로원 측이 모

과천 이전 후 두 번째 건물이 있었던 자리에 세워진 교회

든 장례 절차를 밟아 영면시켜 드린다. 의탁할 곳이 없는 분들이므로 직원들이
상주가 되어 장례를 치러 드리는 것이다. "양로원에서 요양원으로 옮기셨다가
소천하시기까지 평균 10여 년 됩니다. 가장 오래된 어르신은 올해로 26년 함께
사시는 어르신이구요. 정이 많이 들어 모두가 한 가족처럼 느끼지요." 현재 과
천양로원과 요양원에 근무하는 직원은 정 원장을 포함해 25명이다. 이들 외에
촉탁의사가 수시로 와서 진료를 하고, 각계각층의 후원자와 자원봉사자가 찾아

구세군 과천 교회 십자가 탑

와 노인들을 수발한다.

'Soap, Soup, Salvation'

그간 어려움도 적지 않았다. 1988년 가을 이곳 양로원에서 생활하시던 노인 7분이 연탄가스 중독으로 돌아가시면서 양로원이 존폐의 기로에 선 일도 있다. 이런 큰 사고 말고도 자잘한 일들이 끊임없이 발생해 직원들을 괴롭힌다. 우선 다양한 생활 배경을 가진 분들이 모여 살다 보니 간혹 불화가 빚어지기도 한다. 더구나 양로원 방이 2인 1실이라 티격태격하는 일도 벌어진다. 나이 들수록 어린아이처럼 변하기 때문에 모든 것이 '나' 위주여서 비위를 맞추는 것도 쉽지 않다. "그래도 체조 시간에는 열심히 따라하시고, 휠체어에 탄 채 관악산 산책도 하시고, 종이접기, 원예교실, 그림교실 등 다채로운 하루 프로그램에 대부분의 어르신들이 즐거이 참여하시지요."

과천 양로원에 들어오는 노인들은 모진 세파에 시달린 분들이다. 전쟁으로, 아무리 발버둥을 쳐도 벗어날 수 없는 지독한 가난의 굴레 때문에, 한순간에 온 가족을 잃는 불행으로 간난신고를 겪다가 찾아오게 된 분들이 대부분이다. 이분들 가운데 리인모^{李仁模} 노인도 있다. 함경남도 풍산 출생으로 6·25 당

구세군 사관학교

시 조선인민군 종군기자로 참전했다가 체포되어 34년간을 감옥 갇혀지내야 했던 리인모 노인은 출소 후 1993년 3월 북으로 송환되기 전까지 과천 양로원에서 지냈다.

조 원장의 운영 철학은 '3S'다. "어르신들이 세상 거친 풍파를 지나오시느라 어쩔 수 없이 입은 상처를 비누(Soap)처럼 깨끗이 씻겨 드리고, 정성들인 영혼의 수프(Soup)를 먹여드리고, 소천하실 때 영원한 안식(Salvation)을 얻도록 최선을 다하고 있습니다." 초대 안길화 원장으로부터 19대 현 조복선 원장까지 한결같은 마음이었을 듯하다.

조 원장은 구세군 계급이 참령이고, 백종수 사무국장은 정위다. 구세군救世軍은 처음부터 준 군대식 조직을 표방했기 때문에 자체 계급구조를 갖고 있다. 일단 구세군의 신학교 격인 구세군 사관학교에 입학하면 사관이 된다. 사관은 첫 임관 때 부위, 5년이 지나면 정위, 20년이 지나면 참령, 이후 부정령-정령을 거쳐 장성이 된다. 장성은 부장과 대장으로 나뉘는데, 교단의 최고 책임자에 해당한다. "참령까지는 시간이 지나면 자동 승급합니다. 큰 의미는 없습니다. 세상을 구하는 군대가 되라는 교단 창시자의 뜻을 이어받은 것이지요."(백 사무국장)

구세군은 감리교 목사였던 윌리엄 부스(William Booth)가 1865년 영국 런던의 빈민가에서 창립했다. 부스는 많은 가난한 자들과 근로자들이 교회로부터 배척받는 현실에서 모든 계층에게 다가가는 교회를 만들기 위해 새로운 교단을 만들었다고 한다. 부스는 1878년 '구세군(The Salvation Army)'이라는 명칭을 채택했고, '마음은 하나님께! 손길은 이웃에게!'라는 슬로건을 내걸었다. 처음부터 상처 입은 자들을 교회와 연결시키려는 목적으로 출발한 구세군은 어려움 속에서도 활발한 활동을 펼쳐 현재 108개국에서 사회봉사 네트워크를 운영하고 있다.

"구세군을 잘 모르는 분은 '일 년 내내 뭐 하다가 크리스마스 때만 구세군이 보이느냐'고 물으시지요. 그러나 한국에 구세군이 들어온 지 벌써 100년이 넘었습니다. 구세군 용어가 생소한 군대식이라 그렇지, 전국에 있는 구세군 교회에서는 일반 개신교와 같은 성경, 같은 찬송가, 같은 예배의식으로 예배를 드리지요. 하나의 개신교 교단일 뿐입니다." 조 원장의 말대로 한국에 구세군이 들어온 해는 1908년이다. 그해 11월 서울 서대문에 첫 영문이 세워졌다. 구세군 교회는 원래 '영문(Corps)'이라고 불렸다. 그런데, 2008년부터는 교회라는 명칭을

과천 이전 후 한옥 양로원이 있던 자리에 있는 표석

쓰기로 했다고 한다.

현재 한국 구세군은 전국에 220개 교회에 신도가 10만 명이고, 사회복지시설 220곳과 전문 사회사업시설 47개 등을 운영하고 있다. 과천 양로원도 구세군유지재단에 소속되어 있다. 참고로 경기도에서 가장 오래된 교회는 수원시 팔달구 인계동에 있는 수원영문으로, 1958년 6월 설립되었다. 구세군의 신학교인 구세군 사관학교는 현재 과천 양로원과 한 울타리 안에 있다.

실버 박물관을 짓는다면…

구세군 과천 양로원에 근대문화유산으로 지정할 만한 건축물은 현재 남아 있지 않다. 수령 420년 된 은행나무만이 옛 터를 지키고 있다. 하지만, 구세군 과천 양로원이 선구적으로 감당해 낸 역할을 감안할 때 이 자리는 소중한 유산이다. 특히, 우리 사회가 어느덧 초고령 사회로 질주하고 있는 현실은 과천 양로원의 지난 역사를 더욱 돋보이게 한다. 최근 들어서야 노인 관련 법제를 마련하고 시설을 마련하느라 분주하지만 현재 한국의 노인대책은 미흡하기 짝이 없다. 이런 사정을 감안하여 과천에 실버 박물관을 짓는 방안을 구상해 볼 수 있다. 경기도와 과천시가 협력한다면 구세군 과천 양로원 인근에 실버 박물관을 현실화하는 일은 어려움이 없을 듯하다. 실버 박물관 건립은 점차 사회화해야 하고, 그럴 수밖에 없는 '효'의 21세기적 의미를 되새기게 하는 중요한 전환점이 될 것이다. 노인을 위한 나라는 없을지 모르나, 노인을 위해 최선을 다하는 지자체는 있어야 하기 때문이다.

| 도움말 주신 분 |

조복선 구세군과천양로원 원장
백종수 구세군과천양로원 사무국장
정은미 구세군과천양로원 행정과장
이영구 과천문화원 부원장
허인자 경기도평생학습교육관 정보봉사계장(과천 출신)

| 참고자료 |

구세군과천양로원 · 요양원, 『섬김으로…사랑으로… ; 구세군과천양로원 50년의 발자취』, 2005
구세군과천양로원 · 요양원, 『꿈을 꾸는 노인』, 2008년 10월호 (통권 제57호)
구세군대한본영, 『구세공보』, 2009년 7월호(1071호)
果川文化院, 『果川鄕土史』, 1993
http://www.ilovesa.kr21.net (구세군 과천양로원 홈페이지)
http://www.salvationarmy.or.kr(구세군 대한본영 홈페이지)
http://kc61.com.ne.kr/ (과천초등학교 61회 동창회 홈페이지)

02
남태령 옛길

답사일 : 2009년 7월 24일

길에는 주인이 없다

지난 2000년 복원된 남태령 옛길은 실제 옛길이라고 장담할 수 없다. 과천문화
원 이영구 부원장은 "우리 어릴 때 다니던 옛길과는 다르다"고 단언했다. 60대
중반 나이인 이 부원장의 기억이 아마도 정확할 듯하다. 그렇다면 과천시는 왜
이 길을 옛길이라고 복원했을까? 아마도 복원이 가능한 길을 선택했을 가능성
이 높다. 그럼에도 불구하고 복원된 남태령 옛길은 중요하다. 여암 신경준旅庵
申景濬(1712~1781)의 말처럼 '길에는 주인이 없다. 그 위를 가는 사람이 주인일 뿐'
이기 때문이다.

남태령은 알아도 남태령 옛길을 모르는 사람이 많다. 남태령이야 21세기
대한민국에서도 '가장 살기 좋은 도시' 소리를 듣는 과천에서 서울 사당동으로
넘어가는 대로이므로, 은둔 거사가 아닌 한 한 번은 넘어본 고개일 터이다. 물
론 차를 타고 바삐 넘는 고개이므로 지금은 눈여겨보는 이도 드물긴 하다. 그러
나 남태령 옛길은 과천 토박이 가운데도 밟아보지 못한 사람이 적지 않다. 서울
로 넘어가는 현재 찻길 오른쪽 숲에 슬쩍 가려진 탓이다.

굳이 따지면 자동차가 꼬리를 물고 넘는 대로도 남태령 옛길이다. 1930년

대 조선총독부가 신작로로 포장을 하기 이전에는 이 길로 우마차가 다녔다. 하지만 사람이 다니는 길은 그 옆으로 따로 있었다. 관악산 동쪽에서 흘러내리는 작은 골짜기를 따라 올라가는 오솔길이다. 그러므로 두 길 모두 옛길은 옛길이로되 하나는 널찍한 대로가 되었고, 다른 하나는 아예 폐도가 되었다가 예전 삶의 자취를 그리는 이들에 의해 남태령 옛길이라는 이름을 얻게 되었다는 점이 다를 뿐이다.

남태령 옛길을 찾아가는 길은 단순하면서도 쉽지 않다. 과천 중심가를 통과하는 중앙로로 가든, 과천 시내를 에두르는 과천대로를 따라가든, 일단 관문사거리를 지나자마자 오른쪽 작은 도로로 접어들어야 한다. 관문사거리에서 동쪽으로 보이는 성城처럼 생긴 건물 뒤편이다. 여기서 마을 북쪽 방향으로 좌회

남태령 옛길

南泰嶺

신호준수
사고위험

과천시
Gwacheon City

신호준수

신호준수

현재 남태령 정상에 있는 표석

전을 해서 계속 올라가다 보면 동네 마지막 집이 나온다. '남태령 옛길 95'라는 주소 패찰이 대문간에 붙어 있고 밑에 '과천동 산 97'이라 쓰인 집이다. 포장도로는 거기서 끝이 나고 걸어서 올라가도록 돼 있는 산길이 바로 남태령 옛길이다.

그러고 보면 아스팔트 포장된 이 마을의 길조차도 남태령 옛길이다. 하지만 길에는 주인이 없다는 말을 증명이라도 하려는 듯 집들이 들어서 진짜 옛길의 자취를 찾을 길 없게 만들어 버렸다. 이 마을을 하리下里 한내마을이라 하는데, 이젠 이 마을이 옛길의 주인이 된 셈이다. 어쨌거나 남태령 옛길을 따라가는 것은 근대적으로 포장된 남태령 주변 삶의 변화를 따라가는 과정이라고 할 수 있겠다.

여우고개에서 남태령으로

남태령 옛길은 호젓하다. 산림욕장에 낸 산책로 같은 분위기를 풍긴다. 도로 폭은 약 5m 이고, 길이는 300m 가량 된다. 올라가는 왼쪽으로 작은 계곡이 흐르고, 오른쪽으로는 숲이다. 오가는 사람도 볼 수 없고, 청설모 따위가 가끔 무단 횡단 한다. 한적한 길을 잠시 걸어 올라가면 3층 망루가 보이고, 망루 앞쪽에 돌계단을 만들어 놓았다. 옛길 초입에서는 남태령 도로가 보이지 않으나, 망루를 지날 무렵이면 왼쪽 대로를 질주하는 차량이 보인다. 옛길은 곧 오솔길이기를 멈추고, 대로 앞에서 끝난다. 두 길이 만나는 지점에서 약 50m 앞으로 '南泰嶺'이라 새긴 거대한 표석이 서 있다. 차를 타고 남태령을 넘을 때 고개 정상에서 목격하는 그 표석이다. 하지만 두 길이 만나는 지점은 찬찬히 살피지 않는 한 발견하기 어렵다.

남태령 옛길 복원이 착수된 해는 1999년이다. 신작로가 나면서 차츰 사람 발길이 끊어진 남태령 옛길을 복원하자는 논의가 일었기 때문이다. 산업화에 의해 토막 난 옛길을 되살림으로써 근대화의 그늘까지 짚어보자는 뜻이 담겨 있었다고 할 수 있다. 과천시는 수십 년 비바람에 지형이 바뀌고 흔적이 사라진 옛길을 최대한 살려보고자 했으나, 실제로는 복원하기 쉬운 길을 염두에 두지 않을 수 없었을 것이다. 역사의 흔적은 한 번 사라지고 나면 되살리기 어렵다.

과천시는 그래도 옛길 바닥을 마사토와 잡석으로 다지고 CSC 공법으로 포장했다. 아울러 길 주변엔 돌 배수로를 만들고, 나무를 심었다. '과천루'라 이름한 망루도, 망루 아래 돌계단도 그 무렵 새로 설치한 듯하다. 그러나 마사토와 잡석으로 다진 옛길은 다시 울퉁불퉁해졌다. 그새 비바람에 깎였으나 돌보지 않기 때문이다. 그러한 상태가 오히려 옛길의 정취를 살리기는 하나, 이대로 두면 또다시 옛길이 사라지지 않을까.

나무로 3층을 올린 '과천루'는 안타깝게도 올라갈 수 없다. 특별한 행사가 있을 때나 사다리를 걸치고 올라 다니는 듯하다. 안내판에는 '과천루에 서면 좌우로 청계산과 관악산이 감싸고 있는 과천 시내가 한눈에 들어온다. 이를 '남령망루南嶺望樓'라 하는데, 과천 8경 중 제 5경이다.'라고 쓰여 있으나, 평소 과천루를 찾는 사람은 '남령망루'를 즐길 도리가 없을 터이니 좀 쓸쓸하다.

남태령의 속명俗名은 '여우고개[狐峴]' 또는 '엽시현葉屍峴'이다. 엽시는 여우를 뜻하는 여시의 음차로 추정된다. 그러나 〈춘향전〉에 '전라도로 나려갈 제, 청파 역졸 분부하고 숭례문 밖 내다라서…동자기 밧비 건너 승방들, 남태령, 과천, 인덕원 중화하고…'라는 대목이 나오는 점으로 미루어 남태령이라는 고개 이름도 꽤 오래전부터 쓰였다고 볼 수 있다. 그런데 과천 사람들은 정조대왕과 관련

남태령 옛길 계단

과천루 정면

남태령 옛길 표석

남태령 옛길과 차도가 만나는 지점

된 일화가 남태령이라는 이름을 낳았다고 믿고 있다.

정조대왕이 현릉원으로 거둥할 때 고갯마루에서 잠시 쉬면서, 고개 이름을 묻자 과천현 이방이었던 변 아무개가 '한양에서 남쪽으로 내려갈 때 처음 만나는 큰 고개'라는 뜻으로 '남태령'이라 대답하였다고 한다. 이때 옆에 있던 신하가 "여우고개라는 예부터 전해 내려오는 이름이 있는데, 어찌하여 거짓으로 아뢰는가!"라며 질책하자, 변 이방이 임금께 요망한 동물 이름을 감히 아뢸 수 없어 그랬노라고 답하였고, 정조께서 이를 가상히 여겨 고개 이름을 남태령이라 하라고 하였다는 이야기다. '남태령 옛길 안내판'에는 이런 스토리의 지명유래담이 소개되어 있다.

옛 남태령 근방에 여우가 많이 출몰했다는 사실은 고려 때 인물인 강감찬 관련 전설로도 남아있다. 이야기는 이러하다. 지금의 남태령에서 더 동쪽으로

옛길과 만나는 지점에서 본 과천방향 차도

관악산과 우면산 중간에도 여우고개가 있었다. 강감찬의 아버지가 팔도 어사가 되어 이 고개를 넘다가 여자로 둔갑한 여우를 만나 동침을 하였는데, 다음 날 아침 이 여자가 "앞으로 열 달 후에 관악산의 어느 바위 굴로 와서 아들을 찾아가라."고 하고 사라졌다. 이 이야기를 전해 들은 본부인이 귀한 인연으로 얻은 아들이라 하여 찾아다 길렀고, 그 아이가 강감찬이라는 전설이다.

주막거리와 월치전

남태령의 또 다른 별칭은 쉬네미 고개다. 여우와 뱀이 많고, 도적떼가 자주 출몰하여 혼자서는 넘기 힘들기 때문에 쉰 명이 모여야 함께 넘을 수 있고, 반대편에서도 쉰 명이 차야 넘어올 수 있다 하여 붙은 이름이다. 호랑이가 살았다는 이야기도 전한다. 관악산이 얼마나 험준한 산인가는 조선 말기 박문호朴文鎬(1846~1918)가 남긴 〈유관악산기遊冠岳山記〉로 짐작할 수 있다.

'관악산에는 추석麤石(거친 돌)이 많으니, 이는 마치 선비가 재주는 있으나,

실행이 없음과 같으며, 산에 나무가 있음은 산을 꾸미려 함인데, 관악산에 나무가 없으니, 이는 마치 선비가 바탕은 질박하면서 문채가 없음과 같으며, 관악산은 연주대戀主臺가 좋은 경치일 뿐이지, 또한 험준해서 발을 붙일 수 없으니, 이는 마치 선

과천동회관 건물에서 내려다 본 남태령 차도

비가 위언危言, 위행危行을 좋아함과 같다.'

관악산을 선비에 비겨 품평한 글인데, 산이 험준함을 에둘러 표현하고 있다고 읽을 수 있다. 이처럼 위험하고 험한 남태령을 앞두고 있었으므로, 과천에는 자연스럽게 주막거리가 형성되었다. 지금의 문원동 과천 향교가 있던 마을 아래로 길게 형성되었던 '새술막'이라는 지명이 이를 말해준다. '새술막'은 오늘날 KT 과천 전화국 근처다. 이들 술집과 주막은 삼남에서 과거를 보러 가는 길손들이 묵어가던 곳이었다.

새술막과 관련해서는 명성왕후의 아버지 민치록閔致祿이 과천 현감을 지낼 때 일화가 유명하다. 삼남으로 발령받은 지방 수령들이 남태령 넘어 과천현에 들어서면 민치록을 꼭 만나 인사를 하려 했다. 아래 지방에서 올라오는 벼슬아

과천동회관에서 내려다본 한내 마을

치들도 마찬가지였다. 그러나 민치록은 칭병하며 이들을 단번에 만나주지 않았다. 농토가 적고 가난한 과천현인지라 이들을 잡아놓고 한 푼이라도 더 쓰게 하려는 속셈이었다. 차일피일하는 사이 이들은 새술막에서 돈을 쓰지 않을 수 없었다. 과객들의 돈이 떨어질 무렵 민치록 현감이 마지못한 듯 만나주었다. '과천에서부터 긴다.'는 속설은 여기서 비롯된 것이다. 새술막에 있었던, 민치록을 비롯한 역대 현감들의 선정비는 현재 온온사溫穩舍(정조대왕이 능행차 때 쉬어가던 과천 객사) 앞 500년 묵은 은행나무 아래로 옮겨져 있다.

　　하여튼 새술막을 떠나 한양으로 가는 길손은 쉬네미 고개 아래에서 다시 한 번 쉴 수밖에 없었다. 복도 축이고, 함께 넘을 패거리도 지어야 했기 때문이다. 그래서 생긴 마을이 한내 마을이다. 한내는 한자로 '寒川'이라 쓰는데, 관악산 동쪽 골짜기에서 흘러내린 양재천이 마을 앞을 지나는 탓에 붙은 이름이다.

한내는 제법 큰 마을
이었고, 주막이 즐비
했다 한다.

한내 마을 아래
이름은 삼거리三巨里
다. 과천 읍내에서 남
태령 쪽으로 가자면
세 갈래 길이 있었기
때문에 삼거리라 했
다고 한다. 삼거리는
곧 지금의 관문사거
리인데, 여기서 길손
은 어느 쪽으로 갈 것
인가를 정해야 했다.
남태령을 넘어 동재

수동주물럭 건물

기(동작동) 쪽으로 가면 동작나루를 건너는 것이고, 우만이(서울 우면동)를 지나 말
죽거리로 가면 두뭇개(옥수)나루나 잠실나루를 이용해야 했다. 질러가는 길로 따
지면 역시 남태령이 빠르다고 할 수 있다.

왕조시대 남태령을 넘는 길손들은 월치전越峙錢, 즉 '고개넘잇돈'을 준비해
야 했다. 과천 현감들이 여우와 뱀 등 야생동물이나 도적들로부터 행인을 보호
해준다는 구실로 젊은이들을 배치해 두었는데, 이들은 호위 대가로 돈을 요구
했다. 이 돈이 월치전이다. 호위 장정들은 적지 않은 액수를 요구하고, 때로는

온온사 은행나무

새술막에 있다가 온온사 은행나무 앞으로 옮겨진 선정비군

행인들을 약탈하기도 했다고 한다. 남태령은 이래저래 넘기 힘든 고개였다.

근대화 시기의 남태령

남태령 정상에 설치된 남태령 표석은 2007년 1월에 설치됐다. 높이 7m, 너비 2.6m, 두께 1m 화강석에 추사체로 '南泰嶺'이라 쓰인 이 표석은 과천시의 경계 표시이자 시를 상징하는 랜드마크 구실을 한다. 남태령이 현재와 같이 왕복 8차선으로 넓혀진 것은 과천으로 정부종합청사가 옮겨 온 이후인 1990년대 초다. 그 이전 1960년대 초까지는 왕복 4차선이었고, 더 전에는 일제가 1930년대 뚫은 신작로였다.

"93세 어르신께 들으니 당신 어릴 때 과천은 200호가 넘지 않았다더군요." 지금부터 약 80년 전이면 1929년 무렵인데, 당시 과천은 시흥군에 흡수통합(1914년)된 상태였다. 이 무렵 과천은 예전 과천군 시절 관할 구역이었던 노량진리, 흑석리, 동작리, 영등포리, 상도리 등을 경성으로 넘겨주었고, 지금의 과천시 경계와 거의 일치하는 면적만을 가진 과천면으로 격하되어 있었다. 이영구 부원장이 전해 준 예전 과천은 이때의 과천을 일컫는다.

그 무렵 남태령은 지금보다 훨씬 높았다. "요즘 남태령은 예전에 비해 60~70%는 낮아졌을 거예요." 도로를 확포장하면서 고개를 거듭 낮추었기 때문이다. "내가 어릴 때(50년대 말)만 해도 남태령이 엄청 높았지요. 동작동 방향 남태령 길은 '까까비알'이었어요. 저 너머 쪽은 사람이 굴러떨어질 정도로 절벽이었구요." 이 부원장은 당시 과천 주변에 호랑이가 살았다고 했다.

"우리 친구 한 명이 청계산 쪽에서 개호주를 한 마리 직접 잡아왔어요. 왜 호랑이 새끼를 개호주라고 하지 않아요? 그런데 동네 어른들이 막 야단을 치시더라구요. 동네 망한다고. 그래서 도로 가져다 놓아주었어요." 이미 1920년 이전에 한반도에서 호랑이가 멸종했다는 기록과는 어긋나는 증언이긴 하지만 이 부원장은 실제 목격담이라고 했다. "또 이런 이야기도 어른들로부터 들었어요. 누군가가 하루는 우마차에 나뭇짐을 싣고 남태령을 넘는데, 호랑이가 나타났더랍니다. 그래서 소를 놓아두고 도망쳐 내려왔대요. 그런데, 그 소가 고삐를 끊고 논밭 둑을 몇 고랑씩 건너뛰어서 집 마당으로 들어서더니 자신을 버리고 간 주인을 뿔로 받아넘기더래요."

이 부원장이 학교에 다니던 50년대 말에서 60년대 초에는 남태령을 넘어 다니는 버스가 하루에 딱 두 번 있었다고 했다. 아침에 한 번, 저녁에 한 번 다니던 버스는 과천~남태령~용산~안양~인덕원~과천을 순환하는 버스로서, 미제 GMC를 개조한 차량이었다. 버스는 먼지가 풀풀 날리고, 푹푹 패인 포장되기 전 남태령을 넘어 다녔다. 그러나 과천 사람들은 그나마도 버스비가 아까워 걸어다니기 일쑤였다고 한다. 한편 70년대 초에 어린 시절을 보낸 과천 사람은 버스가 1시간에 1대 꼴로 다녔다고 기억한다. 승객이 늘면서 배차 대수가 다소 늘어난 듯하다.

50년대 남태령 길은 과천 사람들이 나뭇짐이나 나물을 팔러 서울로 가던 길이었다. 개발되기 전 과천은 가난한 농촌이었고, '고개넘잇돈'을 챙기던 시절은 오래전에 지나가 버렸기 때문이다. 더구나 6·25 때 남쪽으로 피난 갔다가 되돌아오던 사람 가운데 남태령을 넘지 않고 과천에 주저앉은 이들이 꽤 있었는데, 이들은 나무 장사라도 해야 먹고 살 수 있을 만큼 가난했다. "소달구지에 나뭇짐 등을 싣고 남태령을 넘었지요. 우마차는 지금의 남태령 길로 다녔고, 걸어가는 사람은 옛길로 넘어가곤 했어요."

이들은 사당동을 지나 영등포, 심지어는 남대문까지 갔다. 당시 남영동이 부촌이었기 때문이다. 안 팔리는 날엔 동대문, 신설동까지 진출했다. "과천에서 노량진까지 빨리 걸으면 1시간 반에서 2시간 정도 걸렸어요. 나도 이 길로 걸어서 성남 고등학교까지 통학했습니다." 이 부원장의 기억에 따르면 지금의 이수교 쪽은 홍수가 나면 사당동까지 물이 넘쳤다. 그럴 때는 남태령을 걸어서 넘기도 힘들었다.

"옛날 과천은 전기, 전화도 없었던 오지 마을이었지요. 박정희 대통령 시절

과천초등학교 앞에 있었던 남일옥. 1980년대. (과천초등학교 61회 홈페이지)

인데, 면에 전화 있는 집은 딱 한 집, 면장 네 집에 있는 행정전화 한 대 뿐이었어요. 그것도 당시 비서실장 '빽'을 써서 놓았다고 하더군요." 과천의 가난은 과천 개발이 본격화된 1980년대 중반까지 계속됐다. 오늘날의 과천을 생각하면 그야말로 상전벽해다.

천수동 씨의 고깃집
남태령 옛길로 올라가는 동네 하리 한내마을에는 음식점이 여러 곳 있다. 예전

1960년대 과천초등학교 정문. (과천초등학교 61회 동창회 홈페이지)

새술막과 한내 마을의 전통을 잇는 셈인데, 이들 음식점 가운데 가장 오래된 집이 '수동주물럭'이다. 1962년 이 자리에서 '수동정육점'이라는 간판으로 장사를 시작했으니 47년 역사를 자랑한다. 그런데, '수동정육점'의 창업자는 현재 '수동주물럭'의 사장인 천이석 씨(47)의 아버지 천수동 씨(75)이다. 천수동 씨네 집안은 수동 씨 할아버지 때부터 과천에서 고깃집을 경영했으므로, 그로부터 따지면 4대를 이어온 음식점이다. 그러므로 '수동주물럭'의 역사는 남태령 근대화의 역사와 거의 일치한다고 할 수 있다.

　　호적상으로는 1937년생이지만, 실제로는 1935년생인 천수동 씨가 '수동정육점'을 연 날은 1962년 10월 1일이다. 그의 나이 28살 때다. 그해 봄 군에서 제대한 천수동 씨는 집안에서 대대로 경영해온 관문리 '과천정육점'과 '남일옥'을 할아버지와 어머니가 계속 운영하도록 하고, 자신은 하1리 1구에서 독립하기로 결심했다. 그리고 새 가게 옥호에 아예 자신의 이름을 걸었다. "예전 시흥군을

1960년대 삼거리 천수동씨네 집. (과천초등학교 61회 홈페이지)

통틀어서 같은 이름으로 한 번지에서 장사를 한 건 나 하날 걸? 지금 가게 자리가 예전 주소로는 하리 537번지였어. 지금은 지번이 바뀌어서 561-1번지지만."

천 씨 고향은 과천 관문리 87번지다. 고희를 훌쩍 넘긴 천 씨지만 자신의 고깃집 역사는 또렷하게 기억하고 있다. 다만 그의 할아버지가 언제부터 과천에서 정육점을 하였는지는 기억하지 못했다. 8·15 이전에도 과천 초등학교 앞에서 정육점과 고깃집을 했다고만 말했다. 한편, 다른 과천토박이들은 '수동정육점'의 '모기업' 격인 '남일옥南一屋'에 대해 아주 옛날부터 존재했던 '유서 깊은' 고깃집으로 기억하고 있다. '남일옥'은 1980년대에 과천이 개발되면서 사라졌다.

'남일옥'이든 '수동정육점'이든 60~70년대까지 운영방식은 같았다. 인근 농가에서 소와 돼지를 사다가 과천 면사무소 축산계에 신고를 하고 나서, 지금은 사라진 '과천 도살장'에서 직접 잡아 팔았다. "소는 한 달에 두세 마리, 돼지

과천면 중심거리. 1960년대. (과천초등학교 61회 홈페이지)

는 10여 마리 팔았지. 돼지고기는 한 근에 90원이었고, 쇠고기는 100원이었어. 당시엔 쇠고기나 돼지고기나 값이 비슷했지. 팔리는 양도 비슷했어."

1960년대 관문 삼거리는 수동정육점 외에 수원옥, 한양이발소, 지물포, 대성연탄, 삼거리정류장, 석유기름집, 미장원 등이 늘어선 번화가였다고 한다. 수원옥은 당시 근방에서 가장 큰 음식점이었는데, 상회와 음식점을 겸한 왕대폿집이었다. 그러나 관문 삼거리 점포들의 고객은 남태령을 넘는 길손이 아니라 인근 주민들이었다. "광챙이(광창말), 우만이(우만리), 삼부골, 주암리, 하3리에서 우리 집으로 고기를 사러 왔지. 남태령 너머 채석장 인부들이 일 끝나고 고개를 넘어와서 먹고 가기도 했어." 쉰 명이 모여야 겨우 넘을 수 있었던 고개 밑 마을 고깃집으로 고개 너머 인부들이 고기를 먹기 위해 부러 찾아오곤 했다는 증언에서 세월의 변화를 실감할 수 있다.

고기를 먹는 방식도 변했다. "예전엔 나무꾼들이 고개 너머로 장사 갔다가 돌아오는 길에 우리 집에 들러서 돼지고기를 한두 근 사다가 집에서 끓여먹곤 했지. 그리고 우리 집에서 구워 먹을 때도 지금처럼 상추나 밑반찬이 없었어. 70년대까지는 연탄불에 석쇠 놓고 구워서 소금에 찍어 먹었어. 반찬이라고는 고추장에 찍어 먹는 고추뿐이었어. 당시엔 삼겹살도 잘 먹지 않았어. 손님들이 삼겹살이나 등심을 찾게 된 건 80년대 들어서야." 천 씨네 '수동정육점'도 시대 변화를 따라가지 않을 수 없었다. '주물럭'이 등장하면서, 옥호도 '수동주물럭'으로 바꾸었다. 2000년에는 가게 명의를 아예 아들에게 넘겨주었다. 천 씨는 요즘 남태령 경로당에 나가 소일한다.

| 도움말 주신 분 |

이영구 과천문화원 부원장
천수동 과천시 관문사거리 수동주물럭 창업자
허홍범 과천문화원 학예연구사
허정욱 과천문화원 연구원

| 참고자료 |

果川文化院, 『果川鄕土史』, 1993
경기도, 『경기도 근대문화유산 조사 및 목록화 보고서』, 2004
과천문화원, 『제9회 과천향토사료전 정조시대 과천전』, 2007
http://kc61.com.ne.kr/ (과천초등학교 61회 동창회 홈페이지)

4부

광명

01
가학광산(시흥광산)

답사일 : 2009년 10월 6일

사라진 광미鑛尾 더미

광명시 가학동에 들어서면 가학산 방향으로 높이 솟은 쓰레기 소각장의 굴뚝이 보인다. 이 자리가 원래 가학광산(시흥광산)의 광미 더미가 작은 산을 이루고 쌓여 있던 곳이다. 가학광산은 1912년부터 1972년까지 50년간 광물을 채굴하던 큰 광산이었기 때문에 그 사이 쌓인 광미의 양도 엄청났다. 이 광미 더미는 1990년대 중반까지 비가 내리면 아래 농토로 흘러내려 심각한 토양오염 논란을 낳았다. 광석을 약품 처리해 광물을 채취하고 남은 찌꺼기인 광미에 납, 카드뮴 등 인체에 유해한 중금속이 함유되어 있었기 때문이다. 논란 끝에 광명시는 옹벽을 쌓고 광미를 봉쇄한 다음 그 위에 복토를 하고 쓰레기 소각장을 지음으로써 광미 유출로 인한 오염 논란에 일단 종지부를 찍었다.

　　1990년대 중반까지만 해도 광미 더미는 기괴한 풍경을 이루고 있었다. 회색 빛깔 광미 더미 사이로 폐광에서 흘러내린 물이 골짜기를 이루면서 황량한 미국 중부의 사막을 축소해 놓은 듯 기묘한 분위기를 띠었다. 일부 아동용 미래 영화를 찍는 팀들이 이곳에서 모형 비행기를 이용해 디스토피아적 미래의 배경으로 사용할 정도였다. 토양오염 시비가 일면서 이곳 가학1동 도고천 마을 사람들도 심란하기만 했다. "어려서는 뭣도 모르고 여기서 놀았지. 애들에게는 좋은 놀이터였어요. 당시에는 광산에 물을 대던 커다란 물탱크가 두 개 있었어. 지하수를 퍼 올린 것이었는데 대형 풀장 두 개 규모였지. 그러니 좀 놀기 좋아?" 도고천이 고향인 이종상씨(64세)는 오염은 생각도 못 했던 시절을 그렇게 회상했다. 하지만 현재 물탱크 자리를 포함해서 광미는 깨끗이 사라졌다. 광명시 쓰레기 소각장 아래에 깊이 묻혀 버린 것이다.

소각장 입구에서 산 쪽으로 난 포장도로를 따라 올라가면 곧 두 갈래 길이 나온다. 오른쪽 길은 포장이 좀 더 되어 있는데, 곧 비포장길이 시작되며 이 길을 따라가면 산을 한 바퀴 돌아 가학광산의 소하동 쪽 입구에 이르게 된다. 반

가학광산 소하동 쪽 출입구

소하동쪽 출구 옆에 있는 새우젓 보관 관련 임시 사무실

면 갈림길에서 왼쪽으로 비포장길을 따라가면 가학동 방향의 광산 갱도 출입구에 다다른다. 왼쪽 길을 조금 올라가면 소각장이 바로 밑에 내려다보이는 자리에 선광장 자리가 있다. 계단식으로 이루어진 선광장은 광산에서 캐낸 광석을 차례로 부수어 내려보내던 흔적이다. 맨 위층은 갓 캐낸 큰 돌덩이를 자갈 크기로 부수던 자리이고, 그 아래층은 이 광석을 약품 처리해 광물(주로 납과 아연)을 뽑아낸 다음 아래로 광미를 내려보내던 자리다. 따라서 현재의 쓰레기 소각장 자리는 마지막 찌꺼기를 버리던 자리가 된다. 이들 선광장 자리는 평평한 대

지로 조성되어 있다.

선광장 터를 끼고돌아 올라가면 갱도 주 출입구와 옛 사무실 터가 나온다. 출입구는 잠겨 있고, 그 옆 사무실 자리 또한 잠겨 있다. 이 광산은 엄연한 사유지이기 때문이다.(광산 소유권의 변화에 대해서는 다음 절에서 더 자세히 서술한다.) 갱도에서는 끊임없이 물이 흘러나와 작은 시내를 이룬다. 폐광 갱도를 따라 지하수가 흘러내리는 것이다. 육안으로 만 보면 이 물은 중금속 오염을 의심하기 어려울 정도로 맑다. 어쨌든 갱도 주입구와 근처 선광장은 꽤 넓은 터를 이룬다.

반대편 소하동 방향 출입구로 가는 길은 매우 험한 비포장 길이다. 조금 올라가면 왼쪽으로 화약 저장소 건물이 있다. 얼핏 보면 군사시설을 연상시키는 이 건물은 광산이 폐쇄되기 전 화약을 대던 곳이다. 그러나 현재는 다른 화약업체로 소유권이 넘어간 상태다. 여기서 좀더 길을 따라 올라가면 가학산과 서독산이 갈라지는 지점이 나온다. 이 자리엔 등산로 안내판이 서 있다. 구름산~가학산~서독산 코스는 근동에서 괜찮은 등산로로 꼽힌다. 이 갈림길을 지나 더 가다가 왼쪽으로 꺾어서 올라가면 소하동 쪽 광산 출입구가 나온다.

이곳 출입구는 현재 새우젓 저장시설로 쓰인다. 실제 소유주인 김기원 씨(73세)가 몇 년 전부터 폐광을 활용하기 위해 시작한 사업이다. "이 나마도 요즘은 경쟁이 심해요. 폐광 안이 서늘하기 때문에 새우젓 등을 저온 저장하기가 좋거든요. 그래서 많은 사람들이 이 사업을 시작했지요." 김 씨에 따르면 가학광산의 수평갱도 길이는 약 420m이고, 그 안에 들어가면 갱도 중간지점쯤에서 지하로 내려가는 경사 45도가량의 수직 갱도가 8갈래로 내려가는데, 그 가운데 한 갱도는 다시 3갈래로 갈라진다. 따라서 갱도 번호는 11번까지 매겨져 있고, 수직 길이는 약 320m에 이른다. 가학산의 공식 해발 고도가 220m 가량이고,

소하동 쪽 출구 근처에 있는 굴. 가학산에는 이런 굴들이 수없이 있다고 한다
그러나 광산이 운영되던 시절에도 이 굴로는 출입하지 않았다

갱도 입구가 산 중턱에 위치한다는 점을 감안하면, 산 아래쪽으로 상당한 깊이까지 채굴 작업이 이뤄진 셈이다. 광산이 한창이던 시절에는 광맥이 소하동 쪽 출입구보다 반대편 가학동 도고천 방향 출입구 쪽에 가까웠기 때문에 지금의 소각장 방향이 더 흥성거렸다고 한다.

시흥광산의 역사

광명시가 2005년 펴낸 『정책개발사례집』에 따르면 가학광산(시흥광산)은 1912년 시작되었다. 공식 광업권이 그 해 등록되었다는 것이다. 『광명시지』(1993년)는 시흥광산의 광업권자가 반전구일랑飯田久一郎이라는 일본인이었다고 전한다. 당시 가학동의 행정구역은 시흥군 서면 가학리였다. 면적은 87만 8,358평에 생산 광물은 금, 은, 동, 연이었다고 한다. 시흥광산은 해방 후에도 가동되었다. 1950

굴에는 물이 차 있다

년을 기준으로 시흥광산의 매장량은 총 1만 9,000t으로 추정되며, 매월 1백 통에 이르는 금, 은, 동, 아연, 연을 생산했다는 기록이 있다.

그러나 1960년대 가학광산의 주요 생산 광물은 동, 아연, 연, 은으로 바뀌었다. 채광 규모는 64년 3만 5,530t이었고, 68년경에는 하루 250t의 원광석을 캐내, 정광 16t(납 60%, 아연 49%, 구리 18%)을 생산했다. "당시 광업권은 경방 광업에 있었어요. 경방 광업은 그 후에 경방 산업으로 바뀌었는데, 최재항 사장이 이형기 사장에게 광업권을 넘겼고, 1973년에 내가 인수했지요. 현재는 내 동생 명의로 되어 있습니다." 김기원 씨는 원래 강원도 흥국 탄광에 관계하면서 재산을 모아 이 광산을 인수했다고 한다.

"그런데, 조건이 맞지 않아 기존 광업권을 죽이고, 새로 광업권을 내려고 시도했어요. 당시로서는 큰 돈인 1,500만 원을 들여 새로 광업권을 출원하려고 노력했습니다. 하지만 가학산 일대가 그린벨트여서 이런저런 문제로 돈과 노력만 들이고 새 광업권은 얻지 못했습니다." 가학광산은 1972년 폐광되었고, 광업권이 최종 소멸한 날짜는 1994년 6월 15일이다. "73년 광산을 인수한 이래 36년 동안 애를 먹었습니다. 그전에 번 돈은 질금질금 다 없어졌지요." 김 씨는 고개를 절레절레 흔들었다.

가학광산 가학동 쪽 출입구

　　폐광 이전 가학광산은 수직 갱도에서 캐낸 철광석을 권양기를 통해 위쪽 주 갱도로 올려보냈다. "주 갱도 중간쯤에 사거리가 있지. 거기서부터 아래쪽으로 파 내려갔어요. 큰 광석을 캐면 구루마 식 체인으로 끌어올렸지. 이 광석은 '조구'라고 하는 돌 담는 큰 나무통에 부어놓았어. 그러면 광차를 '조구통' 밑에 대고 실어서 레일로 갱도 밖으로 실어냈어. 주로 가학동 쪽 입구로 갔지. 출입구 아래 선광장에서 이를 부수어서 내려 보냈어. 마지막 선광장에서는 큰 쇠구슬이 든 탱크에 광석을 넣고 돌리면 먼지처럼 곱게 빻아지지. 여기에 약품을 부으면 쇳물이 부글부글 끓어. 그 다음에 동이나 아연을 분리해서 드럼통에 담아 말린 다음에 쇳가루 분말을 거두는 방식이었어요. 이 분말은 근처에 제련소가 없으니까 트럭으로 실어서 장항, 포항, 부산으로 보냈어." (이종상 씨)

　　이 씨의 증언은 『광명·철산동지』(2008)에 실린 장원화 씨 증언 기록과 일치한다. "도고내 광산에는 제련소가 따로 없어서 2.5t GMC 트럭 4~5대로 채광한 것을 트럭에 싣고 도고내 고개를 넘어 시흥역으로 보내 장항선을 타고 충청남도 '장항제련소'로 갔다." 1929년 생인 장 씨는 6.25 때 군 복무를 했고, 제대 후에는 이곳 광산에서 선반 기술자로 일했다고 한다. 장 씨는 가학광산이 한창 때는 광부와 직원이 600명 정도였다고 증언했다. 당시 광산은 채광부, 선광부,

가학동 쪽 출입구와 옛 사무실

공작부, 수송부로 나뉘어 일을 했다고 한다. 공작부에서 채광 관련 기계 수리를 맡았던 장 씨는 폐광이 되던 1973년 봄 "마지막까지 남아 있다가 직접 열쇠로 회사 문을 잠그고 떠났다."(『광명‧철산동지』, 121~122쪽.)

장 씨의 증언에 따르면 광부들은 사택이라 불리던 합숙소나 단독주택 합숙소에서 생활을 했다. 도고천 마을에는 색시집도 있었다고 한다. 장 씨는 집이 광산에서 멀지 않은 식곡이라 1시간 반 정도 걸리는 거리를 도시락을 싸가지고 다니며 출퇴근했다. "소각장 밑동네에 사택 3~4동 있었고, 소각장 자리에도 2동 있었어요. 요 위쪽 지금 승원건설 자리는 광부들의 기숙사였고. 지금은 모두 사라졌지." 이종상 씨는 폐광 이후 광산을 통해 가학산을 가로질러 다니던 추억을 갖고 있다.

"우리 젊은 시절에 시흥이나 금천 쪽으로 극장 구경을 갔다가 돌아오는 길에 갱도를 지나오기도 했어. 그때는 모험심이 강했거든. 또 길을 따라오자면 산

선광장

선광장이 계단식임을 알 수 있다

광산에서 내려다 본 가학동 도고내 마을

가장 위쪽 선광장에서 갱 쪽으로 난 구멍

을 빙 둘러 와야 하는데, 고개 넘기가 싫어서 갱으로 왔지. 우선 아카시아 나뭇가지로 긴 장대를 만들어서 두들기면서 캄캄한 갱도를 걸어서 통과했어. 혼자서는 무서워서 못했고 여럿이 모이면 재미로 그렇게들 다녔지." 갱도 길이가 400m 남짓이므로 시간은 그리 걸리지 않았다고 한다.

엇갈리는 활용방안

가학광산을 활용하기 위해 광명시가 지반의 안전성을 평가한 결과 3차원 전산해석을 해 봐도 취약한 부분이 발견되지는 않았다고 한다. 물론 당시 현장 근무자들의 이야기를 종합해 볼 때 남측 하부 갱도 등 갱내 상당 부분이 침수되었을 것으로 판단되므로 정확한 실태조사와 안전성 조사가 선행되어야 한다는 단서를 붙이기는 했다. 그러나 전반적인 광산 안전성은 문제가 없는 것으로 판단된다. 붕괴 위험은 없다는 이야기다. 결론적으로 광명시는 일단 다음과 같이 판단하고 있다. "가학광산은 갱도가 견고하여 4계절 적정온도 유지 및 광산의 갱은 수평으로 채굴되어 활용가치가 높아 관광사업으로 추진이 바람직 함." (『정책개발사례집』, 744쪽.)

광명시는 이어 가학광산의 활용 방안을 도심공간 활용 측면, 환경 관리 측면으로 나누어 검토하고 있다. 도심공간 활용 측면에서는 가학광산이 '굴곡진 갱도를 활용한 공상과학풍의 지하 탐험 시설인 Minetopia 건설의 최적지'로 보고 있다. 그 밖에도 지하공간이 아니면 입지할 수 없는 항온, 항습, 차광성을 살려 장기 보존이 가능한 저온 저장고를 설치하거나, 우주선 연구의 지하 실험 시

선광하기 전 광석을 보관했던 자리로 추정된다

설, 전력저장시스템 및 압축공기 저장시설, 암반의 특성을 연구하기 위한 지하 실험실 등 과학실험실로 활용 가능하고, 지하공간의 차음성을 살려 박력 있는 무대를 연출할 수 있는 소규모 지하 콘서트홀 설치도 가능하다고 보고 있다. 환경관리 측면에서는 구름산, 서독산, 가학산을 연결하는 등산로 및 환경생태공원, 생태학습장으로 연계시켜 트래킹 코스 등 시민들의 레포츠 시설이나 청소년 학습장으로 활용 가능하다는 견해도 밝히고 있다.

　　시의 종합적 결론은 '가학광산은 지하공간을 다목적으로 이용할 수 있는 입지여건을 가진 광산으로써 입체적 공간 활용의 연구 대상인 최적의 폐광산 개발의 국가시범 광산으로 개발의 필요성이 높은 광산'이라는 입장이다.

선광장 옆 석축. 광산이 폐광되기 전에 세워진 것으로 보인다

반면 광산의 실제 소유주인 김기원 씨의 입장은 다르다. "저는 가학동 쪽 입구 1,200평에 종교관련 시설(불교)을 지어 종교재단에 헌납하려고 합니다. 내가 지금까지 손해를 많이 보았지만 그게 최상의 방법이라고 생각합니다. 시에서는 교육기관을 구상하고 있는

화약 저장고

것으로 압니다. 하지만 그보다는 종교시
설이 여러 측면에서 더 낫다고 봐요. 시
와 입장이 달라서인지 시에서는 내 계획
을 그리 심각하게 고려하지 않는 것 같더
군요."

시의 견해는 도시계획 상 한번 그려
볼 수 있는 그림이라고 판단된다. 하지만
엄연히 소유주가 있는 광산을 시의 구상
대로 추진하는 일도 어렵거니와 그동안
일었던 오염 논란을 감안할 때 시의 구상
을 실천에 옮기기는 어려울 듯하다. 철저
한 안전성 검토와 환경성 검토가 선행하

광부들의 합숙소가 있었던 자리

지 않는 한 시민들을
설득하지 못할 가능
성이 높기 때문이다.
그럴 바에는 차라리
소유주가 자신의 이
해관계를 떠나 구상
하고 있는 방안을 적
극 검토해 보는 쪽이

선광장에서 내려다 본 소각장 굴뚝. 여기서 광물을 걸러낸 찌꺼기를 소각장 쪽으로 내려보냈다

도고천 마을에서 올려다 본 가학산과 소각장

더 나을 수 있다. 어쨌거나 폐광 된 지 벌써 36년이나 지난 가학광산의 활용방안이 슬기롭게 도출되어야 할 것이다.

| 도움말 주신 분 |

설진충 광명시 문화체육과장
양철원 광명시 학예연구사
김기원 가학광산 실제 소유주
이종상 광명시 가학동 주민

| 참고자료 |

광명시사편찬위원회, 『광명시지』, 1993.
광명시, 『정책개발사례집』, 2005.
광명시, 『광명 · 철산동지』, 2008.

02
광명 설월마을

답사일 : 2018년 10월 19일

구름산 아래 광명의 옛 마을

애초 답사 목적지는 광명시 설월로(구 주소로는 소하동) 30 일대에 있는 한옥들이

설월마을 어귀. 뒤로 구름산이 살짝 보인다

금강정사 마당에서 본 구름산

었다. 일제 강점기인 1930년대에 지어진 이들 집은 전통 한옥이 근대적으로 변용되는 시기에 지어졌기에 자세히 살펴볼 가치가 충분하다고 판단했기 때문이다. 하지만 막상 찾아갔을 때 답사 대상이었던 가옥에 세 든 이들은 근대 자취에 대해 아는 바가 거의 없었다.

대상 가옥을 찾느라 헤맨 골목길이 차라리 훨씬 정겹게 다가왔다. 동네에 처음 발을 들여놓은 사람에게는 미로 비슷하나, 요즘은 도시에서 거의 찾아볼 수 없는 고샅이었다. 시간이 1970년대쯤에

설월 마을 주택 2

서 멈춰버린 듯했다.
물론 마을의 집들은
이후에도 꾸준히 고
쳐 지어지고, 새로 지
어져 마을을 이루고
있었다. 마을 곳곳에
채마밭도 있고, 오래
된 샘터마저 자리를

설월마을 주택 1

설월 마을 주택 3

지키고 있었다. 뒤편으로는 병풍처럼 산이 둘러 있다.

설월 마을이라 했다. 구름산이 마을을 북-동-서로 감싸 안았다. 지도를 보면 구름산은 광명의 한복판에 자리 잡은 237m 높이의 산이다. 그리 높은 산이라 하기 어려우나 설월 마을에서 올려다보면 꽤 우뚝하다. "전해 내려오는 얘기로는 저 산이 엄청 높았대요. 벼락을 맞아서 산이 무너졌대지 아마." 마을 입구마을회관에서 만난 최범용 씨(83세)는 이 마을에서 태어났다고 했다.

구름산 동편 발치에 터 잡은 설월 마을은 오늘날 광명시에서 근대가 가장먼저 도착한 동네다. 1914년 일제는 행정구역 대개편을 단행하면서 시흥군 서면의 중심지를 이곳 설월 마을 근처에 두었다. 당시 지명으로는 시흥군 서면 소하리다. 서면사무소가 소하리에 설치되었고, 경찰관 주재소까지 들어섰다. 서면공립보통학교(서면초등학교의 전신)도 1927년 문을 열었다. 설월 마을은 근동에서 가장 큰 마을이 되었다.

소하리는 원래 조선시대 청백리 오리 이원익梧里 李元翼(1547~1634년) 대감이만년을 보낸 곳이다. 선조부터 인조까지 여러 차례 정승을 지낸 오리 대감은 금천 오리동(지금의 소하동)으로 낙향했다. 퇴임 재상이 퇴락한 초가에서 사는 것을 안 인조는 새 집을 지어 하사했다. 오리 대감은 이곳에서 별세해 여기 묻혔다. 설월 마을에서 남쪽으로 조금 떨어진 묘역 근처에 오리서원, 오리 기념관이 세워져 있다.

'설월'이라는 지명의 유래도 오리 대감으로부터 유래했다고 한다. 두 가지 이야기가 전한다. 오리 대감이 호미로 농사를 짓던 곳이라 해서 '호미 서鋤'를 앞세운 서러리라 불렀다가 설월리로 변했다는 설이 첫 번째다. 두 번째 이야기는 오리 대감이 눈 오는 밤에 생각에 잠겨 거닐던 곳이라 하여 설월리雪月里라

했다는 것이다. 굳이 진위를 가릴 이유가 없다. 역사 속 큰 인물의 그늘을 가리키려 한 마음이 짚인다. 1993년에 간행된 〈광명시지〉에는 마을 이름이 설월리가 아니라 서러리라 돼 있다.

마을의 연원은 조선 중엽 이전으로 소급이 가능하지만, 마을이 번성하기 시작한 시기는 앞서 언급한 대로 일제 강점기부터다. "왜정 때는 300호가 넘었지. 여기는 큰말, 저 아래 학교[서면초등학교] 근처는 작은말이라고 불렀는데, 작은말에는 몇 집 없었어요. 전주 최씨들이 사는 우리 큰말이 부자마을이었지." (최범용 씨) 〈광명시지〉에도 소하리에는 전주 최씨를 비롯해 진주 류 씨·광산 김 씨가 최초로 정착했다고 돼 있다.

설월마을 소하동성당 한마음공소

기아자동차 공장이 차지한 마을 앞 들판

설월 마을의 집들은 다양한 양식과 형태로 지어졌다. 근대 100년 세월 동안 자연스럽게 헌 집이 헐리기도 하고, 새 집들이 들어서기도 했기 때문이다. 20세기 초반에 지어진 전통 한옥도 있고, '왜정시대'에 들어서 변형된 개량 한옥도 있다. 게다가 해방 후 지어진 양옥도 적지 않다. 그렇기에, 마을 골목을 지나면서 만나는 지붕의 형태도, 담장의 모습도, 대문의 생김도 다양하다. 팔작지붕, 맞배지붕, 슬레이트 지붕, 슬래브 지붕……. 고샅마다 다른 풍경이다.

개발의 바람이 설월 마을을 비껴간 까닭은 1971년 일대가 통째로 개발 제한구역으로 지정되었기 때문이다. 1979년 소하읍으로 승격을 했어도, 1981년 광명시로 한 단계 더 높아졌어도 그린벨트는 개발이 불가능했다. 광명시가 아파트 단지로 변모하는 시기에도 설월 마을은 변하려야 변할 수 없었다.

설월 마을과 뗄 수 없는 이야기가 1970년대에 들어선 기아자동차 소하리 공장이다. 마을 앞 도로(오리로) 건너가 기아차 공장인데, 예전에는 대부분 설월 사람들의 농토였다. 당시엔 기아산업이라 했던 기아자동차는 1973년 소하리 공장을 준공했다. 이미 삼륜차 '기아마스터'를 히트시킨 기아는 소하리 공장에서 국내 기술로 제작한 첫 차종인 승용차 '브리사'를 생산했다. 이어 승합차인 '봉고', 대 히트작인 '프라이드'를 이곳에서 내놓았다. 1990년 기아산업은 기아자동차로 회사명을 바꾸었다.

"박정희 시절인데 안 팔고 배길 수 있나? 울타리를 쳐서 농사 못 짓게 하는데 어떡해요. 평당 5,000원 정도에 팔았을 거야." ^(최범용 씨) 그러나 기아차 공장은 마을 사람들에게 원망의 대상만은 아니었던 듯하다. 상당수의 사람들이 기아차에서 일자리를 얻었다. 기아차는 1998년 현대차에 합병될 때까지 한국 자

상수도가 들어오기 전 설월마을의 샘터였던 참샘물

동차 산업의 중요한 한 축이었다.

1970년대 후반 설월 마을 동북쪽으로 '기아 주택'이 들어섰다. 기아에 근무하는 직원들의 사택 혹은 기숙사였던 기아 주택은 100채 가량 지어졌다고 한다. '기아의 집'이라는 계획 주택단지가 들어서면서 설월 마을에도 물탱크가 처음으로 설치되는 등 덕을 봤다. 하지만 설월 마을은 그린벨트라 여전히 신·개축이 어려웠다.

마을에 있는 '참샘물 약수터'는 원래 구름산 쪽으로 50m 가량 더 올라간 지점에 있었다. "얼마나 됐냐구요? 글쎄요. 몇 백 년 전에도 옹달샘이 있었다고 하던데요. 전쟁 후부터 이 약수터가 마을의 공동 식수원이었지요." 약수터 옆에서 야채 장사를 하는 아주머니는 50년 전부터 이 마을에서 산다고 했다. 약수터 아래에는 구름산에서 안양천 방향으로 흘러내리는 개울이 세 갈래나 있었다고 한다. 약수터 아래 냇물은 마을 전체가 빨래하고 김장감을 씻기 충분할 정도였

마을 내에 있는 철거업체

설월로 28-1 한옥

다. 지금은 복개되어 설월길과 설월리 옛길이 되었다.

　마을을 지나 산 쪽으로 올라가면 소하동성당 한마음공소가 있고, 조금 더 가면 금강정사라는 절이 나온다. 금강정사는 1991년 하안동 농협 옆 빌딩에서 개원했고, 2001년 구름산 아래 현 위치에 대웅전을 준공했다. 구름산 정상 방향으로 가면 월성사가 있다. 1972년 건립된 월성사는 위장병과 부스럼에 효험 좋다고 소문난 약수가 유명하다.

설월 마을도 머지않아 사라질까

설월 마을도 변화의 시기를 맞고 있다. 2015년 광명시가 주

설월마을 공터 사이로 보이는 구

도하는 도시개발사업이 결정되었고, 2017년 한국토지주택공사(LH)로 사업자를 변경하려다 주민반대로 무산되자, 광명시가 다시 2018년부터 본격적인 주거환경 개선 사업을 시행하기로 했다. 인근 가리대마을, 40동 마을과 설월 마을을 묶어 진행하는 '구름산 지구 도시개발사업'이다.

사업이 본궤도에 오르면 설월마을의 풍경은 어떻게 바뀔까? 도고내, 철산4동, 신촌, 원광명 등 오래된 광명의 마을들이 차례로 변신하는 마당에 설월 마을이라고 해서 그대로 옛 모습을 간직하라고 하는 건 말이 되지 않는다. 개발제한구역으로 묶여 수십 년 고통 받아온 마을 사람들의 입장이 충분히 이해된다. 하지만 본격적인 개발이 진행되기 전에 한 시대의 변화를 제법 간직한 마을의 기억이 제대로 수집·정리되고,

일부 주택은 보존하는 방안도 강구되어야 할 것이다. 너무 많은 공간이 삶의 자취에 대한 고민 없이 사라졌다. 설월 마을도 그리되지 않을까 걱정이 앞선다.

| 도움말 주신 분 |

최범용 설월마을 주민
백용구 금강정사 종무실장

| 참고 자료 |

광명시지편찬위원회, 『광명시지』, 1993
이연경, "시간이 멈춰버린 작은 마을…광명의 시작이었다", 중부일보, 2017. 9. 25
"광명시 구름산지구 도시개발사업 직접 시행, 건축사뉴스, 2018. 1. 15
디지털광명문화대전, 설월리 항목
https://issuu.com/dangdangframe/docs/dangdang
http://blog.naver.com/PostView.nhn?blogId=8980480&logNo=220949221607

5부

광주

01
광동 재건학교

답사일 : 2009년 10월 13일

재건학교를 아십니까?

광주시 퇴촌면 광동1리 퇴촌 파출소 뒤에 '이인공방'이라는 도자기 공방이 있다. 도로변에 위치하지만 허름한 집이어서 주의 깊게 살피지 않으면 간판도 찾기 어렵다. 이 건물이 한동안 광동 재건학교였다는 사실은 이 마을 토박이들만 안다. 그러나 토박이들도 재건학교라는 명칭과, 한때 그곳에서 가르치고 배웠던 사람들을 알 뿐 학교명이 뜻하는 의미조차 제대로 기억해내지 못했다. 학교를 세운 사람도, 이제는 중년이 된 당시 학생들도 대부분 마을을 떠나 도회지로 간 지 오래다. 재건再建학교는 무엇을 다시 세우려 했으며, 지금은 왜 잊혀진 것일까? 광동 재건학교를 알기 위해서는 재건학교의 역사부터 짚어봐야 한다. 이하 내용은 『한국야학운동사』(천성호)의 해당 부분을 요약한 것이다.

재건학교는 고유명사가 아니라 일반명사다. 그 기원은 1961년 5·16으로 거슬러 올라간다. 군사 쿠데타에 성공한 군인들은 나라의 재건이라는 레토릭을 사용했는데, 주지하다시피 그 최고 기관이 국가재건최고회의다. 약칭 최고 회의는 재건국민운동이라는 동원운동을 펼쳤다. 전국에 세워진 재건학교는 이 운동의 교육적 표현이라고 할 수 있다.

옛 광동리 재건중학교 건물 전경

　　민정이양 이후인 1964년 발족한 재건국민운동중앙회는 정관에 따라 1965
년 3월 재건학교 규정을 제정하고, 각 지역의 학교마다 학교운영위원회를 구성
해 사회교육에 뜻이 있는 유력 인사의 참여를 유도하여 '재건학교'를 운영하도
록 했다. 당시 전국에서 246개 재건학교가 1만 5,000명의 학생을 수용했다. 학
생들은 "가정형편이 어려워 배워야 할 시기에 배우지 못하고 실의에 빠진 청소
년"이었다. 재건학교는 출발부터가 일종의 '위로부터의 중학과정 야학'이라는
성격을 띠었다.

안마당 쪽에서 본 광동 재건중학교 벽면

　　문교부 통계에 따르면 1965년도까지 국민학교 졸업자 가운데 중학교에 미
진학한 학생이 50%를 넘었다. 미진학률은 1969년에 이르러서도 40%에 가까웠
다. "그때만 해도 못살던 시대의 지긋지긋한 보릿고개란 말이 완전히 가시기 전
이라 국민학교를 졸업하고도 일반 중학교에 진학하지 못한 불우 청소년·소녀
가 국민학교 6학년 반별로 20~30명이 되었으며, 이 중에는 실력이 모자라 불
합격한 학생도 있을 것이나, 실력이 있어도 집안 형편상 진학하지 못하는 눈물
겨운 학생들이 많았음을 모집과정에서 알게 되었으며, 특히 대부분의 가정마
다 남자를 우선하여 여학생을 희생시키는 경향이 두드러지게 나타남을 여실히
알게 되었다."는 당시 재건학교 교사의 채록 증언은 당시 사정을 잘 드러내 준

다.(전국의 모든 재건학교가 이때 일제히 문을 연 것은 아니다. 이미 중앙회 조직 이전에 시작한 학교도 있고, 이후 설립된 학교도 적지 않다. 중앙회에 소속되지 않은 학교들도 있었다. 246개교는 그 시점에서 중앙회에 소속된 재건학교 수일 따름이다. 재건학교는 1967년에 962개까지 늘어났다가 점차 줄어 70년대 초반에는 460개 수준이었다.)

경기도의 경우 1965년 통계를 보면 94개 재건학교가 설립되어, 6,000여 명의 학생을 수용했다. 하지만 이들 재건학교 가운데 자체 건물을 갖고 있는 곳은 11곳에 불과했고, 나머지 학교는 인근 국민학교 교실을 밤에 빌리거나, 마을회관, 관청, 교회 등을 빌려 운영됐다. 재건학교는 관 주도로 설립되었지만, 실제 운영은 자체적으로 해결해야 했기 때문에 어려움이 많았다. 특히 재건국민운동본부가 사단법인 형태의 민간기구화했기 때문에 정부의 재정적 지원은 거의 없었다. 재건학교들은 학교 운영비로 학생 1인당 월 100원을 받았고 교재대금으로 월 50원을 내야 했다. 교재는 중앙회에서 한 달에 한 권씩 그 달에 배워야 할 내용을 수록했다. 이 때문에 재건학교의 운영자들은 늘 전전긍긍하는 편이었다고 한다.

재건학교는 주당 최소 12시간에서 최대 24시간 지도하는 것을 원칙으로 했다. 교육내용은 다수의 기술교육을 포함한 인문교육을 했다. 교과서가 중앙에서 보급되었기 때문에 중앙통제적인 입장이 강했던 것으로 평가된다. 졸업생들은 대체로 상급학교로 진학을 하거나 취업을 위해 도시로 이동했다. 많을 때는 3만 명까지 늘어났던 학생 수도 정규학교가 늘어나면서 감소했고, 1975년 재건국민운동중앙회가 해체됨에 따라 새마을금고연합회로 지도 감독권이 이관되었고, 1976년 1월 새마을청소년학교로 명칭을 바꾸면서 재건학교라는 이름은 역사에서 사라졌다.

    지금의 관점에서 보자면 재건학교는 국가가 교육의 의무는 방기한 채 통제권만 행사하려 하는 과정에서 발생한 기형적인 학교 제도였다고 할 수 있다. 하지만 "교복 입은 친구들이 부러워 열등감에 젖어 있던" 학생들에게는 그나마 소중한 배움의 기회였다. 더구나 자체 학교 건물이 있고 운영이 안정적인 재건학교였다면 부족한 대로 어엿한 중학교로서 한 시대 중등교육의 한 축을 담당할 수 있었다. 광동 재건학교는 바로 그런 학교였던 듯하다.

광동리 재건중학교

광동리 재건중학교 설립자는 임춘식 씨(현 71세)다. 현지를 찾아갔으나 임 씨를

광동 재건중학교 뒷 건물. 잠실로 쓰던 부속 교사로 추정된다

광동 재건중학교 측면

만나지 못했다. 임 씨는 현재 광동리에 거주하지 않고 부천에 산다. 현지 주민들은 재건학교가 있었다는 것, 재건학교를 임 씨가 설립했다는 것, 이 마을에서 재건학교 출신이 꽤 있었으나 지금은 이들 역시 모두 도시로 나갔다는 것을 증언해 주었다. 하지만 마을 주민들은 광동 재건학교가 어떻게 설립됐고, 어떻게 운영되었는지는 기억하지 못했다. 임 씨의 형 철식 씨(77세)는 퇴촌면사무소 앞 동네에 살고 있었고, 철식 씨도 잠시 재건학교에서 한문 교사로 일한 경험이 있다고 했다. 그러나 철식 씨도 "오래된 일이라 동생에게 물어봐야 한다."고 했다. 이하 내용은 춘식 씨와 전화 인터뷰한 내용을 정리한 것이다.

임춘식 씨는 이 마을 태생이다. 고등학교까지는 마쳤으나 가정 형편이 어려워 곧바로 대학에 진학하지는 못했다. 임 씨는 잠시 마을에 있던 고등공민학교에서 수학을 가르쳤다. 동네 후배들을 위해 봉사하겠다는 마음에서였다. 고등공민학교는 동네 옛 마을회관 건물을 사용했다. 정규 중학교 과정에 진학하지 못하는 학생들을 위한 학교였다. 광동리에서 정규 중학교에 가려면 25리를 걸어 경안 중학교까지 가야 했다. 광동리 고등공민학교는 거리도 멀거니와 가난한 집안형편 때문에 중학교에 들어가지 못한 학생들을 모아 가르치고 있었다. 이 고등공민학교는 1960년 무렵에 세워졌다.

임 씨는 그러다가 군대에 갔다 왔고 농협대학에 진학했다. 1967년 2월 임 씨가 농협대학을 졸업했을 때는 그나마 고등공민학교마저 문을 닫은 상태였다.

광동 재건중학교 도로쪽 벽면. 벽화는 공방에서 그린 것이다

임 씨는 과거의 경험을 살려 재건학교를 세우기로 했다. 광동리에 광수 중학교라는 정규 중학교가 들어서기는 했지만, 중학교 미진학률이 여전히 높았기 때문이다. 교사校舍가 없었기 때문에 일단 천막을 치고 학교를 시작했다. 임 씨는 재건운동국민본부에 가서 재건학교 교육과 운영에 대해 연수를 받았다. 광동재건중학교를 세울 당시에도 이 마을은 물론 퇴촌면과 남종면에서 중학교에 진학하지 못하는 학생이 많았다. (2004년 〈경기도 근대문화유산 조사 및 목록화 보고서 93쪽에 광동1리 재건중학교로 조사된 건물은 이 고등공민학교로 사용되던 건물로 추정된다. 이 마을 회관은 지금은 헐리고 없다. 보고서는 또한 여기서 1960년 5월부터 재건중학교가 문을 열었고, 전쟁 후 혼란된 시기에 존재했던 사설교육시설이라고 설명하고 있으나 이는 고등공민학교와 재건중학교의 연혁을 혼동한데서 비롯된 착오로 추정된다.)

임 씨가 학교 설립자 겸 교장 겸 교사로 1인 다역을 하며 동분서주한 광동재건 중학교는 곧 동네 사람들의 후원을 받아 새로운 건물을 지을 수 있게 되었다. 당시 광주 지역 국회의원이 시멘트를 지원했고, 학부형들이 나서서 손수 건물 짓는 일을 도왔다. 교실뿐만 아니라 '일하면서 배우자'는 재건학교의 취지를 살리기 위해 양잠을 하는 잠실도 조그맣게 지었다고 한다. 이 작은 학교가 들어선 땅은 원래 하천부지여서 땅값 걱정은 하지 않아도 되었다.

재건중학교 학생 수는 연도별로 차이가 있지만 대략 100여 명 선이었다. 원래 재건학교는 2년 과정이었다. 속성으로 가르쳐 졸업생을 배출하자는 취지였기에, 재건운동국민본부에서 내려보내는 교재도 2년 과정으로 되어 있었다. 하지만 정규학교도 아닌 교육과정에서 2년 동안 배워서는 전수학교(정규 교육과정이 아닌 고등학교 과정)도 진학하지 못한다는 불만이 학생과 학부모로부터 제기되었기 때문에 후에 3년 과정으로 바꾸었다. 학생 수가 100여 명이라고 한 것은 한 학년에 30~50명씩 3개 학년을 통틀어 그러했던 것으로 짐작된다.

문제는 교사教師 확보였다. 다행히 고시공부를 하던 고시 준비생 등이 임시 교사로 무료 봉사를 하였으나, 안정적으로 선생님을 배치할 수는 없었다. 임 씨의 형 철식 씨가 약 1년 가량 재건 중학교에서 한문을 가르쳤던 사정도 이와 무관치 않은 듯하다. 학교 운영도 어려웠다. 앞에서도 언급했듯이 국가나 중앙의 국민본부에서 개별 학교에 대한 지원은 거의 없었기 때문이다. 오히려 중앙 본부에 교재대를 납부해야 했다. 따라서 학생들에게는 일정한 월사금을 받지 않을 수 없었다. 월사금은 학생들의 생활 형편에 따라 500~1,500원까지 등급으로 나누어져 있었다. 그렇다 해도 월사금으로 교재대를 납부하고, 이런저런 운영비를 지출하고 나면 임 씨는 늘 학교 운영에 쪼들릴 수밖에 없었다. 혼자 힘으로 학교를 꾸려가야 했기 때문이다.

그런데, 광동 재건 중학교가 자리를 잡자, 이웃 초월면에도 재건학교를 세워 운영해 달라는 요청이 들어왔다. 당시 초월 국민학교 교장 선생님의 간곡한 청을 뿌리칠 수 없었던 임 씨는 70년 중반 초월에도 재건학교를 세웠다. 초월 재건학교는 현재 초월 초등학교 근처에 박씨네 땅을 빌려 교사校舍를 만들었다. 임 씨는 양쪽 학교를 번갈아 다니며 학교를 운영했다. 초월 쪽 재건학교 교사는 현재 남아 있지 않다. 2~3년 전에 헐렸다.

임 씨의 기억으로는 양 쪽 재건학교가 1979년쯤 문을 닫았다고 한다. 공식적으로는 1975년 재건국민운동중앙회가 해체되었고, 1976년 1월부터는 재건학교라는 이름 대신 새마을청소년학교라는 명칭으로 바뀐 것으로 되어 있으나, 이곳 광동과 초월의 재건중학교는 몇 년간 더 운영되었던 듯하다. 문 닫을 때까지 광동의 재건학교는 10여 회의 졸업생을 배출했고, 초월의 재건학교는 5회

광동 재건중학교 측면

졸업생을 마지막으로 배출했다.

　졸업생들은 대체로 서울 등으로 나가 전수학교, 기술학교 등에 진학하거나, 산업화 시기의 노동력으로 편입되었다. 재건학교는 정규 학력을 인정받지 못했기 때문에 정규 고등학교에 진학하려면 검정고시를 거쳐야 했는데, 임 씨의 기억으로는 그런 코스를 성공적으로 이수한 경우가 드물었다. 양쪽 재건학교의 마지막 졸업생이 지금은 47~50세가 되었다. 임 씨는 더 이상 재건학교라는 명칭도 쓸 수 없는 형편인데다, 그동안 학교 운영을 하느라 빚을 400만 원이나 지고 있었다. 학교 문을 닫은 임 씨는 친구의 소개로 강원도 영월에 있는 시멘트 회사에 취직하여 향리를 떠나고 말았다.

광동 재건중학교 지붕

잊혀가는 교육의 그늘

광동 재건 중학교가 문을 닫은 지 한 세대가 지났다. 예전 학교 자리에서 공방을 하는 주인은 8년 전에 이곳으로 왔다고 했다. 마을 사람들에게 들어서 학교였다는 것은 알고 있지만 자신이 왔을 때는 공장 창고로 쓰였다고 기억했다. 건물에 학교의 흔적은 남아 있지 않다. 교실이 여러 차례 개조되었기 때문이다. 주변 경관도 크게 달라졌다. 아무것도 없던 하천부지 주변으로 근사한 횟집과 한우고깃집, 빌라가 들어섰고, 길 건너엔 부동산이 늘어서 이 일대가 한창 개발이 진행 중인 지역임을 짐작할 수 있게 해 줄 뿐이다.

교장이었던 임 씨도 현재 예전 자료들을 보관하고 있지는 않다고 했다. 영

광동리 광수중학교. 이 중학교가 설립되었어도 70년대엔 퇴촌면과 남종면에는 중학교에 진학하지 못해
재건중학교에 다녀야 했던 학생들이 적지 않았다

월로, 서울로, 부천으로 옮겨 다니며 생활하는 과정에서 제대로 정리 간수할 여력이 없었던 듯하다. 졸업생들도 굳이 예전의 기억을 들추어내고 싶지는 않을 것이다. 우리 사회가 풍요로워지고 맹목적이다시피 한 학력學歷 추구 사회가 된 마당에 정규학교가 아닌 재건학교를 다녔다는 사실은 감추어야 할 과거일 뿐이기 십상이다. 국가의 입장에서도 의무교육 과정에 해당하는 중학교 과정을 감당해 줄 능력이 없어서 재건학교라는 변형된 형태의 사설 교육에 맡겨야 했던 과거를 들추어내는 일이 유쾌하지 않을지도 모른다.

하지만 재건학교에서 새마을청소년학교로 명칭이 바뀌긴 했지만 이러한 '위로부터의 야학'은 80년대에도 이어졌다. 현재의 시점에서 돌이켜 보자면 1960~1970년대 재건학교는 한국의 산업 발전을 밑에서부터 떠받든 힘이었던 향학열을 보충해주는 역할을 감당했다. 따라서 교육사적인 측면에서나 사회사적인 측면에서나 '이젠 잊어버려야 할 대상'은 분명 아니다. 그 의미가 무엇인가를 더욱 깊이 탐구해 볼 가치가 있다고 판단된다. 그런 점에서 건물의 외형이나마 남아 있는 광동 재건중학교 건물은 시간이 더 지나 완전히 망각의 늪에 빠지기 전에 보전하는 방안을 강구할 필요가 있다. 변형된 형태로나마 건물이 남아 있다는 게 다행이라는 생각이 든다.

| 도움말 주신 분 |

임춘식 광동재건학교(부천 거주, 010-8280-2860)
임철식 광주시 퇴촌면 광동리 거주

| 참고자료 |

천성호, 『한국야학운동사-자유를 향한 여정 110년』, 학이시습, 2009.
경기도, 『경기도 근대문화유산 조사 및 목록화 보고서』, 2004.

02
분원리의 삶

답사일 : 2010년 11월 16일

팔당댐 건설과 분원리

1972년 팔당댐 건설로 광주시 남종면의 모습은 크게 바뀌었다. 면의 서남쪽에

분원리 전경 2

분원초등학교 전경

서 흘러드는 경안천과 한강이 합류하는 지점에 팔당댐이 들어서면서 우천리가 완전히 수몰되었다. 물에 잠긴 면적이 거의 15km^2에 이른다. 평수로 따지면 450만 평이 넘는다. 우천리와 면 소재지 사이에 있던 넓은 옥토가 사라진 셈이다. 우천리의 흔적은 호수로 변한 강 속의 작은 섬으로 남았다. 남종면 8개 리는 이듬해인 1973년 행정구역 개편으로 일부 리를 이웃 퇴촌면으로부터 받아들이고, 일부 리는 통폐합되면서 7개 리로 바뀌었다.

　면 소재지 분원리의 삶은 수몰 후 180도 달라졌다. 수몰 전 분원리는 전형적인 근교 농업 마을이었다. "담수 이전엔 농사를 지었지요. 땅이 기름지고 좋았습니다. 60년대 서울시 채소 공급을 분원리가 좌우했어요. 비닐하우스 농사가 우리나라에서 대대적으로 시작된 곳이 분원립니다. 오이, 특히 추청오이, 호박, 상추, 토마토, 가을배추 등등 아주 유명했어요. 가을철 김장 배추는 여기 걸

분원리 사옹원 선정비군

분원초등학교 본관에서 백자전시관(예전 별관)으로 올라가는 옛 계단

젤로 쳤지요. 또 토마토는 일본에 수출
까지 했습니다." 3대째 분원리에 산다는
최경태 남종면 노인회장(36년생)은 당시 광주군에서는 "분원리에 가서 농사짓는
법을 배우라."는 말이 있었을 정도였다고 했다.

　박정희정부는 수몰지구에 토지보상령을 내렸다. "당시 보상이 1등급은
295원, 하급은 150원이었어요. 지금이라면 어림도 없는 일이지요." 수도권에 식
수와 전기를 공급하기 위해 우천리 사람들은 마을을 온전히 내주어야 했고, 분
원리 사람들은 한국 근교 농업을 대표하는 전답을 잃었다. "60년대 분원리에는
400호가 살았습니다. 그런데 현재는 100호 조금 넘습니다. 4분의 3이 마을을
떠난 것이지요. 고통이 많았습니다. 비닐하우스를 하던 사람들은 하남이나 구
리, 이천 쪽으로 옮겨 간 경우가 많습니다." 최 회장은 하남과 구리 일대의 비닐

분원초등학교 입구에 세워진 분원도요지 표석

하우스 근교농업지대는 남종 사람들이 만들었다고 믿는다.

분원리는 전망 좋은 팔당호반의 동네가 되었다. 문제는 분원 사람들이 먹고살 게 마땅찮았다는 점이다. 팔당댐이 생기면서 분원리는 상수원보호 1권역이 되었다. 게다가 개발제한구역(그린벨트)으로 묶여 있었다. 흥성이던 부촌은 졸지에 빈촌이 되었다. "1950년대 말부터 담수가 될 때까지 전국 씨름대회가 분원리에서 개최될 정도로 잘 사는 마을이었어요. 가을배추가

사적지 표석

남종면 사무소. 예전에는 백자도요지 관리청이 있었다

출하될 무렵에는 마을이 흥청거렸습니다. 술집이 많았지요. 분원리는 원래 해장 떡국이 유명했습니다. 배추밭 인부들이 일찍 일어나 해장 떡국을 먹고 일을 하러 나갔지요."

분원리에 즐비하던 기와집들도 대부분 보상을 받고 헐렸다. 이들 기와집 일부는 용인 민속촌에서 해체 이전 복원하기도 했다. 어쨌거나 농토를 대부분 잃어버린 주민들은 담수 초기엔 낚시꾼들을 상대로 먹고살았다. "분원리로 들어오는 버스가 하루 10대 있었습니다. 그런데 아침부터 밤까지 항상 만원이었지요. 초기에는 낚시를 허용했거든요." 그러나 낚시꾼들이 몰리면서 떡밥과 쓰레기를 수도권의 식수원에 마구 버려 팔당호가 오염된다는 여론이 높아졌고 단속이 강화되었다. 팔당호 수질개선 본부가 생기면서 낚시는 물론 모든 행위가 금지되었다. "상수원 오염시킨다고 마을 발전 자체를 허용하지 않게 된 거지요." 팔당댐 건설은 분원리의 삶을 완전히 변화시킨 변곡점이었던 셈이다.

자칭 원조 붕어찜 가게들

광주 분원하면 붕어찜이 가장 먼저 떠오르게 된 건 그 후의 일이다. 원래 강을 끼고 있던 지역이므로 특유의 매운탕이 유명했으리라는 건 짐작하기 어렵지 않다. 하지만 최 회장이 기억하듯이 예전 분원리가 자랑하는 음식은 해장 떡국이었지 붕어찜이 아니었다. 담수화 초기에도 분원에서 잡히는 붕어는 버려졌다. 이를 활용할 궁리를 하다가 생겨난 것이 분원붕어찜이라는 요리다.

2010년 11월 현재 분원에는 붕어찜과 매운탕을 파는 식당이 약 30곳 있다. 대부분이 분원 사람들이 하는 집이다. 최 회장은 이들 가운데 초기부터 영업을 한 집은 강촌매운탕, 남종집, 호수매운탕 등 3집 정도라고 했다. 이들 가게는 팔

남종집 옛날 사진(주인 제공)

당호에서 잡은 민물고기로 붕어찜과 매운탕을 끓여 판다. "낚시 금지 이후 어업 허가를 받은 사람이 두 명 있었습니다. 그 중에서 장덕규 씨는 사망했고, 지금 은 박창덕 씨만 허가가 있지요." 박 씨가 직접 경영하는 가게도 영업 중이다.

　　남종집은 분원에 처음 생긴 식당이라는 점을 내세운다. 팔당댐이 들어서 기 전부터 음식점을 해왔다는 자부심이 있다. 반면 붕어찜에 관한 한 원조라고 주장하는 이는 강촌매운탕 이영숙 씨다. "팔당댐이 들어서고 여기서 붕어가 많 이 잡혔어요. 그런데 그 붕어를 버렸어요. 원래 이 동네서는 붕어를 먹지 않았 으니까요. 아까워서 저걸 요리로 만들 수 없을까 궁리하다가 붕어찜을 개발했 지요. 우리 친정어머니가 음식 솜씨가 좋았어요. 제가 다행히 닮은 모양입니다." 이 씨가 개발한 붕어찜이 처음부터 성공적인 것은 아니었다. 무와 감자를 밑에 깔고 조림을 시작했으나 비린내를 없애는 일은 쉽지 않았다. 연구에 연구를 거

분원리 붕어찜. 남종집에서 촬영

듭한 끝에 현재의 '분원붕어찜'이
탄생했다.

분원리 원조 매운탕집 가운데 하나인 남종집

강촌매운탕

　"지금은 붕어
의 순수한 맛을 살
리기 위해 시래기
를 깔고 다른 것은
거의 넣지 않아요."
강촌매운탕에서는
붕어찜만이 아니라
전통방식의 절임과
장아찌를 밑반찬으
로 내놓는데, 이들 반찬이 붕어찜과 어울리면서 입소문이 나기 시작했다고 한
다. 1980년대 들어 강촌매운탕처럼 붕어찜을 전문으로 하는 음식점들이 하나
둘 늘어났고, 어느새 분원리는 붕어찜의 대명사가 되었다. 강촌매운탕 이씨는
1999년 경기도 향토지적문화재산 '분원붕어찜'의 보유자로 선정됐다. 2001년
에는 경기으뜸이로도 뽑혔다. 강촌매운탕의 손님방 문턱은 반들반들 닳은 흔
적이 역력하다. 손님이 얼마나 많이 찾아왔는지를 말해 주는 흔적이다.

　그러나 남종집 주장은 좀 다르다. 남종집도 원래 붕어찜은 하지 않았다. 그
러나 고객들이 찾아와서 "전라도 화순에서는 이렇게 붕어찜을 하더라.", "충청
도 진천 식이 이렇더라." 하는 말을 듣고 독자적으로 붕어찜을 연구했다고 주장
한다. 두 집의 이야기는 공통점이 있다. 우선 팔당댐이 생기기 전까지 이 마을
에서는 붕어찜이 없었다는 점이다. 붕어 요리는 조선시대 문헌에도 등장하지만
이곳에서는 먹지 않았다는 사실이다. 둘째, 팔당댐이 이들의 삶을 바꾸어놓은
결과 생계를 위해 연구에 연구를 거듭한 끝에 분원 특유의 붕어찜이 탄생했다

는 점이다. 누가 누구를 벤치마킹했는지야 정확히 가릴 수 없지만, 서로 경쟁하고 돕고 하면서 분원리 붕어찜은 전국적인 명물이 되었다고 해야 할 듯하다. 분원리에서는 15년 전부터 해마다 봄에 붕어축제가 개최되고 있다.

분원초등학교 90년사와 분원리

분원리라는 이름은 조선시대 사옹원司饔院의 백자白瓷 생산지인 분원分院이 이곳에 있었기에 붙은 이름이다. 분원리에 사옹원 관청이 있었는데, 그 자리가 지금의 남종면사무소 자리다. "사옹원이 남아 있었지요. 원래 한옥이었는데 슬금슬금 바뀌더니 헐어버리고 새로 지었습니다. 내가 그렇게 보전해야 한다고 했는데 말을 안 듣더라 이 말입니다. 면사무소 앞 주차장에도 원래 일제시대 주재소가 있었어요. 그런데 그것도 헐어버렸지요." 최경태 노인회장은 "그렇게들 역사를 지킬 줄 모르니 큰일"이라며 혀를 찼다.

분원리는 원래 골이 깊다. 그 골짜기들을 따라 안골, 가는골, 팔리골, 웃말,

예전 분원리 가운뎃말. 장이 서던 곳이다. 지금은 강변 운동장으로 변했다

가운뎃말 등이 있었다. 하지만 지금은 가운뎃말은 사라졌다. 가운뎃말에 있던 시장은 지금은 운동장이 되었다. 현재 운동장은 호수변에 조성되어 있다. 이곳이 가운뎃말이었던 걸 보면 마을 지형이 얼마나 바뀌었는지 짐작할 수 있다. 예전 가운뎃말, 현재 운동장 건너에 분원 백자 가마자리가 있다. 분원 초등학교 정문 바로 옆이다. 분원 초등학교 위쪽에는 백자 전시관도 있다. 분원 초등학교는 분원리의 역사적 중심이자 교육의 중심이다. 학교 역사도 그만큼 오래되었다.

　"광주 근방에서는 남한산성 다음에 경안, 그다음에 분원 학교가 섰어요. 내가 25횝니다." 76세인 최 회장이 태어나기도 훨씬 전에 생긴 학교다. "전기도 경안 다음으로 분원에 들어왔다니까요." 분원 초등학교의 연혁은 분원리의 역사이기도 하다. 분원 초등학교는 1921년 12월 분원공립보통학교(1개 학급)로 개교했다. 해방 후 학급은 계속 늘어 1964년엔 12개 학급 규모가 되었다. 학생 수가 증가하자 1970년대에 예전 목조 교실을 철거하고, 슬래브 건물로 신축했다.

팔당댐 조성의 영향은 이 학교에도 미쳤다. 12개 학급에서 1974년엔 7학급으로 5개 학급이 사라진 것이다. 그러나 분원 초등학교는 2010년까지 86회에 걸쳐 2,983명을 배출했다. 이 학교 마당에 서 있는 엄청난 둥치의 버즘나무 두 그루는 학교 연륜의 상징이다. 학교 본관 위쪽에 자리 잡은 백자 전시관 역시 예전 이 학교 4~6학년생들이 쓰던 교실을 리모델링한 것이다.

본관과 전시관 사이의 계단을 올라서면 전시관 마당 앞에 사옹원과 관련된 인물들의 공덕비가 죽 늘어서 있는 것도 볼 수 있다. 학교에 올라가면 분원리와 팔당호가 한눈에 들어온다. 그러므로 분원 초등학교 90년사는 분원리가 도자기 마을에서 근교농업마을로, 다시 붕어찜마을로 변해온 역사를 켜켜이 간직한 마을의 중심인 셈이다.

| 도움말 주신 분 |

최경태 광주시 남종면 노인회장
진규용 분원초등학교 교감
이영숙 분원리 강촌매운탕 주인

| 참고자료 |

http://www.bunwon.com/ 분원마을 홈페이지

03
신대리교회 교육기념관

답사일 : 2010년 11월 16일

교회가 된 논 말뚝 나무

광주시 실촌읍 신대리 106 신대리교회 교육기념관은 2010년 9월 물난리를 겪었다. 추석 연휴 기간에 쏟아진 폭우로 서쪽 벽체가 심하게 손상을 입었다. 가뜩이나 기울어가던 벽체는 그대로 둘 수 없을 지경이 되었다. 교회 중직들은 대수리를 하기로 결정했다. 100년이 넘는 역사를 자랑하는 이 교회에서 교육 기념관은 80년간 예배당 역할을 해온 상징이었다.

서쪽 벽 옛 기둥은 그대로 두고 한 자가량 넓혔다. 그리고 내부 천

옛 신대리교회 예배당. 현 교육 기념관

장 반자를 뜯어냈다. 그러자 상량문이 선명하게 드러났다. '救主降生壹仟九伯參拾壹年四月 二十八日 午前十二時 立柱上樑'. 옛 예배당이 1931년 4월에 지어졌다는 사실은 모르는 바 아니었으나, 정갈한 서체로 쓰인 상량문은 교인들에게 새로운 감흥을 주었다. 대들보와 서까래 자체가 훌륭한 인테리어이자 기념물이었다. 들보의 나무색과 서까래의 짙은 밤색은 자연스러우면서도 보기에 썩 좋은 조화를 이루었다. 교육 기념관 수리는 천장의 역사성과 미감을 살리는 쪽으로 결정되었다.

신대리교회 창립은 1895년으로 소급되고, 첫 예배당 건립은 1898년으로 거슬러 올라간다. 첫 예배당은 신대리 108번지 민가 8칸을 구입 개조하여 사용하였다. 이 예배당은 34년간 사용되었는데, 신도가 늘어 신축을 모색하게 되었

교육 기념관 뒷면

다. 지금의 교육 기념관이 된 예배당 자리는 당시 송 마리아 집사 부부가 150평을 기증하여 마련되었다고 한다. 신대리교회 100년사인『한민족 수난속의 우리 교회-100주년을 맞으며』130쪽에는 흥미로운 기록이 보인다.

"목재는 김화삼 영수가 닭범머리 도랑둑에 양목한 미루나무를 헌납하여 작벌하여 쓰기로 하였다. (중략) 그 당시에는 그런 나무가 그리 흔치 않은 나무였는데, 논둑에 말뚝으로 쳤던 나무에서 싹이 나서 무성히 자란 것을 보고 그 나무를 잘라서 삽목하였던 것이 10여년 만에 큰 아름드리 대목으로 자란 것이다. 1931년 3월초에 교회당 건축을 시작하였다."

나무를 켜는 톱도 없어서 둘이서 마주 보고 켜는 톱으로 자르고 마름질하였다. 이 재목으로 4월 28일 약 18평 예배당 입주상량이 이루어졌다. 이어 전나무와 소나무를 구해다가 서까래와 마루 밑 받침대 또는 중방으로 사용하였다. "마루 송판도 미루나무를 켜서 말려서 깔았고, 지붕은 짚으로 이엉을 엮어서 초가지붕을 만들고 벽은 외를 엮어서 진흙을 이겨 초벽과 새벽을 쳤다. 예배당 전면 중앙에는 큰 쌍바라지 출입문을 내었고, 유리창을 칸칸이 내었다. 동남쪽으로도 쌍바라지 문 두 틀과, 뒤쪽 중앙에도 같은 문을 내었다."

1931년부터 6 · 25 이전까지 신대리교회 예배당은 아담한 시골 교회당으로 남아 있었다. 하지만 6 · 25 때 이 예배당은 폭격으로 건물의 형체만 남는 수난을 당했다. 1.4 후퇴 때 중국 인민 해방군이 신대리를 최전방 기지로 삼아 40여 일간 점거한 탓이다. 재반격에 나선

유엔군은 북상하면서 마을 전체를 폭격했다. 이 지역을 수복한 유엔군은 교회당을 "식당으로 쓰면서 복판 쪽 마루와 문짝들을 다 뜯어서 불태우고 만 것이다."(앞의 책, 152쪽.)

피난 갔던 신도들이 속속 돌아오면서 이를 복구하기 위해 대대적인 수리가 이루어졌다. 예배당은 형체라도 남아 수리가 가능했으나, 6 · 25는 신대리교회에 또 다른 상처를 남겼다. 교회 관련 자료가 모두 불타버린 것이다. 1895년 교회 창립 이래 차곡차곡 보관돼온 기록들이 사라졌다. "아버님(김광수 원로장로)에게 들은

외벽 나무기둥과 주추

교육기념관 내부

교육기념관 대들보와 서까래

1970년대에 지어진 사택

사택의 예전 기와를 살려 보존한 부분

이야기인데, 다행히 김영삼이라는 영수 한 분이 피난 가면서 땅에 묻어두었던 자료를 돌아와서 파냈다고 해요. 그러나 일부에 불과했습니다. 그나마 우리 교회 100년사를 펴낼 수 있었던 것은 그 자료가 있었기 때문이지요. 그 자료에 더해 기독교회사 사료를 종합해서 1995년에 100년사를 편찬할 수 있었습니다." 5대째 이 교회를 섬기는 김영민 장로의 증언이다.

초가지붕을 다시 얹었던 예배당은 1958년 함석지붕으로 개량되었다. 1975년에는 예배당 바로 옆 공터에 사택을 지었다. 현재의 예배당은 1973년 부지 매입으로 시작해 1978년 1월 건평 76평 규모로 완공하여 성전 봉헌 예배를 드렸다. 새 예배당이 마련됨에 따라 옛 예배당은 교육 기념관이 되었다. 현 예배당은 이후 2010년 5월 리모델링 공사를 마쳤다.

창립부터 혜광학교 설립까지

앞서 인용한 100년사에도 등장하고, 김영민 장로도 언급했던 '영수'라는 직책은 한국교회 선교 초창기의 사정과 관계가 깊다. "영수란 선교사들이 직분을 줘서 강단을 맡긴 자리입니다. 선교사가 여러 지방 교회를 순회하니까 한 곳에 상주할 수 없었지요. 그래서 영수를 임명해서, 선교사가 오지 못할 경우 예배 인도도 하고 설교도 하고 그랬지요." (김영민 장로)

신대리교회의 시작은 1895년 을미년이다. 교회사의 자료를 그대로 옮겨본다. "시년에 공의회 회장은 전위겸이라. 광주군 신대리교회가 성립하다. 시년에 이천군 신자 박진영이 곤지암리(곤재)에 래도하야, 전도함으로 이문명, 김치준이 시신하고, 기후 신도가 계흥함으로 교회가 설립되고, 천덕윤이 선도자가 되니라. 이때에 민노아(밀러) 선교사가 순회 선교사로 신대리교회 제1대 당회장으로 수고를 하셨다." (앞의 책, 176쪽. 한자는 한글로 표기했음.)

위 기록에 등장하는 민노아를 비롯해 피득(피터스 알렉산더 알버트), 도서원(톤즈셸 유언), 고언(코언 로스코에크) 등 신대리교회 1~4대 당회장은 모두 외국인 선교사다. 이들의 포교 범위는 경기도 일원이었다. 따라서 이승해, 김영삼, 손홍집, 김화삼 등의 영수가 신대리교회를 이끌었다. 김화삼 영수는 김영민 장로의 증조부다. 선교사가 아닌 당회장은 1947년에 부임한 문용오 목사(7대)가 처음이다.

신대리교회는 1954년 혜광학교를 설립했다. 당시 도척, 실촌, 초월 등 동광주 3면을 통틀어 중학교가 없었다. 학교 설립을 주도한 교역자는 강경구 전도사와 지원상 전도사다. 친구 사이인 이들은 수원비행장에서 폐기하려는 천막과 책상, 의자 등을 얻어 와서 학교를 시작하였다. 지 전도사는 신대리로 부임하기 전 수원 세류동에 있는 수원 비행장 교회에 봉직하였다.

혜광학교는 3개 면의 중심인 종축장 자리(지금의 광주 도자기 엑스포장. 현 실촌읍 삼리)에 천막을 치고 학생들을 모집해 가르쳤다. 학생 수는 140명가량이었다고 한다. "학교가 생각보다 호응이 커지자 지역 유지들이 학교 운영을 하겠다고 나섰지요. 그래서 교회가 학교 운영권을 넘겨주었습니다. 혜광학교는 후에 광주동중이 되었지요. 지원상 전도사님은 목사 안수를 받고, 후에 루터교회 총회장을 지내셨습니다. 현재 루터대학 김해철 총장도 신대리교회 출신이지요." (김용민 장로)

혜광학교 설립은 전쟁 직후 지역 교육 재건을 위한 신대리교회 젊은 교역자들의 자발적인 노력이었다. 하지만 학교 운영을 둘러싼 논란도 적지 않았던 듯하다. "몇몇 지방 유지와 인사들이 모임을 갖고 잘 되리라 생각지도 못했던 중학교가 잘되는 것을 보고, 이에 협조할 생각은 않고 오히려 공립 중학교 설립 추진 위원회를 구성하고, 설립 추진 운동을 펴고 있었다. (중략) 난처해진 강경규 전도사는 단안을 내렸다. 혜광중학교는 포기할 수 있어도, 광주교회만은 살려야겠다고 결심하였다."(앞의 책, 151쪽.)

한편, 신대리교회는 1954년 장로교회 교단에서 '대한 기독교 장로회'가 갈라질 때 기장 소속이 되었다. 한국신학대학(현 한신대)를 중심으로 하는 기장은 1961년 '한국 기독교 장로회'로 명칭을 변경하였다. 혜광학교 설립을 주도한 강경규 전도사가 신대리교회에 부임한 것은 그가 한국신학대학 학생이었던 1953년이다. 지원상 전도사도 한국신학대학 동문이었다. 강경규 전도사는 목사 안수를 받은 후 경기도 여러 지역에서 교회를 개척하거나 시무하였다. 지금은 기장 교회의 원로목사이다.

울창한 밤나무 숲 마을을 지켜온 예배당

지원상 전도사의 회고를 보면 6·25 직후 신대리는 밤나무 숲이 우거지고 인심이 후한 동네였던 듯하다. "신대리교회는 두 마을에 하나밖에 없는 교회였다. 말이 교회였지 동란 이후 피폐해진 교회는 온 집안이 믿는 가정이라고는 한 가정뿐이었다(김광수 장로 가정). 그리고 여 집사님 몇 분이 출석한 정도였다. 물론 전에 쓰던 교회당 건물도 마루나 창문까지 파괴된 헛간이었고, 예배는 김장로(당시 집사) 가정에서 드리는 정도였다.

(중략) 그러니까 (서울에서) 교회 한 번 다녀온다는 것이 그리 쉬운 일은 아니었다. 버스에서 내려 당시 마을 앞에 빽빽이 서있던 밤나무 밭을 지날 때면 교회에서 종소리가 은은히 들려오곤 했다. (말이 종소리지 사변 때에 대포알 껍데기를 나무에 매달고 치는 것이 바로 교회 종이다.)

신대리교회 창립 100주년 기념비   교회 종탑

(중략) 나는 가끔 언덕에 올라가 산과 마을, 아름다운 개천과 소담한 밤나무 밭 그리고 논과 밭, 전체 마을을 바라보며 그 아름다움에 황홀하곤 했다."

후일 한신대 교수가 된 정웅섭 전도사도 1957년 신대리 교회에 부임했다. 정 전도사는 1960년 목사 안수를 받고 신대리교회 역사 이래 처음으로 담임목사로 시무하게 되었다. 정 목사의 회고 역시 신대리는 아름다운 밤나무 동네로 재현된다. 예배당과 관련해서는 흥미로운 회고도 있다. "어느 수요일날 김해철 선생님이 호야에 불을 붙여 걸던 중 마룻바닥에다 놓쳐서 불이 났다. 나는 기도

현재의 예배당

중이었다. 눈앞이 환해지며 불! 불! 하는 급한 소리에 기도를 마치니, 마룻바닥이 타고 있었다. 급한 마음에 뒷골 우물로 뛰어가 보니, 양동이가 아닌 성경책만 들고 있었다.

다시 와서 물을 떠다가 불을 껐지만 그때를 생각하면 지금도 심장이 멎는 듯 아찔하다. 지금 교육관 마룻바닥을 보면 그때의 흔적이 있으리라!"

신대리의 모습은 지금으로부터 한 세대 전인 1970년대 초반에도 비슷하게 회고된다. 다음은 1970년 부임한 김운곤 당시 전도사의 기억이다. "신대리는 교회를 중심으로 70여 호 되는 집들이 옹기종기 모여 있는 작고 아담한 마을이었다. 그곳에 사는 사람들은 부지런하고 착해서 그 당시 다른 농촌보다 풍요로웠을 뿐 아니라 인심도 후했다. 그러나 그때 전기가 들어오지 않았기 때문에 집집마다 호롱불이나, 석유램프로 불을 밝혔다.

교회도 예외가 아니다. 석유램프와 알코올 램프로 교회 안을 밝혔고, 온 성도들은 기쁘게 예배를 드렸다. 동네 앞으로 냇물이 흐르고, 나무로 다리를 놓아 건너다녔지만 여름철이면 장마가 져서 어김없이 다리는 떠내려갔고 가슴까지

혜광중학교 설립후 신대리교회 교인들의 모습들

혜광중학교 전교 학생들

혜광중학교의 선생님들

혜광중학교 학생들의 조회모습(현재 종축장 위치)

신대리교회에서 설립했던 혜광학교 학생들과 천막 학교 사진.
《신대리교회 100년사》에서 스캔)

초 대 신 자

신 여 실 성도

초대권찰 : 김화삼 영수
부인 : 김주애 성도

이 경 녀 집사
김 경 숙 영수

천 성 실 집사

이 천 례 집사

박 용 희 집사

신대리교회 초대신자. 사진 맨 위 왼쪽 신여실 성도는
김영민 장로의 고조모이고, 오른쪽 김화삼 영수와 김주애 성도는 증조부도
이 사진은 1900년대 초반에 촬영한 것이라 한다. 《신대리교회 100년사》에서 스

1970년도의 야외 예배

1970년도 교우들

1971년도 야외 예배 때의 교사들

1971년도의 청년들

1970년대 신대리교회 교우들의 사진.
배경으로 보이는 예배당 모습이 현재 교육기념관 원형이다. 《신대리교회 100년사》에서 스캔)

차오르는 물속을 건너가기
도 했다.

따라서 동네 앞뜰엔 울
창한 밤나무 숲이 장관이었
고, 그로인해 신대리 마을을

밤나무골이라 부르기도 하였다. 신대리교회당은 함석으로 지붕을 이은 허술한

집이었지만 성도들은 그 교회당에 즐겁게 모였고, 기도하기를 쉬지 않았다."

오늘날 신대리의 모습은 달라졌다. 곤지암에서 신대리로 들어가는 길 곳곳에 아파트들이 우뚝하다. 울창했다던 밤나무 숲도 거의 보이지 않는다. 하지만 신대리교회는 김해 김씨가 3분의 1, 의성 김씨가 3분의 1, 타성이 3분의 1인 신대리 마을의 구심점 가운데 하나로서 100년 세월을 여전히 이어가고 있다. 물론 지원상 전도사 시절 포탄 껍데기 종탑도, 정웅섭 전도사 시절 불탄 마룻바닥도 지금은 찾아볼 수 없게 되었지만 말이다.

| 도움말 주신 분 |

김영민 신대리교회 장로

| 참고자료 |

신대리교회 역사편찬위원회, 『한민족 수난속의 우리 교회–100주년을 맞으며』, 1995.
경기도, 경기도 근대문화유산 조사 및 목록화 보고서, 2004.

01
노은 김규식 장군 집터

답사일 : 2009년 4월 21일

'호랑이 장군' 노은 김규식

독립운동의 역사를 보면 네 명의 동명이인 김규식이 등장한다. 첫째, 상해 임시 정부와 중국에서 활약했으며, 해방 뒤 정치지도자로서 남북협상에 참여했던 우사 김규식尤史 金奎植(1881~1950), 둘째, 경기도 양주(현재 구리시) 출신으로서 대한제국군 참위를 지낸 의병장이자 청산리전투에 대대장으로 참여했던 노은 김규식蘆隱 金奎植(1882~1931), 셋째, 안동 출신으로 서로군정서에서 항일투쟁을 벌였던 김규식金圭植(1880~1945), 넷째, 상해 등지에서 공산당 활동을 하였다고 전해지는 김규식金奎植.

이들 독립운동가는 이름이 같기에 후대에 적잖이 혼동되었다. 특히 노은의 경우 생몰연대와 아호, 활동 연보와 공적 내용도 자료에 따라 조금씩 차이가 난다. 국가보훈처에서 펴낸 『국가유공자공훈록』 조차 우사의 일부 행적을 노은에게 갖다 붙일 정도다. 1996년에 편찬된 『구리시지』만 해도 노은의 출생연도를 1880년도로 명기하고 있다. 이를 바로잡은 이는 역사학자 이이화다. 그는 2004년 10월 구리문화원 주최로 개최된 학술발표회 〈노은 김규식과 항일독립운동〉에서 각종 자료와 증언을 종합해 노은의 출생연도가 1882년이라는 사

구리시 인창동 사노리 안말 노은 김규식 장군 고택 자리. 6.25 전까지만 해도 기와집이 있었으나 지금은 밭으로 변했다

실을 입증했다.

이이화는 또한 기록에 따라 노은과 호은芦隱으로 표기된 김규식의 아호에 대해 노은이 맞을 것이라고 추정했다. 김규식 장군이 고향 마을에 무성한 갈대숲에 은거한다는 뜻으로 노은이라는 호를 썼을 것이고, 호芦는 노蘆자의 약자로도 쓰이므로 호은은 노은이 잘못 알려졌을 가능성이 높다는 것이다. 그는 노은의 중국 망명 시점도 종래 알려졌던 1910년 또는 1912년이 아니라 1920년 7월 15일이라고 주장했다. (하지만 같은 학술회의에서조차 다른 학자는 1912년 망명설을 견지했다. 『구리시지』에도 1910년 망명한 것으로 돼 있다.)

의병장이자, 청산리 전투 지휘관이었던 노은의 생애가 이렇듯 혼란스럽다는 사실은 단지 동명이인 독립운동가들이 여럿이었기 때문이라며 얼버무릴 일이 결코 아니다. 노은의 자녀 4남 1녀는 해방이 된 뒤에도 조국에 돌아올 수 없었다. 부친을 잃고 중국 각지에 흩어져 모진 고초를 겪으며 살길을 도모해야 했기 때문이다. 그렇다면 국가가 나서 노은의 행적을 정확히 밝혀내고 선양해야

노은 고택으로 내려가는 길

마땅하지만, 1963년 건국훈장 국민장을 추서했을 뿐 잘못된 기록을 바로잡으려는 노력을 하지는 않은 듯하다. 구리시 인창동 사노리에 분명 노은의 집터로 확인된 자리가 있지만, 안내표지판 하나 세우는 일마저 미루어지고 있다.

지금까지 알려진 노은의 생애를 정리하면 다음과 같다.

노은의 본적은 구리시 사노리 안말 281번지이다. 부친은 조선왕조의 능묘를 관리하는 벼슬아치였을 것으로 추정된다. 노은은 1902년 대한제국 무관학교에 입학하여, 1903년 육군연성학교에서 조교를 지내다가 1906년 자진 퇴관하였다. 그러나 일제가 1907년 구한국군을 해산하고 전국 각지에서 의병활동이 벌어지자, 양주에서 그 역시 의병을 일으켰다. 1908년 1월 유명한 의병대장 이인영李麟榮이 13도창의군 1만5,000명을 이끌고 동대문 밖 30리까지 진출하였을 당시 노은도 휘하 부대장으로 참여했다. 노은의 둘째 아들과 이인영의 손녀딸이 혼인을 할 정도로 두 집안은 가까웠다.

그해 8월 노은은 일본경찰에 체포되어 15년 형을 받았으나 2년 만에 석방되었다. 이후 10여 년간은 고향에서 동구릉 산림순시원, 목릉(선조의 능) 총감독관, 소작인조합 조합장 등을 지내며 조용히 은거했다. 하지만 3.1운동 관련으로 다시 기소되자 1920년 7월15일 홀연 종적을 감추었다. 노은은 이때 중국으로 망명, 북로군정서에 참여했다. 1921년 북로군정서의 제1연대 제1대대장으로 청산리전투에 참여한 노은은 이후 노령 밀산부로 이동해 이듬해 3월 대한독립군단의 총사령관으로 임명되었다.

독립군끼리 총질을 해야 했던 자유시 참변 등을 겪은 이후 1923년 5월 연길현 명월구에서 고려혁명군 총사령에 선출되었고, 1925년 이후에는 신민부에 가담하여 활동하였다. 1926년부터는 연수현에 학교를 설립하는 등 교육사업에 힘을 쏟았다. 무섭게 생기고 걸음이 빠르다는 이유로 '호장군虎將軍' 혹은 '호랑이영감'이라 불린 노은은 1931년 주하현 하동향 마의하 근처에서 처참하게 피살되었다. 누가 노은을 죽였는가 역시 아직 밝혀지지 않았다.

노은의 고택 자리

노은의 집터는 구리시 인창동 사노리 171번지에 있다. 구리 시내에서 퇴계원 방향으로 가다가 갈매동 구리시 공설묘지 쪽으로 좌회전해 조금 들어가면 배나무 과수원과 먹골배 직판장이 나온다. 이 과수원 아래 밭이 바로 노은 집터다. 약 200평 규모의 이 터는 현재 추교춘 씨 소유다. 노은 집터 아래로는 안말이라는 마을이 있다. 이곳에는 6·25 이전까지 큰 기와집이 있었다고 한다.

노은이 이 집에서 태어났는지는 확실치 않다. 노은의 부친이 서울 미동에도 집을 갖고 있었기 때문이다. 하지만 노은이 이곳에서 살았던 것은 확실하다.

노은의 처가 역시 같은 마을에 있고, 노은의 자녀들도 이곳에서 태어났기 때문이다. 노은의 장남도 이곳 안말 임 씨네와 혼인했다. 박명섭 구리문화원 향토사연구소장은 마을 어른들의 증언을 종합할 때 이곳 터가 노은의 생가가 확실하다고 믿고 있다.

박 소장은 2004년 이래 기회가 있을 때마다 이곳에 김규식 장군의 생가 터라는 안내 표지판만이라도 세우자고 구리시에 요청하고 있다. 구리시가 낳은 근현대 인물로 노은 김규식이 첫손가락에 꼽히기 때문이다.『구리시지』에도 '근대인물'편 첫머리에 김규식을 소개하고 있다. 하지만 구리시는 아직까지 결단을 내리지 못하고 있다.

좋게 보면, 노은의 행적이 제대로 밝혀지지 않았기 때문이라고 할 수 있다. 그러나 만주 활동 시기는 별문제로 하더라도 노은이 의병장으로서 이 일대 의병을 지휘했다는 사실만큼은 분명하다. 따라서 집터 입구에 이 장소가 저 호랑이장군의 집터임을 알리지 못할 이유는 없는 셈이다. 아울러 이제부터라도 본격적인 연구를 통해 사실史實을 정확히 가리고 정리해야 마땅하다. 그것이 나라를 되찾느라 집안마저 풍비박산된 애국지사들에 대한 최소한의 예의일 것이다.

| 도움말 주신 분 |
박명섭 구리문화원 향토사연구소장

| 참고자료 |
구리시, 『구리시지』, 1996
구리문화원, 『노은 김규식과 항일독립운동』, 2004년 학술발표회 자료

02
구리 교문동 망우리 근현대인물 묘역

답사일 : 2009년 4월 21일

'망우리 공동묘지'의 역사

흔히 '망우리 공동묘지'라 일컫는 지역은 서울시와 구리시의 경계가 가로지른다. 서쪽은 서울시 중랑구 망우동이고, 동쪽은 구리시 교문동이다. 행정구역은 아차산으로 통하는 망우산(해발 281.7m) 능선에서 갈린다. '교문동 망우리 묘지'라는 묘한 합성 지명은 그래서 생겨났다. 현재 망우산 임자는 서울시다. 서울시가 구리에 속하는 땅을 매입해 관리한다. 하지만 '망우리 공동묘지'의 절반은 행정구역상으로 엄연히 구리시 교문동에 속한다.

총독부가 이곳에 공동묘지를 설치한 것은 1933년 5월이다. 당시 행정구역은 양주군 구리면이었다. 구리면은 원래 1914년 행정구역 개편 시 구지면九旨面과 망우리면忘憂里面을 합하여 '구'자와 '리'자를 각각 따 붙인 명칭이다. 그러므로 구리면의 관할구역은 현 구리시는 물론이고 망우리고개 넘어 중랑천까지 이르렀다. 일제가 이곳에 공동묘지를 설치한 1차적인 이유는 경성의 묘지난을 해결하기 위해서였을 것이다. 이 일대가 당시에는 한적한 지역인데다 토질도 석비레(풍화하여 푸석푸석해진 돌)가 많아 무덤 터로 적당했다고 볼 수 있다.

그러나 인근에 조선시대 대표적 왕릉이 머지않은 곳에 있다는 점까지 염

竹山 조봉암선생

(1899~1959 정치가)

"우리가 독립운동을 할 때 돈이
준비되어서 한 것도 아니고 가능
성이 있어서 한 것도 아니다.
옳은일이기에 또 아니하고서는
안 될 일이기에 목숨을 걸고
싸웠지 아니하냐."

「어록」에서

죽산 조봉암의 연보비. 망우 묘역에 안장된 주요 인물들의 경우 사색의 길가에 이 같은 연보비와 표석이 서 있다

두에 두었을 가능성도 있다. 조선 태조의 능인 건원릉健元陵부터 24대 헌종과 효현왕후 김 씨, 계비 효정왕후 홍 씨의 능인 경릉景陵까지 9개 산릉이 자리 잡은 동구릉東九陵이 망우리고개 넘어 현재의 구리시 인창동 62번지에 있다는 사실을 일제가 놓쳤을 리 없다. 다시 말해, 일반 백성의 공동묘지를 인근에 공식적으로 설치했다는 것은 왕릉을 깎아내리려는 의도를 가졌다고도 할 수 있는 것이다. 그렇게 보면 수도의 동쪽에 왕릉을 배치하는 고구려 시대 이래 전통에 대한 모독의 의도가 없었다고 하기 어렵다.

만해 한용운의 연보비. 만해 묘소는 이 비 옆으로 난 오솔길을 따라 올라가야 있다

만해와 부인 유씨의 묘소

더욱이 공동묘지가 설치되기 전 망우리 일대에는 묘지가 없었다고 한다. 망우리忘憂里라는 지명만 해도, 동구릉 지역에 자신의 무덤 터를 잡고 기쁜 마음으로 한양으로 돌아가던 태조와 무학대사가 고갯마루에 이르러 돌아보니 과연 명당자리인지라 '이것으로 오랫동안 근심을 잊을 수 있게 되었노라'라고 했다 해서 얻은 이름이다. 중국의 사신이 동구릉을 돌아보고 '최고의 명당'이라고 감탄했다는 옛 이야기도 전해온다.

"요즘 상지관上地官들도 구리를 명당자리로 보지요. 일제가 아차산 정기를

松嵓 서병호 선생

(1885-1972 독립운동가)

내가 있기 위해서는
나라가 있어야 하고
나라가 있기 위해서는
내가 있어야 하니
나라와 나와의 관계를
절실히 깨닫는 국민이 되자.

「자우명」 중에서

2008년 11월 18일
대전 현충원 이장

송암 서병호 연보비

죽이려고 산 정상에 말뚝을 박았듯이, 망우산에 일부러 공동묘지를 만든 것이지요." 박명섭 구리문화원 향토사 연구소장은 태조대왕이 근심을 잊은 곳에 공동묘지를 설치한 것은 분명 의도적인 일이라고 여긴다. 훗날 분묘로 들어찬 망우산 정상 부근에서 고구려 시대 방어시설인 아차산 2보루와 3보루가 발견되기도 했다.

망한 왕조를 능욕하듯 들어선 망우리 공동묘지에는 1933년부터 1973년 사이에 약 2만 9,600기의 분묘가 생겨났다. 전체 면적 1.62㎢에 이르는 공동묘

당대의 천재 벽초 홍명희가 직접 쓴 호암 문일평의 비문

위창 오세창의 묘소. 누가 가져다 놓았는지 태극기가 꽂혀 있다

지의 현재 정식 명칭은 서울 시립 장묘사업소 망우 묘지다. 한때 공동묘지는 계속 팽창해 지금 구리시 체육관이 들어선 자리까지 이르렀으나, 이 일대는 구리시가 매입해 분묘를 이장했다. 망우 묘지도 만장 이후 묘지 이장이 계속 이어져 현재 1만 6,000여 기(2006년 1월 현재)가 남아 있다.

　　시인 함민복이 '모든 경계에는 꽃이 핀다'고 했지만, 구리시와 서울시의 경계 지점에는 삶과 죽음의 경계 표상처럼 봉분들이 솟아 있다. 이들 망우리 봉분들 가운데는 우리네 근현대사를 온몸으로 살아내면서 역사에 족적을 남긴 인물 20여 분의 봉분도 포함돼 있다. 아차산 2보루와 3보루를 빙 돌아가며 번을 서듯 들어선 근현대 인물의 묘역은 마치 역사의 경계에 핀 꽃처럼 보인다.

사색의 길과 동락천

망우 묘지로 들어가는 길은 서울시에서 구리시 방향으로 넘어가다가 오른쪽이다. 진입로를 따라 올라가 입구를 지나면 '사색의 길'이다. 이름부터 예사롭지 않은 '사색의 길'은 1997~98년 내부순환도로 5.2㎞를 아스콘 포장하고 자연관찰로, 종합안내판, 나무 정자, 약수터 등을 정비하고 나서 붙여졌다. 근현대 인물의 묘역은 이 사색의 길을 따라가면서 차례로 만날 수 있다.

반듯반듯 정비된 공원묘역과는 달리 망우 묘지는 봉분 만들기 좋은 땅을 골라 자연발생적으로 생긴 공동묘지다. 따라서 묘소들 역시 산책로 바로 옆에 있는 경우도 있지만 오솔길을 따라 한참 올라가야 하는 곳이 더 많다. 사색의 길을 따라 오솔길을 오르내리며 이들 묘역을 순례하는 길은 우리네 근현대사를 사색하는 길이기도 하고, 삶과 죽음의 경계를 사색하는 길이기도 하다.

예를 들면 죽산 조봉암竹山 曺奉岩(1899~1959) 묘역으로 가는 길은 현대 정치사의 비극과 평화통일을 사색하는 길이다. '묘지번호 204727'. 죽산 묘는 망우산 고개 분기점을 지나 내리막길로 접어드는 사색의 길 왼쪽에 있다. 죽산의 어록 한 구절이 담긴 연보비가 길옆에 섰다. '우리가 독립운동을 할 때 돈이 준비되어서 한 것도 아니고 가능성이 있어서 한 것도 아니다. 옳은 일이기에 또 아니하고서는 안 될 일이기에 목숨을 걸고 싸웠지 아니하냐.'

봉분 옆 비석 전면에는 한자로 '죽산조봉암선생지묘'라는 새겨져 있다. 하지만 후면에는 비문이 없다. 1959년 7월 31일 진보당 사건으로 사형당한 이 풍

운의 정객은 '아무 할 말이 없다'는 유언 아닌 유언을 남겼듯이 비문 또한 백지
다. 죽산은 젊은 시절 공산주의 활동을 했지만 해방 후 중도 통합 노선으로 돌
아섰고, 이승만 대통령 자신에 의해 초대 농림부 장관으로 발탁되기까지 했다.
하지만 1956년 제3대 대통령 후보로 나와 강력한 정치적 라이벌로 성장한 죽
산을 이승만 정권은 그냥 두지 않았다. 1958년 죽산 등 진보당 간부를 '국가보
안법' 위반 혐의로 구속하고, 진보당 등록을 취소할 때 정권이 내세운 첫 번째
취소 사유가 "유엔의 결의에 위반되는 통일 방안 지지"였다. 선각자처럼 '평화

통일'을 주창하였다 하여 사형당한 죽산은 작금의 한반도 정세에 대해 뭐라고 할까?

좀 더 가면 만해 한용운萬海 韓龍雲(1879~1944) 묘소다. 이곳에도 연보비가 길가에 있다. '한 민족이 다른 민족의 간섭을 받지 않으려는 것은 인류가 공통으로 가진 본성으로써, 이 같은 본성은 남이 꺾을 수 없는 것이며, 또한 스스로 자기 민족의 자존성을 억제하려 하여도 되지 않는 것이다. 「조선독립에 대한 감상」중에서' 묘지번호 224411인 만해 묘소는 사색의 길 위쪽으로 난 오솔길로 20m가량 올라가야 한다. 2009년 구리시 3.1절 기념행사는 이곳 만해 묘소에서

소파 방정환 연보비

소파 방정환 묘역. 봉분이 없는 대신 단순 명쾌한 묘지명이 세워져 있다

열렸다.

　망우 묘역에서 묘지번호만 가지고는 묘소를 찾기 어렵지만 죽산, 만해를 비롯한 근현대 인물의 경우 사색의 길가에 이처럼 연보비가 세워져 있어 쉽게 찾을 수 있다. 만해의 묘소로 올라가노라니 "아아, 님은 갔습니다."가 먼저 떠오르고, '조선불교유신론'이 뒤따르고, 변절한 육당의 집 앞에서 산 육당을 조문하며 통곡했다는 일화가 꼬리를 문다. 타고 남은 재가 다시 기름이 된 것일까? 역시 사색하지 않을 수 없다. 만해 묘역은 쌍분이다. 오른쪽이 아내 유 씨_{兪氏} 묘다.

지기 문명훤 연보비

독립지사 유상규 연보비

　더 가면 송암 서병호松嵒 徐丙浩(1885~1972) 묘역이다. 황해도 장연 사람인 송암은 신한청년단 당수로서 파리 만국평화회의에 한국 대표를 파견하는 일을 추진하는 등 독립운동을 한 분이다. 비문에는 '믿음의 반석 위에 굳게 선 소나무의 푸르름 마냥 나라와 겨레와 민족과 교회를 위하여 평생을 신앙의 본이 되시며 사'셨다고 돼 있다. 묘지번호는 204370.

　망우산 공원 안내도와 팔각정 정자가 있는 곳을 지나면 호암 문일평湖岩 文一平(1888~1939)과 위창 오세창葦滄 吳世昌(1864~1953) 묘역 입구가 나란히 있다. 평

망우산 동락천. 사색의 길에서 한 모금 약수를 마시며 삶과 죽음의 경계를 생각해 볼 수 있는 약수터다

생을 조선독립과 '조선심朝鮮心'을 밝히는데 바친 독립운동가이자 국학자인 호암과 당대의 서예가이자 독립운동가였던 위창은 타계한 해가 15년 가까이 차이 나지만 가까운 거리에 모셔져 있다. 역사만이 아니라 자연 예술 풍속 생업 의식주 감정 심성 등 조선심이 깃든 것이면 무엇이든 탐구하였던 호암의 연보비엔 '조선독립은 민족이 요구하는 정의 인도로서 대세 필연의 공리요 철칙이다.'라고 돼 있다.

민족문화유산에 남다른 애정과 뛰어난 식견을 가졌던 위창의 연보비엔

해관 오긍선 연보비

도산 안창호 묘소가 있던 자리. 도산 묘는 1973년 도산공원으로 이장됐다

'글과 그림이 대대로 일어나 끝내 사람에게서 없어지지 않은 것은 사람이 본디 가지고 있는 성품이 서로 비슷하고 사물의 근원이 있었던 까닭이다. 이에 솔거 이하 근래 사람에 이르기까지 서화書畵를 밝혀 놓고 높고 낮음을 품평하였다.' 는 『근역서화징槿域書畵徵』의 구절이 인용돼 있다. 호암의 묘지번호는 203742이 고, 위창의 묘지는 203733이다.

묘지번호 203703인 소파 방정환小波 方定煥(1899~1931) 묘소는 연보비와 비 문이 모두 한글로 돼 있다. 뿐만 아니라 봉분이 없다. 봉분 자리엔 선생을 기리

이 땅에 종두법을 들여온 송촌 지석영 연보비

는 글귀 '신선과 같은 동심童心如仙'이 새겨진 기념비가 자리 잡았고, 주위에 맵시 있게 돌을 둘러놓았다. 소파의 묘역에서 내려다보면 한강이 시원스레 보인다. 연보비에는 '어린이의 생활을 항상 즐겁게 해주십시오. 어린이는 항상 칭찬해 가며 기르십시오. 어린이의 몸을 자주 주의해 살펴 주십시오. 어린이에게 책을 늘 읽히십시오. 희망을 위하여 내일을 위하여 다 같이 어린이를 잘 키웁시다.'라는 선생의 '어린이날의 약속'이 새겨져 있다. 비석 옆면에는 '이 비는 1923년 3월 20일 소파선생이 만드신 최초의 본격적인 아동잡지 창간 60돌을 맞아

송촌 지석영 묘 표석

그이 공적을 기리기 위하여 어린이를 사랑하는 아동문학인, 아동도서출판인 등 뜻있는 어른들의 성금으로 세워진 것'이라 새겼다.

이밖에도 망우묘역에는 독립운동가이자 한글학자인 지기 문명훤知期 文明煊(1982~1953, 묘지번호 204082), '목마와 숙녀'의 시인 박인환朴寅煥(1926~1956, 묘지번호 102308), 독립운동가 서광조徐光朝(1897~1972), 독립운동가 춘파 서동일春波 徐東日(1893~1965, 묘지번호 107266), 교육자이자 의사인 해관 오긍선海觀 吳兢善(1878~1963, 묘지번호 203636), 독립운동가 오재영吳載泳(1897~1948, 묘지번호 103570), 독립운동가 유상규劉相奎(1897~1936, 묘지번호 203555), 화가 이인성李仁星(1912~1950, 묘지번호 203574), 화가 대향 이중섭大鄕 李仲燮(1916~1956, 묘지번호 103535), 정치가이자 언론인 설산 장덕수雪山 張德秀(1895~1947, 묘지번호 109257), 국어학자이자 의학자인 송촌 지석영松村 池錫永(1855~1935, 묘지번호 202541), 작가 서해 최학송曙海 崔鶴松(1901~1932, 묘지번호 205288) 등의 묘소가 있다. 도산 안창호島山 安昌浩(1878~1938) 선생의 묘소는 1973년 11월 서울 도산공원으로 이장하였고, 원래 묘소 자리엔 비석만 남아 있다.

사색의 길을 따라 도는 인물 묘역 중간쯤 약수터가 하나 있다. 해관 오긍선 선생 묘를 알리는 표석 옆이다. 졸졸 흘러내려, 5.2km나 되는 산책길에서 목이 마른 이들에게 청량한 물 한 모금을 선사하는 이 약수터의 이름은 동락천同樂泉이다. 남녀노소가 함께 즐거움을 나눈다는 뜻도 되고, 산 자와 죽은 자가 동락한다는 의미로도 새겨질 수 있다. 동락천의 가는 물줄기는 어쩌면 생의 저쪽에 있는 분들이 이쪽 산 후손들을 위해 흘려주는 눈물인지도 모른다. 가신 이들을 위해 흘리는 눈물은 소금기가 배어 있지만, 동락천 물은 그마저 걸러내 맑고 달다. 망우 묘역은 약수마저도 사색에 잠기게 한다.

망우忘憂? 망우忘優?

사연 없는 봉분은 없다. 사색의 길 아래위턱에 자리 잡은 근현대 인물들의 묘소뿐만 아니라 손질한지 오래인 무연고 묘마저도 구절양장 삶의 이야기들을 간직하고 있을 터이다. 망우 묘역은 1933~1973년까지 살았던 이들의 영면처이기에 그들의 삶은 그대로 한국의 근현대사에 다름 아니다. 이 가운데는 살아생전 세상에 이름이 널리 알려졌기에 보란 듯이 연보비를 갖춘 봉분 못지않게 치열한 삶을 살다간 이들도 있을 것이다. 다만 사연을 알아줄 후손이 없기에 그들은 그냥 말없이 누워 있는지도 모른다.

박명섭 구리시 향토사 연구소 소장은 가끔 답사팀을 이끌고 이 묘역을 찾는다. 지난 2006년에는 6차에 걸쳐 망우리를 비롯해 아차산 일대를 샅샅이 뒤지기도 했다. 구리문화원에서 펴낸 『우리고장 역사탐방』은 그 결과물이다. 사색의 길을 한 바퀴 돌며 근현대 인물들의 사연을 짚어보는 데만 한나절은 족히 걸리는 답사 길이지만 참가자들이 무척 좋아한다고 한다. 잘 모르던 근현대사의 이야기들을 새삼 되새길 수 있기 때문이라고 했다. "이분들의 발자취가 갈수록 희미해지는 게 안타깝지요." 박 소장은 망우리忘憂里가 망우리忘優里로 되지 않기를 바란다.

현재 서울시는 이곳 망우산 묘소들이 모두 이장하기를 기다리고 있다. 세월이 흐름에 따라 후손들이 천장을 하거나 납골을 하는 경우가 갈수록 증가하기 때문이다. 봉분들이 모두 사라지면 공원을 꾸밀 계획이다. 한강이 내려다 보이고 서울 동쪽 시가지와 구리 시내를 한눈에 굽어보기에 이보다 더 좋은 경관을 찾기도 힘들다. 물론 40년에 걸쳐 조성된 공동묘지가 사라지려면 그보다 갑절 이상 많은 시간이 필요할 터이다.

하지만 그전에 이곳에 묻힌 인물들의 사연을 더 많이 찾아내는 일이 시급하다. 자신들이 남긴 삶의 부피보다 매우 납작한 봉분 밑에 겸손하게 잠든 이들의 역사를 되짚어내는 일은 후손들 몫이다. 그것은 곧 한국의 근현대사, 나아가 한국의 근대성을 재발굴하는 작업으로 통하는 소중한 작업이다.

| 도움말 주신 분 |

박명섭 구리시 향토사연구소 소장

| 참고자료 |

구리시, 『구리시지』, 1996
구리문화원, 『우리고장 역사탐방』, 2006
『경기도 근대문화유산 조사 및 목록화 보고서』, 2004

7부

군포

01
군포 둔대교회

답사일 : 2010년 3월 16일

"100년 교회" 둔대교회

둔대교회는 찾기 쉽지 않다. 군포시 둔대동 434번지라는 주소만 가지고는 위치를 짐작하기 어렵다. 반월저수지를 끼고 서쪽으로 돌아가면 나오는 작은 마을

둔대교회 원 예배당과 현재 예배장소인 가건물

둔대교회 내부

둔대교회 측면

에 도착해서도 잠시 두리번거려야 교회 방향을 가리키는 작은 팻말을 찾을 수 있다. 거기서도 100m쯤 올라가야 둔대교회(현 교회명은 둔대케네시스교회)가 나온다. 이 일대에서 유서 깊은 박 씨네 고택 바로 위에 자리

둔대교회 외벽   둔대교회 종탑

잡은 작은 예배당이 군포 사람들이 "100년 교회"라고 부르는 둔대교회다.

기독교 대한 감리회 소속인 둔대케네시스교회 주보에는 교회 창립일이 1903년 3월 1일로 돼 있다. 교회 설립 107주년을 넘긴 셈이다. "여기서 예배를 드린 걸로 따지면 그보다도 몇 년 거슬러 올라가야 할 겁니다. 하지만 흙담집 예배당이 세워진 건 그 무렵이지요. 현재 남아 있는 예배당은 85~6년 전에 증개축한 것으로 추정합니다." 둔대케네시스교회 '길동무' 강인태 목사의 말이다. 이 교회에서는 담임목사라 하지 않고 '길동무'라고 한다.

강 목사의 말을 입증해 줄 문건이 남아 있다. 이 교회 1975년 당회록이다.

'교회 역사는 당회원들이 모두 있는 곳에서 김금준 명예 집사님이 이야기함으로 73년 된 것이 확인됨.' 당시 당회장 김광원 전도사의 도장까지 찍힌 회의록이다. 1975년으로부터 73년 전이면 1903년경이다. 따라서 이때부터 교회 창립일을 1903년 3월 1일로 정하여 기념하고 있다고 한다. 근대문화유산이 거의 남아있지 않은 군포시로서는 소중한 예배당이 아닐 수 없다.

현재 군포케네시스교회 부지는 꽤 넓다. 1,370㎡가량 된다. 이 부지 안에 교육관 겸용인 교회 사택, 임시 건물로 지어진 예배당, 그리고 강 목사가 "90년

둔대교회 앞마당의 60년 된 은행나무

둔대교회에 전해 내려오는 작은 종

둔대교회에서 내려다 본 마을과 반월저수지

전에 지어졌다"고 한 작은 예배당과 수십 년은 족히 되었을 종탑과 나무 몇 그루가 서 있다. "지금은 돌아가셨지만 김금준 집사님의 증언도 그렇고, 김 집사님 따님이나 이 마을에 사시는 90대 노인분의 증언도 일치합니다." 강 목사는 살아계신 분들의 증언을 녹취해 놓았다고 밝혔다.

90년 된 옛 예배당은 $40m^2$ 규모의 한옥이다. "창문과 내부는 7~8년 전에 고쳤다고 해요. 하지만 골조는 예전 그대로입니다. 내부도 손을 대지 않았더라면 역사를 보존할 수 있었을 텐데 아쉽습니다." 3년 전 의왕시에 있던 케노시스교회와 이곳 둔대교회를 통합하면서 '길동무'를 맡은 강 목사는 유서 깊은 둔대교회 예배당이 옛 모습을 잃은 점을 안타까워했다. 강 목사의 말대로 예배당 내부는 천장에 반자를 쳐서 예전 서까래나 상량 기록 등을 확인할 수 없다. 하지만 처마나 벽을 살펴보면 이 예배당이 상당한 역사를 가지고 있음을 짐작할 수 있다. 골조의 보전상태도 양호한 편이다. 현재도 이 예배당은 수요예배나 새벽기도 때 사용한다.

교회 종탑은 세워진 연대를 정확히 알 자료가 없다. 종탑 안의 종은 없어졌다. 교회 앞마당 은행나무는 수령이 60년 되었다고 한다. 둔대교회에는 일제시대 때부터 썼다고 알려진 손종(hand bell)이 유일한 유물로 남아 있다. 예배 시간이나 공부시간을 알리기 위해 들고 다니며 울리던 종이다. 종소리는 여전히 청아하다. 강 목사는 이 종이 "우리 교회 보물 1호"라고 했다.

선교사가 짓지 않은 한옥 교회

"군포, 안산 일대에서 우리 교회보다 오래된 교회는 소래 무지내교회 등 1~2곳에 불과합니다. 더구나 우리나라에서 100년 이상 된 교회는 거의가 선교사들이 와서 지은 것들인데, 우리 교회는 자생적으로 지어진 한옥 교회입니다." 강인태 목사가 관계자 증언 등을 종합한 바에 따르면 둔대교회가 세워진 역사는 다음과 같다.

20세기가 시작될 무렵 이 일대에서 가장 부자는 교회 아래 아직도 남아 있는 고택의 주인 박경춘 씨였다. 박 씨는 "2천석꾼"으로서 근동에 많은 농토를 가지고 있었다. 박 씨는 아들 용덕 씨에게 신교육을 시키기로 하고 '배제학당' 출신 황 선생을 서울에서 초빙해왔다. 황 선생은 당시에 이미 감리교인이었던 듯하다. 그 영향으로 용덕 씨는 황 선생과 현재 고택의 자기 방에서 예배를 드

둔대교회 설립자의 고택

리기 시작했다. 이를 알게 된 박경춘 씨가 집 뒤 산기슭에 작은 토담을 지어주고 아예 거기서 예배를 올리라고 했다. 그 토담 예배당 자리가 현재 남아 있는 그 예배당 자리다.

앞서 교회 설립일을 증언했다고 언급한 김금준 씨는 박경춘 씨의 손자며느리다. 김 씨가 당시 증언한 바에 따르면 1903년 본 산에서 나무를 베어다 예배당을 지었다고 한다. 또 김 씨의 딸인 박상애 씨도 어머니께 "집과 교회가 구분이 안 될 정도였다"는 말을 늘상 듣고 자랐다는 것이다. 박상애 씨는 현재 고택의 주인인 박상호 씨의 손위 누이다.

경술국치 이후 둔대교회는 몇 차례 곤욕을 치렀다. 우선 3.1운동 당시 일본 순사들이 교회 문에 못질을 했다고 한다. 순사들이 교회에 불을 질렀으나 그을 리기만 하고 불이 꺼졌다는 증언도 있다. 하지만 두 증언 모두 뒷받침할 증거는 없다. 현 교회가 85~6년 전에 증개축되었다면 3.1운동 이후이기 때문이다. 그러나 둔대교회가 일제로부터 주목을 받고 박해를 받았을 가능성은 높다. 둔대 교회는 최용신이 활동했던 안산 샘골교회와 인연이 깊기 때문이다.

"둔대교회는 샘골교회의 언니 교회 격"이다. 둔대교회가 샘골교회를 설립 한 것은 아니지만, 둔대교회를 세운 주인공에 해당하는 박용덕 씨가 샘골교회를 지을 당시 샘골교회 부지 1,050평을 기증했다고 한다. 이는 샘골교회와 인연이 깊은 독립운동가 염석주의 권유에 따른 것이다. 최용신 역시 둔대교회를 여러 번 다녀갔다. 오늘날에는 안산과 군포로 나뉘어 있지만, 당시엔 걸어서 다니는 거리였다. 두 교회는 연합예배를 드리기도 하고, 연합집회를 가지기도 했다. "따라서 둔대교회도 일제시대 계몽운동의 산실 가운데 하나"라는 주장은 꽤 설득력이 있다. 교회 앞마당 은행나무도 샘골교회 김우경 장로가 60년 전에 심은 것이다. 김 장로는 두 그루를 구해 한 그루는 이곳에, 한 그루는 샘골교회 마당에 심었다. 교회 설립일이 명확지 않지만, 3월 1일로 정한 이유도 3.1운동의 정신을 이어받은 교회라는 것을 의식했기 때문이다.

1970년대 둔대교회 사택

1970년대 둔대교회 세례식 장면

시급한 교회사 정리

둔대교회는 그렇게 100년 넘는 세월 동안 한 자리를 지켜왔다. 6.25 때 반월국민학교가 소실되자 교회 예배당이 임시 교사校舍 구실을 하기도 했고, 6.25 직후 반월저수지가 조성될 때는 마을이 수몰되는 것도 지켜보았다. 교회가 자리잡은 둔터마을은 반월저수지가 생기기 전까지는 제법 큰 마을이었으나, 주민이 흩어졌다. 그러나 둔대교회는 언제나 작은 교회로서 이곳 신자들의 정신적 안식처 역할을 해왔다. 신도가 가장 많았을 때인 1960~70년에도 둔대교회 신자는 40~50명 정도였다. 그러나 젊은이들이 빠져나가면서 연세 많은 신도 7~8명

1970년대 둔대교회 성탄예배

만 남기도 했다.

　"둔대교회가 주목을 받기 시작한 것은 감리교 군포 지방회에서 100년도 넘은 교회를 돌봐야 한다는 의논이 일었기 때문입니다. 제가 의왕 케노시스 교회와 둔대교회를 통합한 것도 그런 맥락에서였지요." 사실 둔대교회가 "100년 교회"라는 별칭을 얻은 것은 통합 이후 강 목사의 노력이 컸다. 강 목사는 부임 이후 자료를 수집하고 노인들 증언을 녹음하는 작업을 틈틈이 했다고 한다. 100년사를 만들기 위해서다. 현재 둔대케노시스교회는 재적교인 150명에 출

석교인이 100명 가까이 된다. 강 목사는 옛 교회 복원계획도 세우고 있다고 밝혔다. 하지만 작은 교회 입장에서 100년사 발간이나 복원 사업 자체가 힘에 겨운 듯하다.

둔대교회 100년사와 옛 예배당의 보존 복원은 교회 자체의 일만은 아니다. 무엇보다도 한 세기 이상 지속된 교회사는 그 자체로 중요한 향토사이다. 자생적인 한옥 예배당도 이제는 더 이상 찾아보기 어려운 초기 한국교회의 건축 양식이므로 소중히 보존하고 연구해 보아야 한다. 게다가 둔대교회가 식민지 시기에 겪은 고난은 기독교 독립운동의 일부로서 재조명될 가치가 있다. 특히 샘골교회와 둔대교회 간의 인연은 더 소상히 밝혀져야 한다.

이를 위해서는 우선 예배당의 설립 연대를 전문적으로 고증하는 작업이 시급하다. 이와 함께 강 목사가 수집한 자료와 녹취 내용을 체계적으로 정리하고, 교회와 관련된 인물과 지역주민의 증언을 더 폭넓게 채록하여야 할 것이다. 고령자가 많으므로 이 작업은 하루라도 빨리 이루어질수록 좋다.

둔대교회 기둥

| 도움말 주신 분 |

강인태 둔대교회 목사
윤완수 둔대교회 관리부장
문희경 군포문화원 사무국장

| 참고자료 |

둔대교회 1975년 당회록

8부

김포

01
군하 경찰관 주재소 자리^(통진 이청)

답사일 : 2009년 6월 8일

퇴락한 기와집의 내력

김포시 월곶면 군하리 월곶초등학교 담 옆에는 고풍스러운 한옥이 한 채 보인

통진의 이청이자 군하리 주재소였던 건물

월곶초등학교에서 본 주재소

다. 한눈에 봐도 꽤 유서 깊은 집이다. 하지만 답사 차 찾아간 날은 마침 월곶초
교 담장 공사를 하는 중이었다. 파헤친 흙더미가 이 집 안마당을 차지한 바람에
예사롭지 않은 한옥은 마치 폐가 같았다. 더욱이 이 집은 현재 비어 있다. 김포
시가 문화유적으로 지정하려고 매입했으나 절차가 늦어지면서 집은 계속 퇴락
하고 있다.

　　이 한옥은 일제시대에는 '군하 경찰관 주재소'였다. 더 거슬러 올라가면 조
선시대 이청吏廳자리다. 이청은 지방 향리들이 근무하던 청사다. 김진수 김포문

건물의 서까래와 들보

처마 세부

화원 부원장에 따르면 이 청이 온전히 남은 곳은 전국에서 여기뿐이다. 언제부터 언제까지 이청으로 쓰였는지는 확실치 않다. 하지만 통진현의 이청이 일제강점기로 넘어가면서 주재소로 바뀌었고, 해방 후에도 꽤 오랫동안 경찰지서로 쓰였다는 사실은 이 집의 예사롭지 않은 운명을 말해 주는 듯하다.

집은 팔작지붕에 일자형이다. 기왓골이 뒤틀리고 벽체가 일부 손상되었지만 아직도 옛 자취를 간직하고 있다. 내부는 6.25 후에 일반인에게 불하되어 살림집으로 개조되었지만, 서까래와 용마루엔 이청 시절의 흔적이 남아 있다. 마

당에서 봉당으로 올라가는 화강암 섬돌에서도 옛 자취가 느껴진다.

주재소는 일제 무단통치를 상징하는 기관이다. 경찰서가 없는 면 단위에서 주재소 순사는 최고 권력자처럼 군림했다. 긴 칼을 찬 순사는 단순한 경찰이 아니었다. 순사는 식민체제에 조금이라도 반항적인 기미를 보이는 백성을 가차 없이 다룰 수 있는 권한을 가졌다. 체제 안정의 첨병이었던 셈이다. '군하 경찰관 주재소'에는 일본인 순사 1명과 조선인 순사보 1명이 배치되어 있었다.

통진 지역은 왕조시대에나 식민지 시대에나 중요한 지역이었다. 김포평야를 낀 곡창이었을 뿐만 아니라 서해와 강화도로 나가는 길목이었기 때문이다. 통진 사람들을 봉건적으로 통치하기 위한 관청이 이청이었다면, 군하 경찰관 주재소는 식민지의 억압과 수탈을 목적으로 했다. 특히 군하 경찰관 주재소는 3.1운동 당시 월곶 만세운동을 폭력적으로 진압한 곳으로 유명하다.

이청吏廳에서 주재소로

"70년대까지만 해도 옛 통진현청 건물이 남아 있었습니다. 지금 월곶면 사무소 자리지요." 고옥이 주재소 이전에 이청이었다는 사실을 처음으로 밝혀낸 유지만 월곶 3.1운동 기념사업회장(전 김포문화원장)은 이곳에서 멀지 않은 통진향교(문화재자료 제30호)와 현청 사이인 현 월곶 초등학교 자리에는 객사客舍도 있었다고 했다. 월곶 면사무소와 월곶 초등학교는 진입로가 같고, 통진향교 역시 약

실내로 들어가는 출입문　　　　　　　실내의 방문

100m 가량 떨어져 있는 점으로 미루어, 통진현 시절 이 일대는, 요즘 표현으로 우람한 '행정타운'이었다고 할 수 있을 듯하다.

　　통진현감이 집무했던 아헌衙軒 자리도, 객사도 이제는 자취가 사라졌지만, 이청만은 남았다. 사라진 객사는 강화도로 몽진하던 인조가 묵어간 곳이라는 기록이 남아 있다고 한다. 이청은 이 · 호 · 예 · 방 · 형 · 공 6조를 본뜬 지방 이속吏屬과 아전衙前들이 집무를 보던 곳이다.

내실 안쪽의 천장. 곧 쓰러질 듯 위태롭다

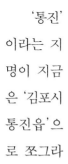

'통진'
이라는 지
명이 지금
은 '김포시
통진읍'으
로 쪼그라

주재소 시절 물을 길어 올렸던 우물 자리

퇴락하고 있는 벽체

들었지만, 원래 통진은 중요한 독립 행정단위였다. 통진의 중심지는 이곳 월곶면 군하리였다. 고려 시대부터 통진현이었던 월곶은 조선시대 들어 하성, 양촌, 대곶 지역을 합해 통진현으로 불리다가 조선 숙종 때 통진부로 승격했으나, 고종 시절에는 통진군이 되었다. 통진이 김포에 통합된 것은 일제 때인 1914년이다.

일제 식민당국은 옛 통진의 중심지였던 월곶 군하리의 이청을 접수해 경찰관을 주재시켰다. "주재소에는 일본인 순사가 상주했습니다. 아예 거기서 기거하면서 일을 보았지요. 그 밑에는 조선인 보조원이 있었습니다."(유지만 회장) '군하 경찰관 주재소' 설치 과정은 자세히 알 길이 없지만, 3.1운동 당시엔 분명

건물 출입문

그러했다.

월곶 3.1운동

월곶 3.1운동은 1919년 3월 22일 오후 2시에 시작되었다. 월곶면 고양리의 박용희, 성태용과 군하리의 백일환, 이화학당 신학생인 이살눔(본명 이경덕) 등이 주모자다. 성태영은 군하리 장날 군중에게 "조선 독립을 원하는 자는 공자묘(향교)로 모이라"고 외쳤고, 백일환과 이살눔 등은 향교, 면사무소, 주재소 등으로 돌아 다니면서 수백 명의 군중들과 함께 독립만세를 외쳤다.

놀라서 달려 나온 군하 주재소 경찰관 야마다山田重洋가 이를 제지하자 백일환이 야마다의 빰을 때렸고, 수십 명이 달려들어 야마다를 난타하였다. 이들은 다시 주재소 처마 밑에 있던 조선인 순사보 이성창을 향하여 "당신은 조선인이니 독립만세를 외치라"고 윽박지르고, 이성창을 주재소 처마에 달아매는가 하면 대문 밖으로 데리고 나가 심하게 때렸다.(김진수, 『김포항일독립운동사』에 수록된 월곶면 만세운동 판결문.)

"약 400명이 만세 행진을 했습니다. 순사가 소요죄로 이들 가운데 몇 명을 체포했지만, 주민들이 주재소를 습격해 순사를 무장해제 시켰지요. 순사는 주

통진 관아가 있었던 현 월곶 면사무소

재소 마루 밑에 숨었다고 해요. 며칠 후 용산의 일본인 헌병대가 들이닥쳐 이 주재소 건물에서 관련자들을 지독하게 고문했지요."(유지만 회장)

　『김포항일독립운동사』에는 월곶면 만세시위가 두 번 더 있었다고 기록되어 있다. 3월 29일 오전 11시 군하리 장터에서 정인교, 윤종근, 민창식 등이 주동이 되어 만세를 불렀다. 같은 날 12시에는 조강리와 갈산리 주민 수백 명이 갈산리에 모여 최복석, 윤영규, 임명규 등의 주도로 만세를 부르며 군하리 장터로 행진해 갔다.

　김포지역 3.1운동은 각 면에서 다 벌어졌다. 그 가운데는 양촌면 오라리 장터 만세시위가 가장 규모가 컸기 때문에 널리 알려져 있다. 오라리 장터에서는

객사가 있었다는 자리. 현재는 **월곶초등학교**

햇불시위까지 벌어졌다. 하지만 안타깝게도 오라리 장터 시위의 주동자를 수감했던 양촌면 양곡리 주재소 자리는 현재 사라졌다. 반면, 월곶면 군하리 주재소는 버젓이 남아 있다.

"보훈처에다가 이곳 주재소 건물이 중요한 3.1운동 유적이라고 몇 번이나 건의했지만, 예산이 없다는 이유로 아무런 진척이 없었어요." 유 회장 등은 끈질기게 조사 작업을 벌인 끝에 주재소 건물이 이청으로도 쓰였음을 알아냈다. 두 겹으로 중요한 건물이었기에 이들은 경기도에 증빙자료를 갖추어 문화유산 지정을 신청했다고 한다.

통진향교

통진 향교의 풍화루

집은 무너져 내리는데…

"왜 저렇게 놔두는지 모르겠어요." 옆집에 사는 김정임 할머니는 김포시가 이 집을 사들여서 복원한 향교처럼 고친다는 소식은 들었는데, 이후 진척이 없어 아쉽다고 했다. 김 할머니에 따르면 지난해까지 이 집에 사는 사람이 있었다고 했다. 마당 한 귀퉁이에는 김 할머니가 빈집 터를 활용하느라 심은 채소들이 자라고 있다.

    이 마을로 시집온 지 50년 되었다는 김 할머니는 예전 주재소 시절 이야기를 들어 알고 있다고 했다. "해방되고 나서는 경찰서로 쓰였다고 해요. 그러다가 6.25 나고 나서 개인에게 팔았다나 봐요. 7~8년 전만 해도 이 집을 3,700만

통진향교 앞마당의 보호수. 수령이 300년을 넘었다고 한다

원에 판다는 소문이 있었는데, 그때 사둘 걸 그랬나 봐요."

작년에 살던 사람은 세를 사는 사람이었다고 했다. 헌데, 이 집은 드나드는 길이 시원찮다. 김 할머니네 집 마당으로 돌아 들어가야 한다. 상수도가 없어 물을 길어다 먹어야 하는 불편도 컸다. "이왕 문화유산으로 지정하려면 빨리 되었으면 좋겠어요. 그런데, 문화재가 되면 우리도 피해를 입는 건 아닌가?" 그렇지 않다고 말을 해 주었지만, 쓸쓸했다.

건물을 오래 비워두면 퇴락 속도가 빨라진다. 이 건물의 현재 상태를 몇 년 전 사진과 비교해 보면 그 사이에도 지붕의 형태며 벽체가 많이 손상되었음을 알 수 있다. 더 늦기 전에 보존 작업을 서둘러야 한다. 전국에 남은 이청이 이곳 하나뿐이고, 주재소의 자취도 거의 사라지고 있는 실정임을 감안하면 더욱 마음이 급해진다.

| 도움말 주신 분 |

김진수 김포문화원 부원장
유지만 월곶3.1운동기념사업회장
김정임 김포시 월곶면 군하리 주민

| 참고자료 |

金浦郡誌編纂委員會, 『金浦郡誌』, 1993
金浦郡, 『地名由來集』, 1995
김진수, 『김포항일독립운동사』, 김포문화원, 2005

02
김포 관개수로 (김포간선)

답사일 : 2009년 6월 8일

김포간선의 어제와 오늘

김포는 반도半島다. 3면이 물로 둘러싸여 있다. 북쪽으로는 한강이 흐르고, 서쪽
으로는 한강과 임진강이 만나는 조강祖江이며, 강화도로 넘어가는 방향으로는

신곡 양 · 배수처리장

염하鹽河다. 엄밀히 말하면 염하는 강이 아니라 바다인데, 섬과 육지 사이를 흘러가는 강처럼 보인다 하여 강 이름이 붙었다. 세 강 가운데 민물은 한강뿐이다. 드넓은 김포평야를 적시는 물도 한강물이다.

김포평야는 원래 김포의 평야뿐 아니라 굴포천 유역인 부천과 부평지역 평야, 한강 건너 일산 · 송포 지역 평야까지를 통칭하는 명칭이다. 한강 범람원에 형성된 충적평야인 김포평야는 그러나 지금은 상당 부분이 사라졌다. 예전 김포읍과 한강 사이에 시원스레 펼쳐졌던 홍두평 논들이 대부분 아파트 숲으로 변해버린 것처럼 수도권 개발압력을 못 이기고 아파트 숲에게 기름진 농토

한강물이 흘러드는 흡입조

를 내주었다.

농사가 대를 잇는 업이었던 시절 김포평야의 치수와 관개는 사활이 걸린 문제였다. 물길을 만들어 관리하는 일은 곡창지대를 안정시키는 관건이었다. 일제 강점기에도 쌀을 수탈하기 위한 방편이긴 했지만 근대화된 관개시설을 건설하고 정비·확충하는 작업이 꾸준히 이어졌다.

그 결과 김포 간선이라 불리는 관개수로가 완성되었다. 수십 년 동안 김포의 논밭을 적시던 김포 간선은 이제 본디 역할을 절반 이상 빼앗겼으나 오늘도 말없이 흐른다. 김포 간선은 한국 근대농업의 역사와 현주소를 상징하는 물길이다.

한강물을 끌어들이는 토출조

한강물을 퍼 올리는 양수기

    김포 간선은 한강물을 끌어들이는 고촌면 신곡 양배수장에서 양촌면 오니산 양수장까지 약 10㎞를 지칭한다. 오니산양수장에서는 수로 물을 2단으로 양수해서 양곡, 통진, 하성, 월곶 쪽으로 보내므로, 결국 김포 간선의 물은 김포반도 전체에 물을 대는 기능을 하는 셈이다. 김포 간선의 정식명칭은 김포용배수간선이다. "김포 토박이들은 대보천이라고도 부르지요. 그런데, 지금은 대보천이라는 이름을 아는 사람도 드뭅니다."(한국농어촌공사 김포지사 최대식 과장)

    김포의 수로가 근대적으로 정비되기 시작한 해는 1924년이다. 이때 신곡양수장 축조와 간·지선용수로 설치, 굴포천 개수공사가 착공되어 이듬해인 1925년 신곡양수장이 완공되었다. 이후 대략 3차례에 걸쳐 확장·정비작업이

김포간선으로 갈라지기 전 농수로

이루어졌다. 1943~1952년에 진행된 정비 사업을 통해 당시 김포면, 고촌면, 검단면, 대곶면, 양촌면, 하성면의 농수로가 신설되거나 개보수됐다.

1952년에는 김포면 사우리, 걸포리, 북변리 등의 농장(일본인 기업체 소유에서 김포농민에게 귀속된 농지)에 물을 대는 시설을 정비했다. 1971~1973년에는 월곶면 성동지구 저수지의 관개시설을 손보았다. 이와 아울러 신곡리 양수장 확장공사도 진행되었다. 신곡리 양수장 확장공사는 총공사비 9억 8,000만원을 들여 이루어진 동양 최대 양수장 공사로 기록되어 있다. 《김포군지》

이 같은 수리시설 정비에 힘입어 김포지역 농지의 수리안전답 비율은 92%까지 높아져 전국 최고 수준이 되었다. 또한 갈대밭이었던 지역에 농용수로가 건설됨으로써 논으로 개간된 곳도 많다. 하지만 오늘날에는 농수로로서의 역할은 크게 줄었다. "김포 간선이 물을 대는 김포지역 농지는 현재 약 5,000ha 정도 됩니다." 최대식 과장의 말을 《김포군지》에 기록된 1989년 몽리면적 9,879ha와 비교하면 거의 절반 수준이 되었음을 알 수 있다.

김포군이 시로 승격하고 도시 건설이 가속화되면서 김포 간선의 도심구간

약 3㎞는 복개되었다. 또한 일부 구간은 친환경 수변공간으로 꾸며지기도 했다. 농수로 기능을 상실한 김포 간선의 도심구간을 두고 두 가지 상반된 견해가 맞서고 있는 듯하다. "복개구간을 청계천처럼 다시 복원하자는 주장이 일부에서 제기된다."(김진수 김포문화원 부원장)고 하는가 하면 "오히려 시민들이 복개를 요구하는 구간도 있다."(최대식 과장)는 것이다.

신곡양배수처리장

신곡양배수처리장은 고촌면 신곡 7리 영사정永思亭 마을 한강변에 있다. 바로 앞에 한강 수중보가 보인다. 이곳에서는 한강 수중보의 물을 5대의 취수펌프로 끌어들여 김포 간선 등으로 보낸다. 총 취수 능력은 초당 38t이다. "농업용수 사정에 따라 가동되는 취수펌프 대수는 달라집니다. 위에서 보내달라고 하면 보내는 방식이지요. 그러나 1~2대는 거의 풀가동합니다." 신곡 양수장을 관리하는 임한철씨는 "그때 그때 사정이 다르기 때문에 평균 취수량을 측정하기 어렵다"고 했다.

일제시대에 설치되었던 취수펌프는 지금 남아 있지 않다. 현재 가동 중인 펌프는 70년

신곡양배수처리장 옆 배수문

신곡양수장에서 흘러나가는 농수로

신곡양수장 수문 관리 시설

대 확장공사를 하면서 새롭게 설치된 것이다. 한강물을 유입하는 수조는 두 가지 방식이다. 하나는 수중보 위쪽에서 물을 유입해 아래로부터 위로 퍼올리는 토출조이고, 하나는 자연스럽게 흘러들도록 하는 흡입조다. 수량 조절은 양수장 2층에서 자동제어한다.

신곡양수장에서 취수된 물은 크게 서부간선과 동부간선으로 갈라진다. 서부간선은 계양천 방향이고, 동부 간선은 부천 방향이다. 서부간선은 대장방수문에서 다시 갈라져 나가는데, 이 분기되는 물길이 김포 간선이다. 김포 간선은 김간 1호 방수문, 김간 2호 방수문, 김간 3호 방수문 등 중간중간 설치된 방수문을 거쳐 오니산리양수장에 이른다.

신곡양수장에서 이어지는 수로는 토사 제방으로 되어 있다. 폭이 대략 10m 안팎이고, 수심은 3m가량 된다. 간선으로 흐르던 물은 논밭이 있는 곳에서는 지선으로 가고, 지선의 물은 다시 지거로 흘러든다. 간선의 폭은 지형에 따라 다른데, 2~3m에 불과한 곳도 있고 20m가 넘는 곳도 있다. 양수장 앞 농수로는 원래 낚시 금지 구역이지만 낚시꾼들이 즐겨 찾는 곳이기도 하다.

양수장의 현 건물은 73년 지어졌으며, 2008년 보수와 함께 외장을 바꾸었다. 일제시대 옛 건물은 이미 철거되었다. 임한철 씨는 고촌면이 고향이며 74년부터 신곡양

오니산양수장으로 흘러드는 김포간선

수장에서 운전보조원으로 일을 시작했다고 한다. 당시에는 신곡양수장이 국가 중요시설물에 속했고, 23명가량의 직원이 24시간 맞교대로 근무했다. 하지만 지금은 임씨 외에 2명이 교대로 근무한다.

오니산양수장

오니산양수장은 양촌면 양곡리 도로변에 있다. 이곳에서는 900마력짜리 양수기 3대와 600마력짜리 양수기 1대 등 모두 4대의 양수기로 김포간선의 물을 퍼올려 방향을 바꿔준다. 왜냐하면 이 양수장 부근에서 표고차가 나기 때문에 김

오니산양수장

오니산양수장 양수펌프

포 간선 물이 자연적으로 흘러가지 않기 때문이다. 퍼 올린 물은 두 갈래로 보낸다. 한쪽은 하성 방향이고, 한쪽은 대곶 방향이다. 김포 간선은 여기서 끝나지만 물은 자신을 필요로 하는 곳으로 다시 더 나아가 벼와 농작물을 길러 낸다.

"오니산양수장은 55~56년경에 양수를 하기 시작했다고 들었습니다." 양수장 근무자 김후갑씨는 지난해부터 이곳에서 일한다고 했다. 근무자는 김 씨와 동료 한 사람이 24시간 맞교대한다. 김포 간선이 끝나는 지점, 즉 오니산양수장으로 들어서는 수로에는 부유물이 많이 쌓여 있다. "농수로에 쓰레기를 버리지 말아야 하는데 온갖 것을 다 버립니다. 그 쓰레기들이 여기까지 그대로 흘러옵니다. 저것들을 일일이 건져내야 하는데 큰 일입니다." 김 씨는 고개를 절레절레 흔들었다.

한국농어촌공사 김포지사

김포 간선을 책임지는 기관은 한국농어촌공사 김포지사다. 이곳에서는 김포 간선 뿐만 아니라 서부간선과 동부 간선도 관리한다. 그런데, 한국농어촌공사는 몇 차례나 명칭과 기능을 바꾸었다. 뿌리는 일제시대부터 존재했던 수리조합이다. 수리조합은 농지개량조합을 거쳐 농업기반공사로 흡수되었다가 한국농촌공사를 거쳐 지금의 한국농어촌공사가 되었다. 이 같은 농수로 관리기관의 변천은 한국농업의 쇠락 과정과 궤를 같이한다.

김포시 사우동 288번지에 있는 김포지사 건물은 1974년 지어졌다. 원래 김포 간선 주무 기관이었던 수리조합 터는 서울 영등포에 있다. 농지개량조합 시절부터 이 건물을 사용했다. 김포지사는 대지 2,800평에 지하 1층 지상 3층 규모인데, 지금은 여러 기관이 함께 쓴다. 건물은 70년대 관청의 형태를 띠고 있다. 지어질 무렵에는 2층이었는데, 1997년에 3층을 증축했고, 2006년에는 창호를 바꾸었다.

"건물은 튼튼하게 잘 지어졌습니다." 김포지사 농지은행팀 이복재씨는 그

한국농어촌공사 김포지사 건물

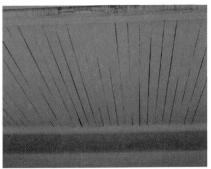

김포지사 건물 머릿돌　　　　　　　　　　　현관테라스 부분 천장. 나무판자를 댄 형식이다

덕에 지금도 별 불편 없이 사용한다고 했다. 김포시에 사우단지가 생기기 전에는 김포지사 건물이 우뚝했다고 한다. "사우단지 착공 행사를 우리 건물 옥상에서 촬영하기도 했습니다." 한국농어촌공사 김포지사 건물은 김포 간선의 관리기관으로서의 중요성에 더해 그 자체로 70년대 건축의 한 형태를 보여주는 유산이다.

　　김포지사 앞마당은 널찍하다. 조경도 잘 돼 있다. 수세水稅 수입이 좋았던 시절에 지어졌기 때문인 듯하다. 70년대만 해도 농지개량조합 시절에는 김포지사 근무자가 100명이 넘었다. 하지만 지금은 58명 선이다. 이 역시 절반으로 줄었다.

김포 간선의 미래

김포가 100% 도시화되면 김포 간선의 운명은 어찌 될지 알 수 없다. 농수로로서의 기능을 완전히 상실하더라도 수해예방을 위한 배수로의 기능은 할 터이지만 지금과 같은 모습을 유지하기는 어려울 듯하다. 물론 현재 일부 구간이 그렇듯이 친수공간으로서 역할은 더욱 증대될 것이다.

김포의 근대농업을 떠받쳤던 인공수로로서 김포 간선은 한 시대를 담고 있는 건조물로서 충분한 보존가치를 갖고 있다. 한강의 선물이었던 김포평야가 사라져가는 상황에서는 더 말할 나위가 없다. 하지만 지금처럼 방치하면 김포 간선은 도시화된 다른 곡창지역의 물길들이 그러했듯이 애물단지 취급을 받으면서 서서히 망각 속으로 밀려들어가다가 허물어져 갈 것이다. 이는 김포의 향토사를 위해서도, 한국농업사를 위해서도 애석한 일이다.

김포 간선이 담지한 근대성은 아직 충분히 조사되지 않았다. 농업이 갈수록 뒷전으로 밀리면서 이 작업도 미뤄질 가능성이 높다. 대보천과 희로애락을 함께 한 김포의 농민들로서는 더욱 안타까울 터이다. 이들의 증언을 채록해 두는 일이 시급하다. 아울러 김포 간선을 앞으로 어떻게 보존하고 활용할 것인지도 지금부터 논의해야 한다.

| 도움말 주신 분 |

김진수 김포문화원 부원장
차대식 한국농어촌공사 김포지사 과장
이복재 한국농어촌공사 김포지사 농지은행팀
임한철 한국농어촌공사 신곡양배수처리장 직원
김후갑 한국농어촌공사 오니산양수장 직원

| 참고자료 |

金浦郡誌編纂委員會, 『金浦郡誌』), 1993

03
애기봉

답사일 : 2009년 6월 8일

김포군 하성면 가금리 애기봉은 해병대 관할이다. 김포에서 강화 쪽으로 48번 국도를 따라 조각 공원 쪽으로 우회전하여 가다가 한재당 방면으로 좌회전해 올라가면 해병대 위병 검문소가 나온다. 여기서 차량 신고를 하고 1.5km쯤 가면 애기봉이다. 기생 애첩이 조강을 하염없이 바라보며 병자호란 때 끌려간 낭군(평양감사)을 기다렸다는 전설이 애기봉愛妓峯이라는 이름을 낳았다는데, 지금은 빨간 명찰을 단 군인이 지킨다.

애기봉은 지난 2002년까지 대형 성탄트리를 점등하는 곳으로 유명했다. 석탄일에는 대형 연등을 달았다. 바로 강 건너 북한 개풍군과 판문군에서 훤히 보이는 곳이기 때문이다. 지도를 보면 애기봉이 있는 고지는 남쪽으로 오목하고 북쪽 하조강리는 볼록하다. 서로 만나려 하나 강 때문에 하나로 합쳐지지 못하는 형상이다.

애기봉에는 북녘땅을 볼 수 있는 최단거리 전망대가 있다. 애기봉 전망대에서 보면 육안으로도 북한 땅이 보인다. 망원경에 500원 주화를 넣고 보면 더욱 선명하다. 임진강과 한강이 만나 흐르는 조강은 유유하고, 북녘땅 논밭과 마을들이 보인다. 남쪽으로는 강 가운데 유도留島라는 섬이 있다. 홍수 때 북쪽 소가 떠내려왔던 섬이다. 답사하던 날 망원경으로 보니 북쪽 논에서 모내기가 한

282 경기도 근현대 생활문화 |

박정희 전 대통령 친필 휘호

애기봉 올라 가는 길

애기봉 전망대

전망대에서 바라본 북녘 땅

북녘 땅 지명을 표시한 그림

전망대 내부

크리스마스 트리를 세우기 위한 구조물

창이었다. 어느 분조(북한의 협동농장의 작업 단위)가 한꺼번에 '모내기 전투'에 동원되었는지 한 배미에 10여 명이 소를 끌고 나와 일을 하고 있었다.

애기봉은 1966년 박정희 전 대통령이 직접 방문하여 애기봉이라는 명칭을 정식으로 얻었다고 한다. 그는 전설 속 애기의 한과 이산가족의 한이 같다하여 애기봉이라는 휘호를 직접 써 주었다. 이후 크리스마스 트리를 세우기 위한 철 구조물이 높이 섰고, 1993년에는 망배단이 설치되었다.

6.25 당시 김포는 격전지였다. 북한군 보병 6사단 제14연대가 조강을 도하해 진격했다. 강 하나 건너면 되니 당연한 기습이었다. 인천상륙작전 당시에는 한국군 해병대 제3대대가 김포반도를 되찾았다. 제3대대는 대대본부를 문수산 쪽에 설치하고 치안을 회복했다. 이후 김포는 해병대의 주요 주둔지가 되었다.

애기봉은 냉전 시대엔 주요한 선전 지점으로 활용되었다. 그러나 6.15 선

望拜壇

망배단

하류 쪽 조강. 사진 왼편의 섬이 유도다

언 이후 상호 적대적 비방을 하지 않기로 약속함에 따라 크리스마스 트리 점등도 중단되었다. 지금은 조강을 한눈에 굽어볼 수 있고 북녘땅을 가까이 볼 수 있기 때문에 의미 있는 관광코스 구실을 하고 있다.

　　그러나 김포는 여전히 냉전시대에서 벗어나지 못하고 있다. 그 증거가 갑곶나루다. 갑곶 나루는 1920년에 축조된 석축 나루로서 지방기념물 제108호로 지정되어 있다. 월곶면 지역 도로 표지판에도 분명히 문화재인 갑곶나루 가는 길이 표시되어 있다. 하지만 갑곶나루는 접근할 수 없다. 왜냐하면 나루터가 군부대 안에 있는 데다 철조망이 둘러쳐져 있어 먼 발치에서도 보기 어렵기 때문이다.

　　갑곶나루는 김포시 월곶면 성동리에서 강화군 강화읍 갑곶리를 잇는 나루다. 선착장은 이미 조선 초기에 석축으로 설치되었다 한다. 1920년에는 새로

이 나루터를 만들었는데, 잘 다듬은 육면체 석재와 자연석을 활용한 길이 아름답기로 정평이 나 있다. 물론 새 나루터도 1969년 강화대교가 건설되면서 나루로서의 구실은 잃었다. 그렇다 하더라도 안보를 이유로 귀중한 근대문화유산인 나루터를 통제하는 일은 이해하기 어렵다.

| 도움말 주신 분 |

김진수 김포문화원 부원장

| 참고자료 |

金浦郡誌編纂委員會, 『金浦郡誌』, 1993

김진수·유인봉, 『김포 6·25전쟁비사』, 김포문화원, 2008

9부

남양주

01
봉안마을('봉안이상촌'의 흔적)

답사일 : 2010년 4월 20일

김용기 장로 고택과 김영구 가옥

'가나안 농군학교' 설립자 일가 김용기一家 金容基(1909~1988) 장로가 처음으로 이상촌理想村을 건설하려고 마음먹었던 곳은 자신이 나고 자란 고향마을이었다. 그러나 김 장로의 고향인 현재의 남양주시 조안면 능내리 봉안마을에서 당시의 이상촌 흔적을 찾아 보기 쉽지 않지만, 사연을 간직한 집은 두 채 남아 있다. 김 장로 자신이 1933년에 손수 지은 집과 김 장로의 둘째 형 김원기 선생이 같은 해 건축한 집이다. 반면 몽양 여운형이 일제 말기 피신해 있었다는, 봉안 이상촌 동지이자 김 장로 형제들의 집들은 밭으로 변했다. 그런데, 온전히 남은 집은 김원기 선생 아들의 이름을 붙여 '김영구 가옥'이라 부르는 집뿐이고, 김용기 장로 고택은 외지인이 매입해 리모델링이 한창이다. 공동체 운동, 마을 만들기 운동의 뿌리 격인 봉안 이상촌은 그렇게 잊혀 가고 있다.

김영구 가옥의 지번은 능내리 561-21(봉안 3길 84)다. 봉안 교회를 지나 오른쪽 언덕 방향으로 조금 올라간 지점에 있다. 서남향의 기역 자 가옥인 이 집은 1933년 7월 18일 지어졌다는 상량문이 남아 있다. 대문은 3칸의 중문이고 주위에 창고가 있다. 본채는 남향인 정면 1칸의 안방과 가운데에 2칸 대청, 그

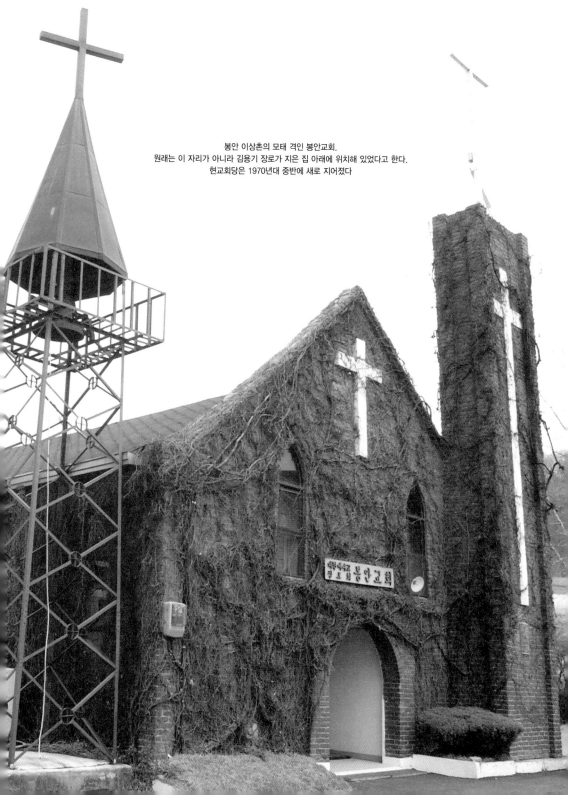

봉안 이상촌의 모태 격인 봉안교회.
원래는 이 자리가 아니라 김용기 장로가 지은 집 아래에 위치해 있었다고 한다.
현교회당은 1970년대 중반에 새로 지어졌다

김용기 장로 고택에서 내려다 본 봉안교회와 봉안마을

리고 건넌방과 부엌이 2칸 규모로 이어져 있다. 전반적으로 목재 가공에 정성을 쏟은 흔적이 역력하고, 부엌문이나 대청 문짝 등은 옛 모습을 간직하고 있다. 근 70년 세월이 지나간 주택인지라 내·외관이 많이 변하기는 했으나 집의 구조는 잘 남아 있는 편이다.

김용기 장로 고택은 김영구 가옥에서 언덕으로 더 올라간 위치에 있다. 집 마당에서 아래로 멀리 남한강이 보인다. 그 방향으로 마을 입구에 자리 잡은 봉안 교회도 시야에 들어온다. 원래 봉안 교회는 이 집터 바로 아래에 위치했는데, 후에 현재 자리로 옮겼

김영구 가옥 부엌. 1930년대 문이 그대로 남아 있다

김영구 가옥 본채

다고 한다. 일부 자료에는 이 집이 김용기 장로 생가로 되어 있으나, 생가는 아니다. 마을 원로들의 증언에 따르면 이 집은 김영구 가옥과 같은 시기에 지어졌다고 한다.

김 장로 고택은 ㅌ자형의 개량한옥이다. 2010년 4월 현재 고쳐 짓고 있는 집도 기초와 골격, 지붕은 그대로 유지한 채, 낡아서 못 쓰게 된 목재만 새것으로 갈아 끼우는 방식으로 공사를 진행 중이다. 집 오

김영구 가옥 대문

후면에서 바라본 김영구 가옥 지붕

김영구 가옥 오른쪽에 있는 호두나무

른쪽에는 오래된 우물이 아직 형태를 유지하고 있다.

　5년 전 이 집을 조사한 자료에는 집 뒤편에 경사도를 이용하여 고구마 등을 보관했던 저장소가 있고, 앞마당 통로에 석도로 된 계단 흔적이 있다고 기록돼 있다. 하지만 현재 고구마 저장소와 석도 계단 흔적은 찾아보기 힘들다. 고구마 저장소는 '봉안이 상촌'이 식량 절대 부족 상황을 개선하기 위해 고구마 농사에 힘썼던 사실을 뒷받침해 줄 중요한 흔적이다. 특히 김 장로는 이곳에서 '고구마 12개월 저장법'에 성공했다

김용기 장로 고택.
기와지붕과 주추는 그대로 살린 상태에서 리모델링이 이뤄지고 있다

김용기 장로 고택의 기둥 받침

김용기 장로 고택 서까래

김용기 장로 고택 박공

고 한다. 그러나 아쉽게도 그 저장시설을 이제는 더 이상 볼 수 없게 됐다. 현재 진행 중인 리모델링이 끝나면 고택의 역사 자체가 잊혀질지도 모른다.

"당시에 집을 여덟 채 새로 지었다고 들었습니다. 원래 김 장로님 형제 다섯 분에 최광열 장로님 등 몇 분도 집을 지었다고 해요. 장로님 형제 가운데 두 분이 지었던 집 두 채 자리가 저기 밭 자리입니다." 김영구 씨 부인 박종순 씨는 '김영구 가옥' 왼쪽 밭을 가리켰다. 거기 있었던 집에서 해방 직전 피신한 몽양 여운형 선생을 모셨다는 이야기도 들었다고 한다.

집은 8채를 새로 지었으나 김 장로가 이상촌 건설을 위해 규합한 동지는 10명이었다. 이는 아들 김평일 가나안농군학교 교장이 엮은 김 장로 전기의 기록이다. '봉안10가촌'이라는 명칭은 거기서 유래했다. 농촌 이상향을 꿈꾸었던 이들은 여기서 10여 년간 버려진 산판山坂을 구입하여 주생활 식생활 의생활 개선 운동을 벌였다. 남양주 문화원에서 펴낸 『우리 고장 남양주』 281쪽에는 다음과 같이 기술되어 있다.

"먼저 집집마다 가축과 과수를 심게 하고 과목 사이에 고구마를 심게 하였다. 특히 고구마 농사는 당시 마을 내의 부족한 식량을 해결함과 동시에 농가 수입을 증대시키는 데 결정적인 기여를 하였다. [또한] 환경 개선, 식생활 개선, 농업 기술 보급, 상·혼·제례 간소화 등 정신 개조를 통한 애국정신 함양에도 크게 힘썼다. 또한 봉안 교회를 중심으로 조직된 청년회에서는 농촌 내의 유소년·청년 대상의 교육계몽운동과 야학 운영 등을 통해 문맹 퇴치운동도 전개하였다."

'봉안 이상촌'은 농촌운동과 농민운동, 교육운동과 계몽운동을 개신교 중심으로 결합한 광의의 애국계몽운동 실천의 장이었다고 할 수 있다. '봉안 이상촌'은 김 장로가 1946년 고양군 은평면 구기리(현 서울 은평구 구기동) '삼각산 농장' 개척에 들어가기 전까지 이어졌다. 김 장로는 이어 1952년 용인군 원삼면 사암리 '에덴향' 건설에 착수했고, 2년 뒤엔 광주군 동부면 풍산리(하남시 풍산동) '가나안 농장' 건설을 시작했다. 그러므로 '가나안 농군학교'는 물론이고 '에덴향', '삼각산 농장'의 씨앗이 여기 '봉안 이상촌'에서 뿌려지고, 시행착오를 통해 다듬어져 나갔다 해도 과언이 아니다.

봉안 이상촌과 몽양 여운형

일가 김용기 장로의 집안은 봉안 교회와 인연이 깊다. 봉안 교회는 같은 조안면 송촌리에 1902년 세워진 용진 교회의 자교회로 세워졌다. 1914년 봄 김 장로의 모친(김공윤)이 "이른바 사귀병邪鬼病으로 고생하던 중 본 교회에서 기도로서 완치의 은총을 받았다. 그리하여 봉안에서도 기도처를 마련하고 예배를 드리게 되었으니 이 기도처가 봉안 교회의 시발이고 따라서 그 이듬해 용진교회가 새로 창건되자(예배당을 건축하자) 먼저 사용하던 초가 6간을 이건移建하여 봉헌함으로서 봉안교회가 설립되었다." (이강칠, 『배나무 용진을 빛낸 선현들』; 『하늘을 품고 흐르는 강-한국기독교장로회 용진교회 100년사』, 62~63쪽에서 재인용.)

일가의 부친(김춘교)이 개신교를 믿기 시작한 해는 1911년이라고 한다. 김 장로가 3세 때다. 이로부터 3년 후 김춘교 선생은 앞장서서 봉안 교회를 설립했다. 위에서 언급했듯이 김 장로가 1933년 무렵 새 집을 교회 근처에 지은 것도 바로 이러한 인연 때문이라고 짐작된다.

일가는 14세가 되던 1922년 몽양 여운형이 향리(양평군 양서면)에 세운 광동학교에 입학했다. 일가는 광동학교에서 성경 산술 지리 역사 등을 배웠고, 여운

김용기 장로 형제들의 집이 두 채 있었다는 자리. 이 자리에서 몽양의 생일잔치가 열렸다고 전해진다

형의 독립정신에 깊은 감명을 받았다. 일가는 재학 시 성적이 뛰어나고 통솔력이 있어 반장을 맡기도 했다고 한다. 1926년 일가는 5년 만에 광동 학교를 졸업했다. '봉안 이상촌'의 이상은 이때 움텄을 것으로 추정해도 무방할 듯하다. 몽양의 재종형제인 여운혁 목사도 일가와 뜻을 같이한 봉안 10가 가운데 한 명이다.

몽양과 일가의 인연은 일제 말기 다시 한번 직접적으로 연결되었다. 1033년부터 〈조선중앙일보〉 사장을 역임한 몽양은 1940년에는 일본 도쿄로 가 유학생을 규합, 조국 해방에 대비한 인재 양성 활동을 하다가 1942년 귀국 도중 체포된다. 1943년 집행유예로 출옥한 몽양은 '봉안 이상촌'에 내려와 머물면서 '조선건국동맹'을 조직 활동을 비밀리에 계속하였다. 일가는 1944년 양평 용문산에서 개최된 조선건국동맹의 하부조직인 농민동맹 비밀모임에 양주군 대표로 참석하였다. 이 무렵 '봉안 이

김용기 장로 고택 우물터

김용기 장로 고택 지붕 너머로 보이는 봉안마을

상촌'에는 미치광이나 벙어리로 가장한 독립 투사 박 모, 전 모를 비롯한 학병 탈주자들이 숨어 살기도 했다고 한다.

1943년 11월 이상촌으로 내려온 몽양은 일가의 동생 인기의 바깥채 초가집에 기거하였다고 한다. 즉, 앞서 언급한, 지금은 사라진 집 가운데 하나로 추정된다. 몽양은 내려온 첫날부터 짚으로 새끼를 꼬고 짚신을 삼는가 하면 물동이를 직접 졌다. 제자들이 물지게를 빼앗으려 해도 "내가 사는 방법"이라며 막무가내였다고 한다. 일가의 좌우명이 "일하기 싫으면 먹지도 마라"이므로, 그 스승에 그 제자라 하겠다.

일부 기록에는 이 무렵 몽양이 머물던 집에서 회갑잔치를 하였다고 되어 있다. 하지만 몽양은 1889년생이고, 혜화동 로터리에서 한지근에게 암살당한 것이 회갑 전인 1947년이므로 이 기록은 맞지 않다. 용진 교회 100년사는 아마도 이는 몽양의 생일 잔치가 환갑 잔치로 오해받았기 때문이라고 바로잡고 있다.(『하늘을 품고 흐르는 강-한국기독교장로회 용진 교회 100년사』, 66쪽.) 해방 이후 몽양이 일가에게 정치를 권유했으나 일가가 농민운동 외길을 고집했다는 이야기는 하남시 '가나안 농군학교' 편에서 소개한다.

여기서 한 가지 분명히 해 두어야 할 점이 있다. '봉안 이상촌' 시작연도에 관한 것이다. 아들 김평일이 엮은 전기는 일가가 이상촌 건설을 위해 10명의 동지를 규합한 해를 1935년 그가 27세 되던 해라고 기록하고 있다. 하지만 앞에서 언급했듯이 김영구 가옥과 일가 고택이 지어진 해는 1933년이다. '김영구 가옥'의 상량문에 분명히 1933년 7월이라고 돼 있다. 따라서 이들 집은 '봉안이상촌' 시작보다 앞선다. 그러므로 엄밀히 말해 8채의 집 건축과 봉안이상촌은 정확히 일치한다고 볼 수 없다.

가능성은 세 가지다. 첫째, 두 기록 가운데 어느 하나가 착오다. 둘째, 김 씨 형제들의 집 가운데 일부의 신축은 '봉안 이상촌'과 관계없이 지어졌고, 나머지는 '이상촌' 구상이 가시화된 후에 지어졌다. 셋째, '봉안 이상촌'이 표명된 해가 1935년일 뿐, 그 구상은 이미 1933년부터 진행되었다.

진실이 어느 쪽이든, 이러한 허점이 존재한다는 사실 자체가 아직 일가에 대한 연구가 미흡하다는 사실을 방증한다. '가나안 농군학교'를 한국 농촌의 근대화 과정에서 자생적으로 발전한 대표적 운동으로 본다면 이에 대한 연구가 더 깊이 이루어져야 한다. 나아가 '봉안 이상촌'이라는, 지금의 관점에서 보더라도 선구적인 농촌공동체 마을 만들기 운동의 선례는 연구해볼 가치가 충분하다.

또한 일그러진 근현대사의 그늘 때문에 이제야 조금씩 시작되고 있는 몽양에 대한 조명도 그 폭을 넓혀 몽양의 영향이 양평, 남양주, 광주 일대에 얼마나 광범위하게 미쳤는지 실증적으로 정리할 때가 되었다. 다시 말해 몽양이 상해, 도쿄, 모스크바, 경성에서 벌인 독립운동 연구도 중요하지만, 광동 학교를 구심점으로 하여 이 지역이 몽양의 영향 하에 어떻게 정치적으로 각성하고, 어떤 근대적 지향을 가지게 되었는지를 추적하여 정리해 둘 필요가 있다. 용진 교회, 봉안 교회, 수종사 등 종교적 거점과 광동 학교 등 교육 거점, 그리고 용문산, 봉안이상촌 등 활동 거점들을 중심으로 그 안에서 웃고 울며 한 시대를 살아냈던 사람들의 이야기야말로 그 자체로 경기도의 중요한 근현대 민중사일 터이다.

| 도움말 주신 분 |

박종순 봉안마을 주민(김용기 장로의 손자며느리 뻘)

| 참고자료 |

김평일 엮음. 『일하기 싫으면 먹지도 마라─나의 아버지 김용기 장로』. 가나안문화사. 1994.
용진교회 역사편찬위원회 편. 『하늘을 품고 흐르는 강─한국기독교장로회 용진교회 100년사』. 유토피아. 2007.
남양주문화원. 『우리 고장 남양주』. 큰기획. 2001.
경기도. 『경기도 근대문화유산 조사 및 목록화 보고서』. 2004.

02
남양주 용진교회

답사일 : 2010년 4월 20일

하늘을 품고 흐르는 강

2007년 출간된 용진 교회 100년사 제목은 『하늘을 품고 흐르는 강』이다. 남양주시 조안면 송촌리 715-1 용진 교회 마당에서 내려다보면 북한강의 끄트머리가 슬그머니 내려다보인다. 현재 예배당 뒤쪽 종탑이 있는 곳에서 보면 양수리에서 남한강과 합류하기 직전 북한강이 더 잘 보인다. 종탑은 더 높은 언덕에 있기 때문이다. 그 종탑 옆에 예전 예배당이 있었다. 종탑 뒤는 송촌 초등학교이고, 종탑 왼쪽은 용진 교회와 인연이 깊은 '송촌 독립공원'이다.

용진 교회 마당 한구석엔 '타임캡슐'이 묻혀 있다. 100년 역사 기록과 이를 증거해 줄 물건들, 그리고 교인들이 바라는 100년 후 용진 교회와 세상 모습 등을 적어 묻었다. 그 위에는 2007년 10월 13일 세워진 100주년 기념비석이 놓여 있다. 100년 후 타임캡슐이 개봉되면, 북한강변 작은 교회가 20세기 향토사를 어떻게 감당해 왔는지, 그 아픔과 고통을 신앙으로 승화시켜 무엇을 이뤄왔는지, 그럼에도 말없이 흐르는 강처럼 자랑 없이, 부끄럼 없이 묵묵히 흘러왔는지를 후손에게 전해줄 수 있을 듯하다.

2005년 10월 용진 교회는 용단을 내렸다. 1973년 유신정권에 의해 부당하게 강제로 헐린 구 예배당의 잔해를 20여 년 만에 자진해서 치우기로 한 것이다. 독재에 협조적이지 않다는 이유로 시골 예배당을 없애버리려 한 20세기 야만의 증거로 남겨둔 흉물스러운 잔해였다. 세속 권력은 끝내 자신들의 잘못을 인정하고 사과하지 않았다. 하지만 한국 기독교 장로회 교단으로부터 역사유적지교회로 인정을 받았고, 그보다도 지역 주민들로부터 인정을 받았기에 교인들은 자진 철거하자고 뜻을 모았다. 그 자리엔 지역 선열들의 피가 밴 '3.1운동 기념비'를 옮겨 공원을 만들었다.

"송촌 1리 주민이 약 300명입니다. 그런데, 우리 교회 교인이 120~130명이

용진교회 현 예배당 전경

용진교회에서 내려다본 북한강

지요. 주민 절반가량이 교회에 나오시는데, 예배에 참여하시지 않는 집안도 대부분 교회와 연관이 돼 있지요." 용진 교회 김선구 담임목사의 부인 정영은 씨의 증언은 교회와 마을공동체의 관계를 짐작게 한다. 교회(성당)가 지역공동체 내 모든 생활의 중심인 서구와는 달리 한국 교회가 이처럼 마을의 구심으로 한 세기를 꿋꿋이 이어가는 일은 드물다. 이제 한국에도 100년 된 교회는 드물지 않지만 교회 따로 마을 따로이기 십상이다.

지난 100년 동안 용진 교회가 모체가 되어 설립된 조안면 내 교회가 6개에 이른다. 초기 용진 교회 예배당 건물 부재部材를 그대로 옮겨가 교회를 지은

곳도 있다. 용진 교회는 또한 현재 송촌 초
등학교와 연세 중학교의 모태이기도 하다.
용진교회 선구자들이 지역 교육사업에 뜻
을 두고 헌신한 결과 이들 학교가 시작되었
고 지금도 배움의 터전으로 후대를 길러내
고 있다. 3.1 정신을 실천하고, 민주화에 앞
장서고, 시대와 민족의 아픔을 치유하는 일
이라면 언제나 서슴지 않고 행동하는 전통
이 용진 교회의 오늘을 있게 한 원동력이다.

현 예배당은 1985년에 착공해서 1988
년에 지어졌으므로 한 세대가 지나지 않은

용진교회 종탑

철거당한 예배당이 있었던 자리

송촌1리 전경

새 건물이다. 비록 아담하게 잘 지어진 교회이기는 하지만 역사적 가치를 운운하기엔 아직 이르다. 그럼에도 불구하고 종탑을 비롯해서 뜰 앞 타임캡슐, 교회 사무실에 걸린 옛 사진들은 이 교회를 꼭 한 번 들러봐야 하는 역사의 현장으로 느끼게 하는 힘을 갖고 있다. 더구나 송촌1리 집집마다 교회와 관련된 기억과 이야기를 한 보따리씩 안고 있으니, 용진교회는 한국교회사와 경기도 근현대사의 한 페이지가 되기에 충분하다고 판단된다.

생명을 품고 역사가 된 교회

용진 교회의 설립연도에 관해서는 2개의 설이 있다.

100주년 기념탑과 타임캡슐 표지석

우선, 김 씨 할머니(후손들은 이 분을 "교회 할머니"라 부른다고 한다.)라는 분이 처음으로 예배를 올린 1902년을 설립연도로 보아야 한다는 견해다. 다른 설은 1907년 전용 예배처소(김 씨 할머니네 초가 6칸)를 마련한 해를 교회의 시작으로 보는 견해다. 용진 교회 공식 역사는 "그 정확한 이유는 알 수 없으나" 1902년으로 되어 있던 초기 기록 대신 1907년을 설립 연도로 채택하고 있다.

용진이라는 교회 이름은 이 마을에 있던 용나루에서 유래했다. 옛날 송촌리가 광주군 초부면 평촌리였던 시절, 용이 사는 큰 연못이 이 마을에 있었는데, 홍수로 연못이 없어지면서 연못의 용이 강을 건너갔다 해서 용나루라는 이름이 생겼다고 한다. 이 마을에는 배나무가 많아 "배나무 용진"이라 불리기도 했다.

용진 교회는 1915년 처음으로 예배당을 신축했다. 이 과정에서 흥미로운 이야기가 전한다. 당시 용진 교회 이강원 장로의 형이 수종사 주지 이보현 스님이었다고 한다. 동생네 교회를 신축한다는 소식을 들은

용진3.1의거기념비

삼일운동 기념탑

송촌독립공원

형이 건축용 나무를 기증하였다는 것이다.

"동생은 기독교의 장로이고 형은 가까운 절의 주지이니 그것부터가 흥미

있는 일이다. 그리고 종교 간의 배타성이 조금이라고 있었다면 그러한 나무를 줄 수도 없었을 것이고 또한 준다고 해도 받을 수도 없었을 것이다. (중략) 그동안 수종사와 용진 교회는 아무런 우호 관계가 없었음이 아쉽다. 비록 불교와 기독교 간의 관계가 아닌 이강원 장로와 이보현 스님 형제 간의 관계에서 이루어진 관계이지만 그것이 같은 지역에 있는 기독교 교회와 불교 사찰의 좋은 이웃관계로 지속될 수 있었다면 더욱 좋았을 것이라는 아쉬움이 있다. 지금이라도 용진 교회가 수종사에 감사패라도 전달하고 사월 초파일에는 축하화환이라도 보낼 수 있으면 더욱 성숙한 모습일 것이다."(『하늘을 품고 흐르는 강』, 57쪽)

용진 교회의 첫 자子교회는 조안면 능내리 봉안교회다. 능내리 사는 김용기 장로(가나안농군학교장)의 어머니가 기도를 통해 병이 낫는 은총을 받았고, 용진 교회가 새 예배당을 짓게 되자 기존 초가 6칸을 그대로 떼어다가 교회를 짓고 봉안 교회라 했다 한다. (봉안교회는 1970년대에 예전 위치에서 마을 쪽으로 내려와 새로이 지어졌다.)

용진 3.1운동은 3월 15일 시작되었다. 이른 아침부터 용진 교회 신도들과 동리 주민들이 "대한독립만세"를 외치면서 면소

교회 사무실에 있는 옛 사진

용진교회 옛 사진.
1947년 1월31일에 찍은 40주년기념 사진이라고 명기돼 있다

송촌초등학교

재지인 덕소로 향했다. 조안리, 능내리를 지나 덕소에 이르렀을 때 만세 시위대
는 500명이나 되었다. 시위대는 헌병주재소를 습격하기도 하였고, 일본 헌병대

가 공포탄을 쏘고서야 해산시킬 수 있었다.

　3월 16일 주일예배 도중 일본 헌병대가 들이닥쳐 이정성, 김현모, 이정운 등 교인 10명과 문광채 등 이 마을 비기독교인 7명을 체포하였다. 이들은 8개월 내지 1년 6개월 형을 받고 원산·함흥·서대문 형무소 등에서 옥살이를 하였다. 이 가운데 가장 연장자인 문광채 씨가 옥사하였다.

　용진 교회의 3.1 독립 운동은 1968년 국가의 인정을 받았다. 이정성 장로, 김춘경 선생, 김현모 선생, 문광채 선생에게 국민훈장 애족장이 추서되었다. 1992년에는 정일성, 이갑동, 오성준, 박수만 선생에게, 1993년에는 이정운, 이건흥, 김현유 선생에게, 1996년에는 김덕여, 김덕오 선생에게, 1996년에는 김윤경 선생에게 대통령 표창장과 개인 표창의 수상이 추서되었다. (앞의 책, 77쪽)

　봉안 교회 말고도 용진 교회의 지교회가 잇따라 설립되었다. 1927년엔 양수리 교회, 1928년엔 미사촌 교회, 1929년엔 금남리 교회, 1937년엔 삼봉리 교회가 건립된 것이다. 이들 지교회는 양수리와 팔당을 중심으로 모두 강변에 위치해 있다. 마치 용나루 교회의 기도와 감화가 강물을 따라 흘러가다가 강변에 교회 하나씩을 세워낸 듯한 형국이다.

　해방 직후인 1948년 용진 교회는 용진 고등공민학교를 설립하였다. 초등학교 과정을 이수하였으나 중등학교에 진학하지 못한 학생들을 교육하기 위해서였다. 용진 고등공민학교는 1965년 연세중학교의 모체가 되었다. 연세중학교는 용진 교회의 바로 이웃에 있다. 용진 교회는 1914년 경진학교를 시작하였고, 1934년에는 송촌 간이학교를 설립하여 어린이를 위한 기초교육을 시작한 바 있다.

용진 교회 구 예배당 철거 전말

용진 교회는 1970년에 종각을 세우고 대구에서 제작한 종을 구입하여 달았다. 당시에는 종을 만들 만한 기술이 있는 곳은 대구밖에 없었기 때문이다. 이후 1972년부터 종탑 옆에 새로 예배당을 짓기로 하고 이정길 장로가 젖소를 팔아 건축기금을 낸 일을 시발로 건축 작업에 박차를 가했다. 교회 신축은 순조롭게 진행되었다.

하지만 1973년 9월 완공단계에서 준공계를 제출하자 청천벽력 격으로 철거 명령이 떨어졌다. 당시 류창렬 담임목사가 입건되고 10여 차례 철거반이 출동하였다. 다소 길지만 당시 상황에 대한 진술을 인용한다.

> "교회에 철거반이 들이닥친다면 온몸으로 막고자 결심하고서 철거반이 오면 교회의 종을 타종하고, 모두 모이기로 했습니다. 제일 처음으로 철거반이 경찰로 구성되어 들이닥치자 교인들과 주민들은 모두 교회로 모였습니다. 당시는 마을의 90% 이상이 참석했지요. 마을 주민 거의 모두가 교인이나 다름없이 교회를 위했으니까요.
>
> (중략) 처음엔 경찰로 이루어진 철거반이 이젠 당시 양주군 그린벨트 불법건물 철거반을 동원하기 시작했죠. 이 철거반하고의 몸싸움은 정말로 죽음을 불사한 싸움이었습니다. 당시에 이석범(23세) 권사가 지붕에 뛰어올라가 철거반원 한 사람을 붙잡고서 같이 죽자고, 교회가 헐릴 바엔 같이 죽어버리자고 하면서 몸으로 철거를 제지하던 사건도 있었습니다. 아래에서 바라보던 교인들은 많은 사람들이 울면서 그 광경을 보고서 같이 순교하자고 울부짖었습니다." (최범식 장로 증언, 위의 책, 180~181쪽에서 재인용.)

연세중학교

교회 사무실에 있는 역대 교역자 사진 일부. 오른쪽 끝이 류창렬 목사

그렇다면 유신정권은 왜 이 작은 시골 교회 예배당마저 이처럼 무자비하
게 철거하려 했을까?

"당시 류창렬 목사는 박정희 정권의 유신헌법을 공개적으로 비판하는, 그 일대에서는 거의 유일한 인물이었다. 더구나 류창렬 목사에 대한 신뢰는 교우는 물론 지역주민들에게 매우 두터웠으니 그 파급효과가 대단하였다. 그러한 류창렬 목사에게 당시의 인규길 경찰서장이 파출소장과 예비군 중대장을 대동하고 찾아와 유신헌법을 적극 지지하고 홍보할 것을 요청하였으나, 류창렬 목사가 단호하게 거절한 것이 발단이 되었다. 자존심이 무척 상한 경찰서장은 당시 박명근 공화당 국회의원, 군수 등 양주군 단체장들을 총동원하여 류창렬 목사에게 보복하였는데 그 보복의 결과 개발제한구역 내 건축행위를 한 것으로 류창렬 목사가 기소되고 급기야는 예배당 철거로 나타난 것이었다." (위의 책, 176~177쪽.)

예배당 파괴로 고통을 겪은 류 목사는 1975년 사직 의사를 표명하였다. 하지만 교회 공동회는 만장일치로 류 목사의 시무 사임을 부결시켰다. 류 목사는 그래도 안타까움을 못 이겨 1977년엔 목숨을 걸고 40일 금식 기도를 하기도 하였다. 류 목사는 양주 경찰서 형사들이 매일 와서 동태를 파악하고 설교를 감시하려고 하자 이들을 교회당으로 내쫓았다. 그리고는 예배당 밖에 스피커를 설치하고 공개 설교를 하기도 하였다. 이런 믿음과 배짱이 있었기에 용진교회는 그 고통을 딛고 일어설 수 있었을 것이다. 류 목사는 1980년 초 사임할 때까지 용진 교회에서 10년간 시무하였다.

미래를 어찌 품을 것인가

용진 교회는 1985년 7월 15일 새 교회 기공예배를 드렸다. 2년 9개월의 공사는 순조로웠다. 유신정권에 의해 탄압되는 과정을 생생히 기억하고 있는 신도들과 주민들이 팔을 걷어붙이고 나섰기 때문이다. 농번기인데도 남자들은 모래를 지개에 지고 날랐고 여자들은 머리에 이고 날랐다. 기술자가 꼭 필요한 작업 외에는 모든 일을 자체 노력으로 하였다. 총 건축비는 3,500만 원이 들었는데, 외부 헌금도 967만여 원이나 되었다. 과거 예배당을 강제 철거한 일이 걸렸던지 관에서도 도로포장 비용 등을 보조했다.

'용진3.1의거기념비'는 재경 신우회가 주동이 되어 1994년 앞뜰에 세웠다. "…그 고난과 치욕 속에서도 굴하지 않은 선열들의 울분과 억울함을 어찌 위로하랴. 이들은 출옥한 후에도 국내외의 항일 운동에 참여함은 물론 지역사회 발전에도 선구자의 역할을 담당하여 그 흔적을 여러 곳에서 찾아볼 수 있다. 이제 우리는 그들이 간직하였던 그 순수한 사랑과 또 우리에게 물려준 숭고한 애국 애족의 정신을 본받아 후손들에게 길이 계승하고자 하는 미충微忠에서 삼가 여기에 우리의 정성을 모아 기념비와 탑을 세운다."

기미년으로부터 따져 75년 만에 기념비가 세워졌듯, 먼 훗날 용진 교회는 또 하나의 기념물을 세우는 날이 올지도 모르겠다. 다 지은 교회를 부수는 독재 정권의 야만적인 탄압을 이겨내고 지역사회의 등불로서 그 정신을 이어 시대를 앞서가는 교회로서 그 역할을 다하자는 다짐을 새긴 탑을 후대가 세우지 않을까?

용진 교회의 올해 표어는 '생명을 품고 흐르는 교회'다. 생명을 보듬고 길러내는 강처럼 묵묵히 제 사명을 다하자는 다짐이 느껴진다.

용진 교회 100년사 『하늘을 품고 흐르는 강』에는 김승희 시인의 시 〈양수리에 가면〉이 인용돼 있다. "… / 양수리에 가면/ 가을보다 먼저/ 물과 물이 만나는 것을 볼 수 있느니//…/ 그저 뼈끝까지 가난하기만 한/ 물과 물이 만나/ 외

현 예배당 내부

로운 이불 서로 덮어주며/ 서러운 따스함 하나를 이루어/ 다둑다둑/ 흘러가는 것을 볼 수 있으니// 가난한 것을/ 왜 그저 외롭다고만 하랴/…/ 양수리에 가고 싶어라/ 어디선가 나뉘었던/ 물과 물이 합하여/ 물빛 가을이불 더욱 풍성해지고/ 가을나무 물그림자/ 마침내 이불 덮어 추위롭지 않으리니/…"

　　조안면은 두물머리를 끼고 있다. 인근에는 다산의 얼이 깃든 마재와 실학박물관이 멀지 않고, 고찰 수종사도 가깝다. 하지만 용진 교회는 아는 이들만 아는 작은 교회라서 따로 찾는 이도 별로 없다. 그러나 100년 동안 두물머리 근처에서 한강을 지키면서 지역의 등대 역할을 한 교회는 흔치 않다는 점에서, 혹

'물과 물이 만나는 곳'을 구경하러 갈 일이 있으면, 용진 교회도 한 번 들러보라고 권하고 싶다.

| 도움말 주신 분 |

정영은 용진교회 사모

| 참고자료 |

용진교회 역사편찬위원회, 『하늘을 품고 흐르는 강』, 2007.
경기도, 『경기도 근대문화 유산 조사 및 목록화 보고서』, 2004.
www.yongjin-ch.kr 용진교회 홈페이지

10부

동두천

01
동광 극장과 문화 극장

답사일 : 2018년 10월 12일

동광 극장의 전성시대

추억의 사진 한 장에는 수많은 이야기가 들어있다. 동두천 동광 극장 로비 한구석에 걸려 있는 사진이 좋은 예다. 동광 극장의 전성기를 보여주는 사진부터 들여다 보자. 미군 병사 두 명이 걸어가고 있다. 전면에 '동광'이라는 간판이 선명한 3층 건물이 보인다.

건물 한가운데는 동광극장이라는 간판도 선명하다. 2층 높이에 상영 중인 영화를 소개하는 간판이 세 개 붙어 있다.

극장 앞은 큰길이다. 도로 왼쪽에 승객이 타려고 하는지, 내리려 하는지는 알 수 없지만, 조수석 쪽 문이 열린 '시

동광극장 로비에 전시된 옛 사진

발택시'가 한 대 서 있다. 도로 오른쪽에는 바퀴가 큰 손수레가 세워져 있다. 사람들은 여름 복장이다. 지금은 볼 수 없게 된, 예전 중학생 하복을 입은 학생이 걸어간다. 오른쪽에 '세균 병리 검사실'이라는 간판이 크게 붙어 있다. 오른쪽에는 'OB BEER'라는 간판이 붙은 술집이 있고, 아래로 다방 간판도 보인다.

　미군 병사 앞쪽으로는 알록달록 파라솔 차양 아래 노점상이 장사를 하는 중이다. 도로는 왕복 4차선 정도 되어 보이나 포장되어 있지 않다. 시발택시, 하늘색 교복이 1960년대 풍경이라는 사실을 알려준다면, 미군, 세균 병리 검사실은 이곳이 미군 기지 지역이라는 점을 슬쩍 암시한다. 1959년 개관한 동광극장의 전성기가 아니었을까?

　옆에 걸린 사진은 더 이전 모습으로 추정된다. 동광 극장은 여전히 3층 건물이다. 하지만 '동광'이라는 간판만 있다. 앞서 보았던 사진에 있던 '동광 극장' 간판은 없다. '동광' 밑 연예인 사진 가운데 서영춘은 분명히 식별된다. 희극인과 악극단이 지방 극장을 돌며 '쇼'를 하던 시절을 연상시킨다.

　극장 앞은 도로라기보다 광장 같다. 시발택시도, OB 맥줏집도 안 보인다. 사진 왼편 가게 앞 사람들은 몸뻬 바지를 입

동광극장 로비에 전시된 옛 사진. 왼쪽 쪽의 사진보다 더 오래된 사진이다

오늘날 동광극장의 출입구

었거나, 월남치마처럼 보이는 헐렁한 치마를 걸쳤다. 홑 러닝셔츠 차림의 아저
씨가 물건을 담는지 허리를 숙이고 있다. 앞의 사진이 1960년대 후반에서 1970
년대 초반의 모습이라면, 이 사진의 연대는 1960년대 초반일 터이다. 동광 극장
로비에는 방금 소개한 두 장의 사진 외에도 동두천의 현대 풍경을 담은 스냅 사
진이 여러 장 걸려 있다.

　　동광 극장의 오늘날 주소(도로명 주소)는 동두천시 동광로 33이다. 그런데 동
두천시 생연동 동광 극장의 건물 모습과 근처 풍경은 사진의 모습과 판이하다.
사진 속 극장 앞 광장 같은 공터는 전혀 없고, 도로 또한 완전히 다르다. 같은

동광극장 로비

동광극장 로비의 대기실. 제각각인 소파가 극장의 역사를 말해준다

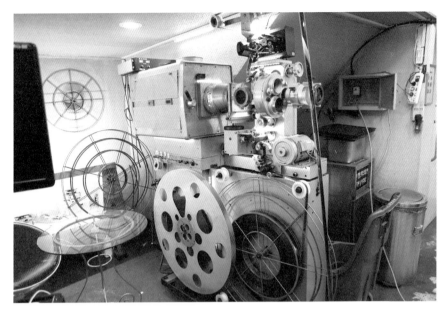

동광극장 로비에 전시돼 있는 옛 영사기

동광극장 앞의 동광로.
사진 오른쪽 간판이 걸린 지점부터 몇 개의 점포가 보이는데, 이들 점포는 모두 한 건물이다. 점포 뒤편이 상영관이 된다

극장이 맞는 걸까? "맞습니다. 극장의 입구가 달라지고 예전에 없던 도로가 생겼기 때문이지요." 동광 극장 고재서 사장의 설명이다. 얼른 이해가 가지 않는다. 극장 청소와 주변 공사 때문에 분주히 왔다 갔다 하는 고 사장을 붙잡고 거듭 물어보고 나서야 동광 극장과 주변의 변화를 파악할 수 있었다.

건축물대장에 의하면 동광 극장은 1959년에 지어졌다. 동광 극장은 동두천에서 가장 오래된 극장이다. 현재 극장의 위치는 건축된 자리 그대로다.

동광극장 후면. 저 벽면 안쪽이 스크린 위치다

다만 정면과 측면이 바뀌었다. 서두에 소개한 사진을 자세히 보면, 극장의 왼쪽으로 샛길이 보인다. 당시 샛길로 가면 탄천이 나오고, 일명 '깡통 다리'가 놓여 있었다. 바로 이 샛길이 지금의 동광로에 해당한다. '깡통 다리'는 현대식 교량으로 바뀌었다. 도로축이 변하니 도로변으로 새로운 건물이 지어졌다. 공터

로비에 예전 영화 포스터가 전시되어 있다

　도 사라질 수밖에 없었다. 극장이 예전 모습을 유지하기 어려워졌기 때문에 정면을 도로변으로 변경해야만 했다. 지금의 동광 극장 입구는 도로 쪽으로 있다. 예전 입구는 극장의 오른쪽 측면이 되었다. 극장 건물에 바로 옆에 새 건물이 들어섰기에, 예전 흔적은 애써 두 건물 틈새를 들여다보아야 확인할 수 있다.

　　현재의 도로 쪽에서 보면 극장은 2층 건물이다. 입구도 허름해서, 동두천 사람이 아니라면 한눈에 알아채기도 어려울 정도다. 게다가 극장 입구 옆으로는 이런저런 점포들 간판이 내걸렸다. 가장 궁금한 점은 3층 건물이었던 극장이 2층이 되었는데도 영화 상영과 관람에 문제가 없는가 하는 사실이다. 극장의 객석은 뒤로 갈수록 경사져 있고, 스크린 자리는 상당한 폭을 확보해야 하기 때문이다. 의문을 풀려면 극장에 들어가서 다시 찬찬히 살펴보아야 한다. 동광 극장 입구에 들어서면 매표소가 있고, 허름한 입구에 비해 비교적 넓은 관객 로비가 있다. 로비 곳곳에는 예전에 사용하던 영사기와 영화 관련 장식물, 옛날 사진, 수족관이 눈길을 끈다. 멀티플렉스 상영관에 익숙한 관객이라면 매우 촌스럽다고 여길 인테리어지만, 꼼꼼히 살펴보면 꽤나 정성을 들

예전 영사실로 올라가는 계단. 지금은 창고로 사용된다

인 배치다. 물론 로비에 놓인 소파는 최소한 10년 이상 되어 보이고, 소파의 색상과 크기도 들쭉날쭉하다. 그래도 1960~70년대 변두리 영화관보다는 훨씬 아늑하고, 정감이 느껴진다. 매표소 맞은편에는 작은 진열장과 냉장고를 갖춘 매점이 있다.

로비를 지나서야 영화 상영 공간으로 들어가는 문이 있다. 상영관은 외부의 선입견과는 달리 멀티플렉스 극장의 내부와 다를 바 없다. 계단식으로 객석이 배치되어 있고, 스크린도 넓다. "극장 건물 골격은 그대로예요. 대신 지하로 땅을 더 파서 상영관을 배치했지요." 다시 말해 입구 정면과 측면은 바뀌었을지라도, 상영관의 구조는 크게 달라지지 않았다는 게 고 사장의 설명이다. 다만 현대식으로 바뀌었을 뿐이라고 한다. 극장 건물 오른쪽 측면으로 돌아가서 보면 극장의 내부 구조가 납득이 간다. 오른쪽 측면(과거의 구조라면 극장 건물의 뒷면)은 초기 건축 모습 그대로라고 한다. 극장의 정면과 측면이 바뀌다 보니, 입구 옆쪽 1층 빈 공간은 점포로 개조해서 세를 주었다고 했다.

동두천에도 멀티플렉스 상영관이 들어온다는데…

영화 〈시네마 천국〉은 영사실 안에서 싹트는 나이 든 영사기사 알프레도와 어린 토토의 우정을 기둥 줄거리로 이탈리아 영화관의 풍경을 보여준다. 오늘날 〈시네마 천국〉에 등장했던 영사실은 사라졌다. 극장 객석의 뒤쪽 가장 높은 공간에서 필름을 돌릴 필요가 없어졌기 때문이다. 동광 극장 역시 이제는 영사실이 없다. 극장 로비에 옛 영사기가 전시되어 있지만, 영화는 디지털 시스템으로 돌아간다. 따라서 동광 극장 가장 높은 곳 영사실이라든가, 2층의 공간은 창고처럼 쓰인다.

객석의 구조가 바뀌었기 때문에 2층 로비는 더 이상 필요 없어졌다. 허드레 물건이 잔뜩 쌓인 창고 한켠에는 영화 스틸 사진 포스터가 먼지를 뒤집어쓴 채 잔뜩 쌓여 있다. 언제부터 모아둔 포스터인지는 일일이 확인할 수 없었으나, 동두천 시민들에게 눈물과 웃음을 주었던 영화들일 터이다. 2층 창고 공간으로

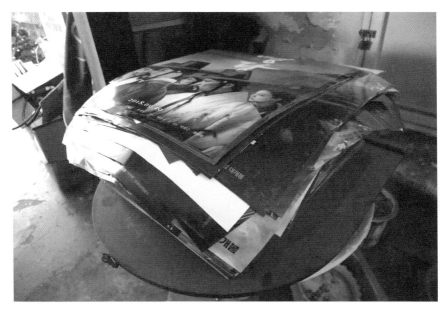

올라가면, 예전 정면이었던 공간을 좀 더 확실히 확인할 수 있다.

　답사하던 날 동광 극장의 상영 영화는 〈암수살인〉과 〈명당〉이었다. 가장 최신의 영화다. 영화 필름을 상영하던 시절에는 서울 시내 개봉관을 중심으로 최신작이 걸렸다. 개봉관에서 영화를 내리고 나야 변두리로 보내지던 시스템이었다. 필름의 수가 제한되었기 때문이다. 동두천과 같은 읍 수준의 극장에는 철 지난 영화나 볼 수 있었다. 동두천은 1981년에야 양주군 동두천읍에서 시로 승격했다. "예전에는 필름 한 벌을 가지고 이 극장 저 극장으로 보내던 시절이었지요. 동두천에는 나중에야 필름이 들어왔지요. 의정부만 해도 제일 극장 같은 데서는 서울 개봉관과 거의 같은 시기에 개봉작을 상영했잖습니까. 하지만 지

금은 소도시 극장이든, 대도시
극장이든 동시에 개봉작을 상
영할 수 있지요."(고재서 사장)

그래도 동광 극장은 1959
년 개관 이래 잘나가는 극장
이었다. 미군 기지가 자리 잡
은 도시여서 경기도 좋았다.
1960년대 후반부터 산업화가
본격적으로 추진되기 전까지
동두천은 귀한 달러를 벌어들
이는 중요한 도시였다. 교통이
불편하던 시절이라 서울로, 의
정부로 '극장 구경'을 가기도
쉽지 않을 때이니, 동광 극장
이 성업했으리라는 점은 의심
의 여지가 없어 보인다. "저희
부친이 1986년 동광 극장을
인수했지요." 고 사장의 부친
은 원래 동두천 사람은 아니

동광극장 로비에 걸려있는 문화극장(구 케네디기념관) 옛 사진

동광극장 로비에 걸려있는 동두천 옛 사진.
미군들이 많았을 때의 보문동 거리라고 한다

라고 했다. 하지만 1972년 현재의 문화극장(예전에는 케네디 기념관)을 인수하면서
본격적인 극장 사업을 시작했다고 한다. (케네디 기념관이 문화극장으로 바뀐 사정은 아래
에서 다시 살펴보기로 한다.)

동광극장 로비에 걸려있는 동광극장 옛 사진.(간판을 손으로 그렸을 때의 모습)

동광극장 로비에 걸려있는 옛 완행버스 사진

극장 사업은 순조로웠던 듯하다. 그러나 고 사장의 부친은 1976년 작고했다. 문화 극장 경영은 고 사장의 모친과 형제들이 맡았다. 고씨네는 아예 1986년 동광 극장까지 인수했다. 동두천에 있는 두 개의 극장이 모두 그 집안의 소유가 되었다. 동광 극장까지 인수한 것을 보면 그 무렵까지도 극장은 수익성이 있는 사업이었다고 하겠다. 고 사장은 1993년 동광 극장을 현재의 모습으로 리모델링했다. 현재 고 사장은 동광 극장을 운영하고, 모친과 동생이 문화 극장을 운영한다.

"동두천에도 멀티플렉스가 들어올 예정입니다. 그러면 동광 극장이나 문화 극장이나 타격이 크겠지요. 문화 극장에 찾아가셔도 여기처럼 얘기를 들으시기는 어려울 겁니다. 신경이 예민해져 있거든요." 그래도 동광 극장을 둘러보는 동안 관객들이 몇 명 들어왔다. 수리 중이라는 말에 발길을 돌리기는 했어도, 연인끼리 온 경우도 있었고,

문화 극장 정면. 개관 초기에는 오른쪽 높이 솟은 부분에 성화대처럼 화로를 설치했었다고 한다

혼자 찾아온 사람도 있었다. 동광 극장은 여전히 동두천의 연인들과 영화를 좋아하는 시민들의 사연과 추억이 서린 공간이라는 증거일 터이다.

소도시에서 극장의 의미

고재서 사장의 말은 틀리지 않았다. 동광 극장에서 동광로를 따라 두 블록쯤 떨어진 문화극장(동광로 66)을 찾아갔을 때 매표소에서부터 '둘러볼 수 없다'고 딱 잘라 거절당했다. 찾아온 이유를 설명했지만 단호했다. 어쩔 수 없이 외부에서 극장 건물치고는 다소 특이한 외관만 관찰할 수밖에 없었다. 문화극장은 동광극장과 달리 입구에 매표소를 두고 입장권을 구입해 들어가는 구조다.

입구만 보면, 문화극장은 멀티플렉스 시대 이전 소도시의 극장과 흡사하다. 매표소가 있고, 표를 끊고 들어가는 입구가 있다. 극장 앞이마 부분엔 상영 중인 영화 포스터가 여러 개 붙어 있다. 1층 왼쪽은 음식점으로 세를 준 듯하다. 극장 앞마당은 주차장이다. 하지만 조금 떨어져서 전체 외관을 살펴보면 극장이라기에는 공공 회관 형식의 건물이라는 것을 알 수 있다. 우선 건물의 오른쪽이 1개 층 높이 이상으로 높다. 전면은 수직선 띠를 규칙적으로 배열하여 건물의 수직성을 강조했다. 건물 옥상 위로 박공 형태의 지붕이 조금 보인다. 애초

문화극장 상부 정면

에 극장으로 짓지 않았다는 것을 한눈에 짐작할 수 있다. 건물 오른쪽 옆으로는 영화 포스터를 크게 실사 출력하여 걸어놓고 출입을 통제하고 있다. 포스터를 들추고 들여다보면 널찍한 후원이 보인다. 1층 입구 부분이 언제 어떻게 변형되었는지는 확인하기 어려웠지만, 기록에 남아 있는 대로 이 건물은 극장이 아니라 회관이었다는 것을 금세 알아챌 수 있다. 문화극장 건물은 원래 케네디 기념관으로 1969년 준공되었다. 그런데 어쩌다가 극장이 되었을까? 다음 이야기는 동두천 문화원 박재의 이사의 증언을 시간순으로 재구성한 것이다.

케네디기념관이 극장으로 변한 사연

1960년대 초 송두영이라는 화백이 동두천에서 활동했다. 송 화백은 동두천이 양주의 일개 읍이었던 시절 양주문화원장을 역임한 문화예술계 인사였다. 송 화백은 불교를 전공한 인물로서 탱화 솜씨가 뛰어났다. 아호가 하정下頂거사인 그는 존 F. 케네디 대통령 좋아했다. 케네디 대통령이 암살된 후 송 화백은 케네디의 초상화를 그렸다. 동두천이 대표적인 미군 주둔지였던지라, 초상화는 연줄을 통해 미망인 재클린 케네디에게 전달되었다. 재클린은 송 화백에게 감사의 편지를 보냈다. 이 일을 계기로 케네디 기념관 건립 논의가 시작되었다.

　미군이 주둔하는 지역일 뿐 케네디 가와 전혀 관련이 없는 동두천에 기념관을 짓는 일은 한국인들, 특히 동두천의 일부 인사가 추진한 일이었다. 송 화백은 기념관을 짓기 위한 모금운동에 나섰다. 청년 박재의는 기념관 건립 운동에 기꺼이 동참했다. 하지만 미국의 지원은 없었고, 모금 성과는 시간이 갈수록 지지부진해졌다. 하와이에서 한국의 미술품을 판매해 수익금을 기금으로 삼으려고 했으나 이마저 실패했다. 한국에서 미국으로 보낼 미술품은 수억 원어치를 수집해 부산에서 미국으로 보냈다. 하지만 현지에 가서 전시와 판매를 하려면 송 화백이 도미해야 했는데, 재정보증인을 못 찾아 미국에 건너갈 수 없게 되었다. 결국 전시도 판매도 심지어 보낸 미술품의 소재도 찾지 못하는 지경에 이르렀다.

결국 작품을 회수도 못 하고 큰 손실만 입었다. 그러나 케네디의 이름을 걸고 시작된 기념관 사업을 그냥 접을 수는 없었다. 마침내 박정희 정부의 문화공보부가 모자라는 자금을 지원했고, 미 7군의 도움을 받아 기념관은 1969년 완공을 볼 수 있었다. 하지만 모금운동이 길어지는 과정에서 송 화백은 사기꾼으로 몰렸다. 송 화백은 건물의 준공 이전에 잠적해버리고 말았다.

케네디회관 시절 이 자리에는 동상이 세워져 있었다

"준공식은 제 손으로 했습니다. 건물 옥상 오른쪽에 높이 솟은 부분 꼭대기에 성화대 같은 화로를 설치하고, 일주일 동안 불이 타오르게 했습니다. 자유의 봉우리라고 불렀지요. 기념관의 용도요? 행사장으로 사용되기도 했지만 결국은 결혼식장으로 쓰이는 경우가 많았습니다. 당시 동두천에는 변변한 결혼식장이 없었거든요. 송 화백은 빚 때문에 야반도주했으니까, 운영은 제가 주도적으로 해야 했지요. 나중에 들은 얘기지만, 송 화백은 미국에서 작고했다고 하더군요."

개관 당시 신문에 실린 회관의 사진을 보면, 현재 매표소와 입구 등이 설치된 모습이 아니다. 현재의 모습에서 앞쪽으로 증축을 하고 구조를 바꾼 것으로 추정된다. 케네디 기념관 개관식은 성대했던 것 같다. 기념관 앞마당에는 케네디의 흉상도 세워졌다. 개관 당시 기념비 제막행사에 문화공보부 장관, 서울시장, 주한 미국 대사 등이 대거 참석할 정도였다고 한다. 동두천 케네디 기념관은 한미관계 우호의 상징물인 양 부각되었다.

그러나 박재의 이사가 증언하듯이 케네디 기념관에서 한미관계를 상징하는 행사는 별반 열리지 않았다. 몇 차례 행사가 열렸으나 케네디 기념관은 결혼식장이 되고 말았다. 지금은 흉상도, 기념비도 찾아볼 수 없다. 더 심각한 문제는, 건물의 소유권이 관계자들도 모르는 사이에 현 문화극장 소유자의 부친에게 넘어갔다고 한다. 잠적 중이던 송 화백이 언제 얼마에 건물을 넘겼는지는 모른다. 모금운동으로 지어지고, 정부의 지원까지 받아 지어진 건물이었지만 소유권은 송 화백에게 있었던 듯하다.

케네디 기념관은 1972년 새로운 소유주에 의해 극장으로 바뀌고 말았다. 문화극장 옆 골목에서 노점을 하는 아주머니 말에 의하면 앞마당에 몇 년 전까

측면에서 들여다본 문화극장 정원. 터가 넓다

지 동상이 있었다고 한다. 극장으로 바뀌었어도 케네디의 이름을 걸고 지어진 건물의 흔적을 완전히 지워버릴 수는 없었던 듯하다. "부친이 회관을 인수했을 당시에 1층에 케네디 기념 사업회니, 예식사업부니, 신문사 지국이니 하는 사무실이 무상으로 들어와 있었어요. 한동안은 사무실을 그대로 사용하도록 그냥 두었습니다. 아버님이 돌아가시고 나서 어머님과 우리 형제들이 경영을 하게 되면서 사무실들을 하나씩 정리했지요."(고재서 사장)

동광 극장과 문화 극장의 미래

동광 극장과 문화 극장이 위치한 거리의 이름은 동광로다. 얼핏 들으면 동두천 최초의 극장명을 기리기 위한 이름일 수 있다는 생각이 든다. 하지만 박재의 이사의 증언은 다르다. "저희 선친이 일제 강점기에 여기 생연동에서 동광양조장이라는 양조장을 설립하셨어요. 그렇게 따지면 동광이라는 이름은 양조장에서 따온 게 아닌가 싶습니다." 물론 동광양조장은 지금 없다. 동광의 기원이 양조장이든 극장이든 이제 동두천 시민에게는 시내 중심가의 중요한 거리 이름이다.

영화라는 신문물 매체가 소개된 이래 영화를 상영하는 극장은 영화를 통해 한국인들이 근대를 내면화하는 중요한 매체였다. 일제 강점기 이래 지방 소도시에 하나 둘 극장이 들어섰고, 이들 극장은 큰 사랑을 받았다. 지역민에게는 도시를 대표하는 장소로 받아들여지기도 했다. 동광 극장과 문화 극장이 멀티플렉스 상영관에 완전히 밀려나게 될까? 엄연히 개인 사업이므로 문을 닫는 일을 막을 수는 없다. 하지만 두 극장이 사라지면 두고두고 추억의 장소가 또 사라지는 아쉬움이 클 듯하다.

| 도움말 주신 분 |

고재서 동광극장 대표
박재의 동두천문화원 이사

| 참고자료 |

한국영상자료원, 『은막의 사회문화사: 1950~70년대 극장의 지형도』, 2017.
"성금으로 세운 「케네디」기념관│사재로 둔갑 팔려", 『중앙일보』, 1973년 9월 28일.
최형원, "'못 본 만큼 더 보고 가세요' 전국 유일 단관극장의 여유", 『오마이뉴스』, 2009년 9월 29일.
이명수, "오랜 역사속에 동두천 동광극장", 『중부일보』, 2015년 4월 5일.
"8000원으로 발뻗고 영화볼 수 있는 극장 있다고?", 『매일경제』, 2018년 5월 3일.

02
동두천 보산 지구와 양키시장

답사일 : 2009년 3월 24일

"대표적으로 희생당한 도시"

동두천시는 시 승격 30주년을 2년여 앞두고 있다. 1981년 7월 1일 양주군 동두천읍에서 시가 되었기 때문이다. 1963년 1월 1일 읍이 되기 이전 이곳은 양주군 이담면伊淡面에 속했다. 한국전쟁 이전까지만 해도 한적한 농촌지역에 불과했던 이담면은 1951년 미군이 자리 잡으면서 급속하게 흥성거리는 지역으로 변모해 불과 10여 년 만에 읍이 되었고, 다시 20년이 채 지나기 전에 시로 독립한 것이다.

동두천시는 '창씨개명' 도시라 할 수 있다. 동두천이라는 지명부터가 일제가 붙여준 이름이다. 일제가 경원선을 개통하고 나서 원래는 가정자리柯亭子里였던 지역에 들어선 역을 동두천역이라 명명했다. 동쪽에 근원을 둔 냇물이라는 뜻이다. 1998년 판 『동두천시사』는 이 명칭 자체가 일제의 문화 말살정책에 따른 것이라고 본다. 그마저도 1950년대 어름에 또 한 차례 수난을 당했다. '동두내'라고도 불렸던 '동두천'의 한자표기는 원래 '머리 두頭'자를 썼으나 무슨 까닭인지 '콩 두豆' 자로 바뀌었다는 것이다.

1951년 7월 미군 제24사단 휴양소가 이 지역에 설치된 시점 이후 동두천

보산지구 전경

은 이름만이 아니라 모든 것이 근본적으로 바뀌었다. 이른바 '기지촌의 현대사'
가 시작된 것이다. 미군 기지를 중심으로 전국에서 몰려든 사람들이 미군 기지
의 변화에 따라 울고 웃었다. 억척스레 돈을 모은 사람도 있고, 미군에게 살해
당한 사람도 있고, 미군을 따라 미국으로 간 사람들도 있었다. 하지만 공식 역
사는 기지촌의 삶을 제대로 기록해준 적이 없다.

1950~70년대 동두천은 부족한 국내 외화를 벌어들이던 중요한 창구였다. 기지촌에서 흘러나온 달러는 피폐한 한국경제를 떠받치는 중요한 기둥이었다. 그러나 정부도, 국민도 동두천을 외면했다. 어려웠던 시절에는 짐짓 모른 체하며 과실만을 챙겼고, 좀 살만해지고 나서는 치부라며 덮는 데 급급하거나 손가락질을 해댔다. "동두천은 대한민국에서 대표적인 희생지역입니다." 동두천문화원 이계홍 사무국장은 한마디로 동두천의 현대사를 압축했는데, 이러한 인식은 동두천 시민들 다수가 공유하고 있다.

동두천에서도 보산 지구와 애신 시장(양키시장)은 각별한 희생지역이다. 미군 전용 클럽이 밀집한 보산 지구와 한때 전국 최고의 미군 물자 암시장 구실을 했던 양키시장은 지난 시절 한국의 '달러박스'였지만 현재는 처치 곤란한 애물단지로 전락했다. 2016년으로 예정된 미군 기지 이전과 공여지 반환을 앞두고 두 지역은 생사의 갈림길에 서 있다. 그러나 이들 지역의 과거와 현재, 영광과 오욕을 정직하게 정리하려는 시도는 거의 이루어진 적이 없다. 이들 두 지역을 경기도의 근현대 문화유산으로 지정하고 기억해야 할 가치가 있는가라는 질문에는 선뜻 답하기 어렵다. 하지만 경기도 근현대사의 한 단면을 정직하게 보여주는 이곳의 역사를 미군 기지 이전이 이루어지기 전에 체계적으로 정리해 두어야 한다는 사실만큼은 분명하다.

보산 지구의 현황

보산 지구의 정식 명칭은 '동두천시 외국인 관광특구'다.('외국인 관광특구'라는 그럴듯한 미명보다는 보산지구라는 고유명사가 더 널리 알려져 있기 때문에 이 글에서는 그대로 보산지구로 통칭한다.) 보산 지구는 보산동의 서쪽 끝에 자리 잡고 있다. 정확하게는 보산

동 427번지 일대 약 11만m^2(3만3,274평)다. 미2사단 캠프 케이시(Camp Casey) 정문에서 경원선 철로를 건너 서쪽지역으로, 철로와 신천新川 사이 약 $2km$에 걸쳐 펼쳐진 상가지역이다. 보산 지구에서 건너다보이는 신천 변에는 붉은색과 흰색으로 칠해진 캠프 님블(Nimble) 대형 급수탑이 있다.

박영호 동두천시 특수 관광협회 전 회장에 따르면 보산 지구에 있는 외국인 전용 클럽은 약 70개이고, 전체 점포는 250개쯤이라고 한다. 그러나 동두천시청 특수 대책 지역과에서 입수한 공식 현황에 따르면 2007년 말 현재 이곳 점포 총수는 332곳이고, 외국인 전용 클럽은 62곳이다. 클럽 이외의 업소는 음식점, 의류점, 공예점, 식품판매점, 환전소, 기타로 분류된다. 이처럼 현지 업주의 추산과 공식 기록이 차이를 보이는 이유는 최근 이 일대 노점상들을 정비했기 때문이다. 게다가 이라크 전쟁 발발 이래 미 2사단 2개 연대가 빠져나가면서 보산 지구 업소들의 영업이 그만큼 어려워져 업소의 변동이 심하기 때문으로 추정된다. 2007년 말 현재 동두천 지역 주한미군은 5,700여 명이다.

고가화高架化한 경원선 철로 옆의 도로변 상가는 주로 기념품점이다. 미군을 상대로 술장사를 하는 외국인 전용 클럽은 그 뒷길 양옆으로 늘어서 있다. '킹 클럽(King Club)'이 시발점이다. 원래는 캠프 케이시 북쪽 헬기장 근처에도 클럽이 많이 있었다고 한다. 김정주 씨(62세)에 따르면 헬기장 부근을 북보산지역이라 했는데, 이곳 클럽들은 모두 사라졌다.

클럽의 규모는 제각각이다. 미군은 클럽 규모와 최대 출입 가능 인원 등을 통제하는데, 최소 기준은 30평이고, 최대 100평을 넘을 수 없다. 한 클럽에서 수용 가능한 인원도 최대 100명이다. 직접 들어가 본 M 클럽은 간소하다는 느낌을 주었다. 출입문과 입구 통로의 화려한 외장과는 달리 클럽 내부는 중앙에 스

테이지가 있고, 소파와 탁자가 7~8조 설치되어 있을 뿐이었다. 홀 안쪽에 칵테
일 바가 있고, 스테이지 옆으로는 포켓볼 당구대 1대와 수동으로 막대를 돌리
는 방식의 구식 놀이기구 1대가 전부였다.

　　바(bar) 기둥에 1988년 이후 출생자에게는 술을 팔지 않는다는, 영어로 된
경고 문구가 눈에 띄었다. 미군 복무 가능 연령이 18세부터여서, 미군 사병의

60%가량이 미성년자라고 한다. 이들은 클럽에 들어올 수는 있지만 술을 마시지는 못한다. 요즘엔 필리핀 노동자들이 많이 찾아오는 추세라 한다.

외국인 클럽 건물들은 정면보다 측면이 3배쯤 길다. 정면 입구가 7~8m가량이면 측면은 20m가량 된다. 정면 쪽은 홀이고, 측면 쪽은 여종업원 숙소이자, 매매춘이 이뤄지던 장소다. 이름을 밝히지 않은 업소 주인은 클럽이 한창

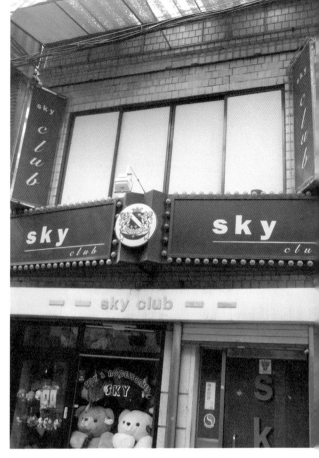

보산지구 스카이 클럽. 보산지구에서는 최초로 지어진 2층 건물이다. 50년대 후반건물로 추정된다

번창할 때 정식 종업원 이외에 30여 명의 한국인 여성들을 거느리고 있었다고 한다. 하지만 80년대 말부터 이른바 '양공주'로 불리던 한국 여성들이 빠져나가기 시작해 지금은 거의 남아있지 않다. 이 업주 역시 요즘은 필리핀 여성을 포함해 정식 남녀 종업원 10명만 데리고 있다고 밝혔다.

클럽 거리가 시작되는 시점에서 캠프 케이시 정면 쪽으로 올라간 곳에 위

클럽 무스탕의 정면

치한 관광특구 상가 연합회 건물 2층에서 내려다 보면 보산 지구 곳곳에 70년대식 슬레이트 지붕 건물들이 있다. 앞면의 화려함과는 대조적으로 그만큼 이 지역이 낙후돼 있다는 증거다. 상가 연합회 사무국장은 건물들이 노후해 보산 지구 전체를 재개발해야 한다고 강조했다.

"60년대 대한민국 달러는 여기서 다 나갔습니다. 한 달 수입이 수십만 달러였지요. 개도 달러를 물고 다녔으니까요. 80년대 중반까지도 괜찮았습니다. 하지만 지금 매출은 그때에 비해 50분의 1도 안됩니다." 약간 과장이 섞여있다고 해도, 보산 지구가 대한민국의 굵직한 달러 수입원이었던 시절이 분명히 있었고, 현재 이곳 영업이 어려운 것도 사실이다. 동두천시 특수 지역대책과 하재봉 과장은 80년대만 해도 보산 지구가 동두천의 지역 내 총생산에서 차지하는 비중이 70%를 상회했으나, 지금은 20%

에도 못 미친다고 확인해 주었다. 『사회 · 경제공간으로서 접경지역』에 실린 통계를 보아도 2002년 현재 동두천시의 1인당 생산수준은 833만 원으로 연천군(788만 원)보다 조금 많고, 양주(1,212만 원)나 포천(1,022만 원)보다도 적다.

보산 지구의 과거와 미래

보산 지구의 역사는 곧 미군 주둔의 역사다. 미군은 51년 7월 이곳에 미 24사단 휴양소를 지었다. 이어 52~53년엔 미 3사단 6연대(중남미계 미국인 부대)가 동두천을 거쳐 갔고, 이어 25사단 24연대(흑인 부대)도 주둔한 적이 있다. 52년부터는 7사단이 자리를 잡아 70년까지 있었다. 사단가(師團歌)를 '아리랑'으로 정했던 7사단은 17년이나 주둔하다가 캘리포니아 마리나 시(市) 옮겨갔다. 이어 미 보병 2사단이 그 자리에 들어와 현재까지 근 40년째 주둔 중이다.

전쟁 직후 미군이 자리 잡는 곳을 따라 피란민들의 판잣집, 움집이 생겨났고, 미군을 상대로 하는 술집과 집창촌이 형성된 것은 전국적인 현상이었다. 『유곽의 역사』에 따르면 적막한 시골이었던 보산리에도 대형 기지촌이 형성됐다. 현 캠프 케이시의 북쪽 지역에는 북보산리라고 해서 흑인 전용 클럽들이 들어섰다. 1964년 마틴 루터 킹 목사가 피살됐을 때는 흑백 갈등이 최고조에 달해 흑인 병사와 백인 병사 간에 집단 패싸움이 벌어지기도 했다.

1960년대 동두천의 '양공주'는 7,000명에 육박했다. 한국인 여성들도 백인을 상대할 경우 '쌀밥', 흑인을 상대할 경우 '보리밥'이라고 부르며 서로 차별했다. 이후 '홍콩 빌리지'로 불리던 북보산 지역은 사라졌다. 하지만 흑백 갈등은 70년대까지도 남아 있었다. 미군의 강력한 분리 철폐 조치에 따라 조금씩 희석되었지만, 현재도 완전히 사라진 것은 아니라고 한다. 현재도 흑인들이 자주 가는 클럽이 몇 곳 따로 있다는 것이다.

지금은 경원선 철로가 고가화되어 있지만, 예전에는 철로 지반이 제방처럼 높아서 반대편이 보이지 않았다. 미군들은 캠프 케이시 정문에서 남쪽으로 50m 지점쯤 있는 철도 건널목을 건너 보산 지구로 넘어오곤 했다. 철로 지반이 높았기 때문에 홍수가 지면 보산 지구의 물이 신천으로 빠져나가지 못해 전체 상가가 물에 잠기는 일도 잦았다.

1960년대까지만 해도 미군과 한국인, 흑백 미군 간 패싸움과 총질까지 벌어져 '리틀 시카고'라 불리던 이 일대는 1970년대 한국이 고도성장을 거듭하

클럽 뒷골목

면서 '양공주'들이 서서히 빠져나갔다. 『동두천지방행정사』의 통계에 따르면 1979년 말 동두천의 '직업여성'은 2,709명으로 줄었다. 60년대에 비해 절반 이상이 떠난 셈이다. 그래도 업주들이 기억하는 '좋은 시절'은 80년대 중반까지 이어졌지만, 보산 지구는 서서히 내리막길을 걸었다고 할 수 있다.

1992년 10월 발생한 윤금이 씨 사건은 보산 지구의 '좋은 시절'이 끝났음을 알리는 결정적인 사건이다. 스무 살짜리 미군 병사 케네스 리 마클 이병이 윤 씨를 끔찍하게 살해한 이 사건을 계기로 전 국민적인 항의가 이어졌다. 동두천시 택시 기사들이 '미군 승차 거부 운동'을 벌이는가 하면, 상인들도 '미군 손

캠프 케이시 정문 아래쪽 경원선 철로 밑. 교각이 서 있는 곳이 예전 미군들이 보산지구로 건너오던 철도 건널목 자리다

님 안 받기 운동'을 펼칠 정도였다. 현재 보산 지구에서 클럽을 운영하는 업주들도 윤금이 사건을 가장 기억에 남는 사건으로 꼽았다. 그러나 아쉽게도 윤금이 사건은 기지촌 여성들의 인권과 기지촌의 현실을 직시하는 계기로 이어지지 않았다.

70년대부터 경기도와 동두천시가 진행한 보산 지구 대책 사업은 기껏해야 이곳 여성들의 성병 검진 강화, 국가 안보 의식 교육 따위가 고작이었다. 1990년대 중반 들어서야 그동안 기지촌 주민이라는 멍에를 쓰고 살았으면서도 시 전체면적의 75%가 각종 규제에 묶여 있는 현실에 대한 시민들의 분노가 터져 나왔다. 그 결과 시민 1만 1,500명이 연명으로 동두천을 특별대책지역으로 지정해 줄 것을 요청했다. 보산 지구가 97년 1월 관광특구로 지정된 것은 그런 움직임의 연장선상에서였다.

동두천시는 2004년 도비 포함 약 40억 원을 들여, 캠프 케이시 정문 건너편에 야외무대와 분수대 등을 갖춘 한미 문화의 광장을 조성했다. 2009년 4월부터는 보산 지구 내 상점들의 간판을 새롭게 디자인해 교체하는 작업에 들어간다. 깨끗한 거리 이미지 형성을 위해 전선 지중화 사업도 벌일 계획이다. 아울러 보산 지구를 상징할 수 있는 상징물을 공모해 광장 인근에 설치할 예정이라고 한다. 하지만 보산 지구를 향후 어떻게 할 것인가라는 데 대해서는 미군 기지가 반환된 다음에 종합적으로 생각해 볼 문제라고만 밝혔다. 그 역사를 정리할 계획은 물론 없는 듯하다.

"별별 생각을 다 해봤습니다. 에버랜드 형 대형 위락시설을 세우는 방안, 경륜장을 유치하는 방안 등등을 수도 없이 논의했지요." 업주들은 미군 기지가 이전한 이후 보산 지구가 살아날 방도를 고민하면 답이 안 나온다고 했다. 이곳에 와서 클럽을 운영한지 30년이나 된다는 한 업주는 갈수록 매출이 떨어지는 현실 앞에서 잠이 안 올 지경이지만 속수무책이라고 털어놓았다.

동두천은 미군에 의해 생겨나고 미군과 고락을 같이 했던 소도시이므로 산업적인 기반이 거의 없다. 300인 이상 고용한 사업장이 다섯 손가락으로 꼽을 정도다. 농업으로 되돌아갈만한 농지도 부족하다. 경원선이 원산을 거쳐 시베리아까지 연결된다면 중간 물류기지를 꿈꿀 수도 있겠지만, 아직은 그야말로 꿈일 따름이다.

업주들은 소요산과 연계하는 방안에 마지막 희망을 거는 듯하다. 경원선 보산역에서 불과 두 정거장만 올라가면 소요산역이다. 소요산은 등산객과 관광객이 갈수록 늘어나면서 봄가을 주말에는 최대 2만 명까지 찾아온다. 현재는 외국인 전용 업소 중심인 보산 지구를 내외국인 관광특구로 바꾸고 쇼핑과 위락, 유흥 거리로 조성하면 살길이 있다고 보는 것이다.

"개인적인 견해이기는 합니다만 보산 지구는 특색 있는 영어거리로 키우는 것이 대안이라고 봅니다." 하재봉 동두천시 특수 지역 대책과장은 이곳의 특장점인 영어를 활용해야 한다는 견해를 내놓았다. 자연스럽게 영어가 상용화된 지역이므로 영어마을처럼 수백억씩 들이지 않아도 영어체험 거리를 만들 수 있다는 지적이다. 아울러 지금까지 동두천 주둔 경험을 가진 미국인들이 70만 명을 웃돌 것으로 추산되므로 이들의 향수 관광을 시도해 볼 만하다고 했다. 어쨌거나 보산 지구가 대변신을 강요당하는 시점에 놓여 있는 것은 분명하다.

양키시장의 형성과 변천

동두천시가 1998년 간행한『동두천시사』에는 양키시장이 나오지 않는다. 우리 말 명칭인 '애신 시장'으로 찾아봐도 없다. 동두천문화원이 2002년 발간한『동두천지방행정사』에도 양키시장에 대한 기록은 등장하지 않는다. 지금까지 공식으로 기억되는 역사에 양키시장이 설 자리는 없었던 듯하다. 하지만 1980년 대까지만 해도 동두천 양키시장은 서울 남대문 도깨비시장만큼이나 전국적으로 유명한 시장이었다. 그리고 지금도 양키시장은 입간판까지 세우고 영업을 하는 시장이다.

양키시장을 알리는 표지 간판. 애신시장이라는 공식명칭보다 양키시장이라는 글씨가 훨씬 큼지막하다

양키시장 가게 앞에 진열된 미제 물건들. 군복과 등산용품이 눈에 띈다

　　시장을 찾기 위해 지나는 행인에게 "애신시장이 어디냐"고 물었다. "애신
시장이요? 모르겠는데요." "그러면 양키 시장은요?" "바로 저 골목으로 돌아가
세요." 생연 2동 664번지 구 동두천 소방서 뒷골목으로 접어들자 시장을 알리
는 문[門] 형태의 입간판이 서 있다. 약 150m 간격으로 소방도로 남쪽과 북쪽에
세워진 간판에는 '양키 시장 입구'라고 버젓이 쓰여 있었다.

　　"한동안 '양키 시장'이라는 명칭을 바꿔 원래 시장 이름인 '애신 시장'이라
고 하자는 논의가 있었지요. 그런데 웬일인지 여전히 그대로네요." 이곳 상가번

영회 전임 회장이자 '황금 만물상' 주인인 황준택 씨(53세)는 지난 45년 동안 '양키시장'의 생성과 변화, 그리고 현재를 지켜보았다고 했다. 1964년경 이 일대에 '양키 물건'을 파는 점포들이 자리를 잡을 무렵 황 씨는 8세였다고 한다.

당시 생연 2동은 동두천 변두리였고, 이 일대는 재래식 장이 서던 자리였다. 미군들이나 '양공주'들이 가져온 물건을 은밀하게 사고팔기 알맞은 장소였던 셈이다. 60년대 초 루핑지붕에 흙벽으로 지어진 4~6평짜리 점포가 하나둘 늘어나 30~40곳에 이르렀다고 한다. 게다가 시골장도 열렸으므로 이 일대는 근동에서 가장 흥성거리는 장터가 되었다.

양키시장 골목

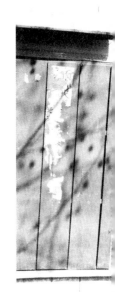

"양색시들이 온갖 물건을 다 가져왔지요." 애신 시장은 곧 동두천을 넘어 전국의 양키 시장이 되었다. 전국에서 미제 물건을 찾는 '보따리 장사'가 몰려들었다. 양담배, 양주, 씨레이션, 미제 군복, 침낭, 칼 등등 미군이 갖고 있는 물건은 모두 여기에서 입수할 수 있었다. "저는 그래도 양담배와 칼로스쌀은 취급한 적이 없습니다." 81년 비교적 늦게 '양키 물건 장사'에 뛰어든 황 씨는 담배와 쌀 자존심만은 지켰다고 강조했다.

80년대까지 씨레이션과 고어텍스(땀은 내보내고, 외부 습기는 차단하는 직물), 미군 외투와 침낭은 동두천 양키 시장이 자랑하는 최고 품목이었다. 이곳에서 한 봉지에 몇백 원을 주고 씨레이션을 떼어다가 팔면 2,000~3,000원은 너끈히 받을 수 있었고, 국내에서는 생산되지 않았던 고어텍스 제품은 등산 레저용품으로 없어서 못 팔 지경이었다. 씨레이션과 고어텍스 제품을 차떼기로 사가는 상인들이 많았다.

차떼기는 내국인들만 한 게 아니다. 미군들도 가끔씩 트럭을 가지고 이곳 제품을 사러 '양키 시장'을 찾았다고 한다. 검열을 앞두고 분실물이나 부족분을 채우기 위해서였다. 요즘도 가끔 미군들이 찾아온다. "방탄조끼를 영내에서 사려면 1천 불(130만 원) 줘야 하는데 여기서는 20만 원이면 사거든요." 가게에 들어와 도둑질을 하는 미군들도 적지 않다. 미군은 절도 현장을 헌병에게 들키지 않는 한 처벌하기 어렵다. 가게 주인이 도둑놈을 잡고 헌병을 불러도 훔친 물건을 멀리 던져버리고 훔치지 않았다고 주장하면 그냥 보내줘야 한다.

80년 말을 기점으로 양키 시장의 전성기는 지나갔다. 수입 자유화 품목이

미군 클럽 앞. 클럽의 판자벽 등으로 미루어 50년대 사진으로 추정된다.
장소 역시 동두천인지 확실하지 않다.
(동두천문화원 이계홍 사무국장 소장 사진 스캔.)

50년대 소년들. 장소가 동두천인지는 확실치 않다.
(동두천문화원 이계홍 사무국장 사진 스캔.)

늘어나면서 소비자들이 굳이 '암시장'을 이용할 이유가 없어졌기 때문이다. "그래도 90년대까지는 장사가 괜찮았습니다." 90년대 중반 양키 시장 재개발이 이뤄진 것도 그때까지만 해도 양키 시장이 완전히 쇠락하지는 않았다는 증거다. 당국 역시 합법시장은 아니지만, 달러를 벌어들이는 중요한 창구인 이 시장을 완전히 모른 체할 수 없었다는 방증이기도 하다.

현재 양키 시장에서 장사를 하는 점포는 16곳 정도 된다. 90년대 말부터 점포들이 하나둘 문을 닫았다. 양키 시장 취급 품목이 대부분 군수품인데다 관

경기도 양주군 동두천읍 : 시가지 정비 사업으로 모습이 바뀌어진 기지촌
평화로 개통(1975년)

시승격 이전 동두천 평화로. 《사진으로 보는 동두천》에서 스캔)

※ 현재 국민은행 부근 버스 정류소, 짐꾼들이 손님을 기다리는모습

버스의 모양이나 리어카꾼 등으로 미루어 50년대 혹은 60년대
동두천의 거리 모습으로 추정된다. 《사진으로 보는 동두천》 스캔)

세법 위반이 걸려 있기 때문에 동두천시와 시장 상인들은 요즘도 숨바꼭질을 한다. 최근에도 단속 소식이 돌아 1~2주간 문 닫은 가게가 많았다고 한다.

"미군이 떠나면 우리 가게도 접을 겁니다." 양키 물건 장사로 3남매를 대학 교육까지 시켰다는 황 씨는 그럴 수밖에 없는 것 아니냐고 되물었다. 최근에 물건을 사러 오는 고객은 오래전부터 미군 식료품에 입맛이 길들여진 사람이거나 색다른 레저용품을 찾는 등산 마니아 아니면 귀국을 앞두고 선물을 사러 오는 외국인 근로자다. "이곳 상인들이나 양색시들은 그래도 달러를 벌어들여 대한민국을 만든 사람들입니다."

양키 시장통에 오가는 행인들도 드물었다. 한눈에 보기에도 성매매 업소임을 알 수 있는 건물들이 시장통에 버젓이 자리를 잡고 있기도 했다. 『유곽의 역사』에 따르면 생연 2동 일대는 60년대부터 주로 내국인을 상대로 하는 집창촌이 많았다고 한다. 지금도 양키 시장통 중간에는 '24시간 청소년이 출입할 수 없는 지역'임을 알리는 경고판이 서 있다. 이 경고판은 한때의 '달러박스'가 우리의 아이들에게 보여줘서는 안 되는 '애물단지'로 전락했음을 보여주는 상징이다.

2011년은 동두천이 시로 승격한지 30년이 되는 해이기도 하지만 동두천에 미군이 주둔한지 60년이 되는 해

1978년도 전 보산리 사무실앞 (상습수해지역)

보산리가 물에 잠긴 모습. 《〈사진으로 보는 동두천〉 스캔)

동광교 다리 1959년
아낙네들이 시장을 보고 즐겁게 집으로 향하고 있다
물이 많을때 배로 건너주고 물이 없을때는 돌다리 사용

돌다리였던 옛 동광교 사진. 《〈사진으로 보는 동두천〉 스캔)

이기도 하다. 시 승격 이전 30년이 남들이 무엇이라고 하든 우선 먹고살기 위해 몸부림친 시간이었다면, 이후 30년은 '기지촌 도시'라는 달갑지 않은 멍에를 벗어나기 위해 노력해온 시간이었다고 할 수 있다. '희생'과 '회생'이 교직되는 역사였던 셈이다.

동두천 시민들은 현재 국회에 계류 중인 '동두천 특별법'이 하루빨리 통과되어 미래 청사진을 그릴 수 있기를 희망한다. 미군이 들어오면서 수용된 건물만 1만여 동에 이르고, 기지에 공여된 땅이 9천만 평(그중 절반이 무상수용)이나 되는데다 시 전체면적의 75%가 각종 규제에 묶였으니 동두천 시민들이 "대한민국을 위해 대표적으로 희생당한 도시"라는 인식을 갖지 않을 수 없다. 게다가 남들의 손가락질을 받으면서 보산 지구와 양키 시장을 통해 벌어들인 달러로 손가락질하는 대한민국 경제발전의 한 축을 담당하기도 했다.

동두천시민들은 아직 가시화되지는 않았지만 2016년 미군 기지가 반환되고 번듯한 도시 발전의 상을 갖게 되어 과거 희생에 대한 보상을 받을 날을 손꼽아 기다린다. 당연한 기대다. 하지만 그 전에 '기지촌의 기억'을 있는 그대로 들여다볼 필요가 있다. 그래야 피해자/가해자라는 이분법만으로는 포괄할 수 없는 삶의 흔적들을 제대로 정리하고 담담하게 끌어안을 수 있다. '기지촌이 우리에게 무엇이었는가'라는 물음에 답할 수 있어야 기지촌의 미래에 대한 올바른 상을 확보할 수 있을 것이기 때문이다.

무엇보다도 보산 지구와 양키 시장을 삶의 터전으로 삼았던 사람들의 기억을 다각도로 채록하여 정리해야 할 것으로 보인다. 현재 이 작업은 어느 곳에서도 이루어져 있지 않은 듯하다. 보산 지구의 경우 업주의 시각에서 뿐만 아니라 이곳을 거쳐 간 미군들, 그리고 그들과 성과 물자를 교환해야 했던 이들의 생생한 증언을 수집하는 작업이 요청된다. 이는 그 자체로 동두천의 현대사, 나아가 경기도와 대한민국의 현대사를 구성하는 중요한 한 부분이기 때문이다.

한 세대 전 시인 김명인은 〈동두천〉이라는 시에서 "더러운 그리움이여 무엇이/ 우리가 녹은 눈물이 된 뒤에도 등을 밀어/ 캄캄한 어둠속으로 흘러가게 하느냐"라고 물었다. 우리가 애써 바라보려고 하는 밝은 과거만이 아니라 시인으로 하여금 '캄캄한 어둠 속'이라고 인식하게 했던 과거를 이제는 복원할 때가 되었다. 그 일은 미군 기지가 이전하기 전에, 양키 시장이 사라지기 전에, 보산지구가 완전히 탈바꿈을 하기 전에 시작되어야 한다.

| 도움말 주신 분 |

이계홍 동두천문화원 사무국장
박영호 동두천시 특수관광협회 전 회장
박순재 동두천시 관광특구 상가연합회 사무국장
김정주 클럽 투게더 운영
하재봉 동두천시 특수지역대책과장
황준택 양키시장 상가번영회 전 회장

| 참고자료 |

동두천시사편찬위원회, 『동두천시사』 상·하, 경기출판사, 1998
동두천문화원, 『동두천 지방행정사–이담의 발자취』, 2002
동두천문화원, 『사진으로 보는 동두천』, 2002
홍성철, 『유곽의 역사–아미산하 유곽에서 파주 용주골까지, 집창촌 100년의 기록』, 페이퍼로드, 2007
박삼옥 외, 『사회·경제공간으로서 접경지역–소외성과 낙후성의 형성과 변화』, 서울대학교출판부, 2005

03
애신 보육원

답사일 : 2009년 3월 24일

현재 동두천에 남아 있는 보육 시설 가운데 가장 오래된 곳은 애신 보육원(생연 동 430번지)이다. 애신 보육원은 1958년 4월 14일 재단법인으로 정식 인가받았 다. 지행동에 있는 어린 목자의 집(옛 혜성 고아원)은 그보다 1년 뒤인 1959년 9월 설립된 것으로 기록돼 있다. 그러나 애신 보육원을 조사한 이유는 설립연도가 앞섰기 때문만은 아니다. 애신 보육원에는 1960년대에 지어진 숙소 건물이 남 아있기 때문이다. 애신 보육원 본관에서 볼 때 왼쪽에 자리 잡은 단층짜리 건 물이다. 그 아래쪽에 위치한 이층 벽돌집에 맞배지붕 기와를 얹은 건물 역시

혜성고아원 전경

애신고아원 전경

과거 혜성고아원과 애신고아원 모습. ((사진으로 보는 동두천) 스캔)

1970년쯤 건축된 애신보육원 숙소. 지금은 창고로 쓰인다

1970년 경 세워졌다.

　　현재 애신보육원 원장인 이명선 씨에 따르면 당시 전쟁고아들의 보금자리였던 이들 건물은 미군들의 도움으로 지어졌다고 한다. 번듯하게 기와를 얹은 이들 건물이 들어서기 전에는 퀀셋과 가건물에서 살았다. 물론 퀀셋과 가건물 역시 미군들이 지어준 것이다.

　　애신 보육원 설립자인 철학박사 우보 원종구 선생은 1948년 인천 작약도에서 원생 52명으로 시작한 고아원을 1953년 6월 이곳(당시 지명으로 양주군 이담면 생연리)으로 옮겨왔다. 이곳 전쟁고아들은 10년 넘게 임시수용시설에 가까운 퀀셋과 가건물에 살다가 번듯한 새 숙소를 얻은 셈이다.

　　원종구 박사가 동두천으로 자리를 옮긴 이유 역시 미 7사단의 도움이 있었기 때문이다. 원 박사는 이북이 고향인 교육자로서 서울에 일을 보러 왔다가

60년대 지어진 애신보육원 부속건물. 역시 창고로 쓰인다

전쟁으로 인해 귀향하지 못했다. 북에 자녀 10명을 두고 온 원 박사는 자식들을 못 잊어 육영사업을 시작했다고 한다. 또한 원 박사는 현재 동두천 초중고의 모태인 청용재단의 설립자로 알려져 있다. 하지만 아쉽게도 원 박사에 대한 기록은 전혀 남아 있지 않다.

이명선 원장은 9세 때인 1960년대 초 '고아 아닌 고아'로 이곳에 들어왔다. 종교적인 이유로 가족이 해체되었기 때문이라고 한다. 이 원장은 보육원에서 자라면서 학교교육을 마친 뒤에는 이곳에서 보육사로 일했고, 전임 황금주 3대 원장이 작고한 뒤 2004년부터 이곳 원장을 맡고 있다. 이 원장은 어린 시절 보육원의 모습을 비교적 상세하고 기억하고 있다.

이 원장처럼 특별한 경우가 아닌 원생들은 대부분 전쟁고아였다. 이 원장은 수용 아동이 많을 때는 160명에 이르기도 했다고 기억한다. 『동두천 지방행정사』에는 애신 보육원의 연도별 원생 수가 표로 남아 있는데, 이 원장의 구술과는 약간 차이가 난다. 이 표에 따르면 1960년 원생 수가 107명, 1965년이 106명, 1967년이 100명이고, 그 사이는 대략 60~90명 사이다. 이는 입소 퇴소가 들쭉날쭉했기 때문으로 추정된다. 또한 당시 '전쟁고아'들이 안정적으로 정착되지 못했다는 증거라고 판단된다.

옛 건물의 내부 입구. 신발장 자리였던 듯하다

현재의 관점으로 보면 100여 명이 생활하기엔 턱없이 비좁은 시설이지만, 이 원장은 그래도 당시엔 인근 부모 있는 아이들보다 이곳 보육원 아이들이 더 풍족한 편이었다고 기억한다. 먹고 입는 것 일체를 미군과 관련 선교 단체에서 지원해 주었기 때문이다. 미군들은 주기적으로 보육원 아이들을 트럭에 태우고 영내로 데려가 목욕을 시켜주기까지 했다. 미군과 선교 단체 관계자들이 자주

정문 쪽에서 바라본 애신 보육원 본관. 이 건물은 90년대 중반 예전에 식당(가건물)이 있던 자리에 지어졌다

찾아와 아이들의 상처를 건드리지 않으려고 세심하게 배려하며 즐겁게 놀아 주기도 했다.

기와 양옥 형태로 지어진 예전의 숙사는 현재 창고로 쓰인다. 이 무렵 지어졌던 다른 건물들은 모두 헐리고 다른 건물이 들어섰다. 전쟁고아들의 슬픔과 눈물도 함께 묻혔다. 미군의 지원은 끊겼지만 국가에서 보육원(고아원)을 지원하는 제도가 정비되었고, 국내 후원 등이 늘어나면서 1990년대 중반 본관과 별관 등 현대식 건물이 들어섰기 때문이다. 과거의 흔적은 다 사라지고 겨우 명맥을 유지한 60년대 숙소들 역시 동두천시 도시계획에 도로부지여서 조만간 철거될 예정이다.

현재 애신 보육원에서는 만 4세에서 18세까지 어린이 46명이 생활하며, 직원 15명이 이들을 돌본다. 원생도 '전쟁고아'에서 카드빚 등으로 버려져 상처받은 아이들로 바뀌었다. 과거 원장과 총무 2인이 100명 넘는 원생을 뒤치다꺼리 하던 시절과는 격세지감이 있다. 이처럼 어려운 시절을 거쳐 왔기에 예전 기록이나 사진은 거의 남아 있지 않다. 이 원장은 요즘 들어서야 기록의 소중함을 절감한다고 했다. 이런 형편에서 60년대 숙소마저 헐린다면 애신보육원의 과거를 보여줄 증거는 모두 사라지는 셈이다.

전쟁과 미군의 도시 동두천에서 보산 지구 · 양키 시장과 보육원은 동전의 양면이다. 한국 사회 복지사의 측면에서도 애신보육원을 비롯한 과거 동두천 고아원의 발자취를 정리해두어야 한다. 그런 측면에서 애신 보육원의 60년대 건물은 보존가치가 높다고 판단된다.

| 도움말 주신 분 |

이명선 애신보육원 원장
문태인 애신보육원 사무국장
이계홍 동두천문화원 사무국장

| 참고자료 |

『경기도 근대문화유산 조사 및 목록화 보고서』, 2004
동두천시사편찬위원회, 『동두천시사』 상 · 하, 경기출판사, 1998
동두천문화원, 『동두천 지방행정사―이담의 발자취』, 2002
동두천문화원, 『사진으로 보는 동두천』, 2002
애신보육원 홈페이지 www.aeshin.or.kr

11부

부천

01
보운산 석왕사

답사일 : 2010년 3월 16일

"두 번 놀라는 절"

"우리 절을 처음 찾는 분들은 두 번 놀랍니다. 처음엔 절이 어수선한 데 놀라고, 조금 있다가는 그런데도 마음이 편안해진다고 놀랍니다." 최자운 석왕사 룸비니 법인사무국 국장 말마따나 석왕사는 요즘 사람들이 흔히 상상하는 산중 사

석왕사 육화전

육화전 예불 광경

찰과는 거리가 멀다. '관음전' 옆에 무료 진료소가 붙어 있고, 바로 옆 건물엔 '아름다운 가게'가 들어와 있다. 그 건너편은 수영장이고, 옆엔 찻집도 있다. 대웅전도 없는 반면 장례식장이 사찰 경내에 들어와 있다. 아무리 도심 사찰이라고 해도 좀 심하다 싶은데, 경내를 찬찬히 돌아보면 왠지 모르게 푸근하다. "부천시 전체를 아우르는 동사무소 같다고나 할까요."

불심과 인정이 자연스럽게 녹아 흐르는 사찰 보운산寶雲山 석왕사釋王寺는 부천시 원미구 원미 2동 산 29-30에 있다. 보운산은 원미산의 다른 이름이다. 절 이름 앞에 보운산을 붙인 까닭은 함경남도 안변군 설봉산에 있는 유서 깊은 사찰 석왕사의 맥을 잇되, 남쪽 서해 가까이에 새로이 세웠다는 의미를 담았

육화전 내 미얀마 불상

육화전 내 스리랑카 불상. 스리랑카 대통령이 보내온 불상이다

기 때문이다. 보운산 석왕사의 전신에 해당하는 절은 조선시대 말기에 세워졌으나 지금은 흔적만 남아 있고, 현재의 절은 1975년 중창하면서 현재의 이름을 얻었다.

보운산 석왕사는 2005년 1월 경기도 전통사찰 제102호로 지정되었으나, 엄밀히 말해 석왕사는 전통사찰로서의 가치보다는 산업화와 민주화 시기에 도심사찰로서 제 몫을 감당하기 위해 노력해 온 점이 훨씬 돋보인다. 절 모습이 일견 어수선해진 것도 따지고 보면 자신의 사명을 다하려다가 그때그때 필요한 건물들을 짓고, 시설을 들이는 과정에서 그리된 것이다. 지난 35년 동안 석왕사는 '바른 불교 실천 불교'라는 자신의 화두를 잊어본 적이 없는 듯하다.

석왕사 팔각구층석탑

육화전 아래 관음전과 무료진료소

　　석왕사를 중창하기로 결심한 스님은 일찍부터 실천불교와 지역운동에 관심이 많았던 고산 스님이다. 조계종 총무원장을 지낸 고산 대종사는 도심 사찰을 세워 포교하는 방안을 구상하였고 부지 물색에 나섰다. 스님은 보운산을 적지라고 판단한 듯하다. 보운산은 조선시대부터 충청 서해안에서 한양으로 가는 길목으로서 산길로 해서 작동 고개와 홍동 고개를 넘으면 영등포다. 예전에 있던 절도 승려들의 도심 출입 제한 조치에 따라 이쯤에서 승복을 갈아입는 장소 구실을 했던 것으로 추정된다. 절 아래는 절골이라는 마을이 형성되어 있었고, 당시 부천은 구로공단에서도 밀려난 근로자들이 많이 거주하던 지역이었다.

　　고산 스님은 맏상좌인 영담 스님에게 토지구입 등의 작업을 맡겼다. 이 영

석왕사 경내에 있는 장례식장

담 스님이 현재 석왕사 주지이자 불교 방송 사장을 맡고 있는 분이다. 고산 스님이 지휘하고 영담 스님이 실무를 총괄하여 일단 예전 법당이 있던 자리 (현재 석왕사 종무소가 위치한 자리)에 임시로 법당을 세우고 육화전六和殿 건립에 들어가 1976년 완성하였다. 이후 1981년 고산 스님은 쌍계사로 내려가고, 영담 스님이 주지를 맡았다.

현재 석왕사의 구심점인 육화전은 부처님의 육화 사상을 상징하는 법당이다. 육화란 교단이 화합하고, 대중이 수행하는데 필요한 여섯 가지 화합하는 법이다. "첫째, 신화동주身和同住(몸의 화합으로 함께 살며 한몸같이 일하는 자세), 둘째, 구화무쟁口和無諍(입의 화합으로 다툼 없이 지내는 자세), 셋째, 의화무위意和無違(뜻의 화합으로 어기는 일이 없이 한마음으로 수행하는 자세), 넷째, 계화동준戒和同遵(계율의 화합으로 함께 지켜 참되이 수행하는 자세), 다섯째, 견화동해見和同解(견해의 화합으로 함께 이해하는 자세), 여섯째, 이화동균利和同均(이익의 화합으로 고르게 분배하여 평등심을 갖고 남을 항상 존중하는 자세)이다. 육화전은 육화 사상을 바탕으로 하고 있기 때문에 다른 건물이 홀수 칸으로 지어지는 것과는 달리 여섯 칸으로 지어져 있다. 석왕사 창사 정신의 가장 밑바탕에 깔린 대전제가 바로 어떤 식으로든 파벌과 갈림을 거부하고 대화합을 이루려는 것이라고 할 때, 석왕사 내에서 육화전이 갖는 의미는 각별하다." (석왕사 홈페이지)

육화전은 석가모니를 모신 법당이다. 그런데, 현재 육화전은 "한 지붕 아래 세 나라 불교가 공존"한다. 한국 부처님 외에 미얀마 근로자들이 귀국하면서 돈을 모아 조성한 불상이 있고, 2008년엔 스리랑카 대통령이 직접 불사한 불상을 보내와 모시고 있다. 세 나라 사부대중의 염원이 공존하고 있는 것이다. 법회 때는 시간대를 달리하여 나라별로 불사를 올리도록 하고 있다. 부처님 오신 날 봉축법요식 때는 멀리 구미에서 스리랑카 노동자들이 버스를 대절하여 올라오기도 한다고 한다. 육화전 앞의 탑도 1991년 5월 스리랑카에서 보내온 진신사

석왕사 아래 동네

석왕사 어린이집

리 3과를 모시기 위해 세워졌다. 육화전 뒤쪽으로는 1984년에 봉안된 초전법륜상初轉法輪像과 1990년 봉안된 삼존불 육보살상, 2000년 봉안된 와불 등이 있다. 이 가운데 가장 오래된 초전법륜상은 석가모니가 깨달음을 얻은 후 녹야원에서 최초로 설법하던 모습을 조형화한 것이다.

시대의 요구에 부응한 35년

육화전을 세운 이후 석왕사는 절을 규모 있게 꾸리는 일에 앞서 주민들과 함께 호흡하는 일에 더욱 열성을 보였다. "그런데 그때에(기독교가 조선에 들어왔을 때-인용자) 이 땅에 뿌리내린 지 이미 1,500년이 된 불교는 한글로 된 경전이나 찬불가가 전혀 없던 실정이었다. 그런 과거의 과실에 비추어, 오늘날 우리 민족에게 가장 절실한 대중적 요구는 무엇인가를 생각해야 한다. 그리고 그것을 바로 찾아 대중이 요구하고 지향하는 바에 근거하여 포교의 좌표座標를 설정해야 한다."(영담,『걸림 없이 살 줄 알라』, 65~66쪽)

석왕사는 첫 사업으로 야학을 시작했다. 당시 부천 원미동에는 3D 업종에 종사하는 열악한 근로조건의 노동자가 많았다. 80년대 중반 소설가 양귀자가 『원미동 사람들』을 쓰기 전에 석왕사는 이 점을 뼈아프게 느끼고 있었던 듯하다. 석왕사 야학은 자연스럽게 노동운동과 결합되었다. 노동운동과 빈민운동, 민주화운동에 뜻을 둔 대학생들이 야학 교사로 자진해서 찾아왔다. 시간이 지나면서 초기에 야학을 거쳐 간 청소년이 노동운동가로 성장하기도 했다. 1980년대 들어서는 국내 최초로 24시간 탁아소를 열었다. 2교대 철야근무를 해야 하는 노동자들의 고민을 해결해 주기 위해서였다. 또 백중 축제를 시작했다. 백중白中을 현대적으로 재해석하여 이날이야말로 전통적인 '근로자의 날'이라고 보았기 때문이다. 석왕사 백중 축제는 구로공단 노동자들까지 참여하는 행사로 치러졌다.

석왕사가 이런 사업을 활발히 벌이자 '부천의 명동성당'이라는 찬사에서

석왕사 경내로 들어가는 불이문

석왕사 뒤편 보운산(원미산), 사진 중간 일주문 앞이 멀뫼길이다. 중창 당시에는 멀뫼길이 없었고, 그 뒤로도 사찰 경내였다

부터 '빨갱이 집단'이라는 매도까지 이런저런 말들이 돌기 시작했다. 결정적인 계기는 1987년 박종철 고문치사 사건이었다. 당시 서울대생 박종철이 치안본부 대공분실에 끌려가 물고문 끝에 숨진 것은 서울대 민주화 추진 위원회 관련 수배자 박종운의 행방을 대지 않았기 때문인데, 박종운은 당시 석왕사에 은신 중이었다. 그로 인해 박종철의 49재는 전경 8개 중대가 완전히 포위한 가운데 석왕사에서 치러졌다. 야학으로부터 이어지는 이러한 일련의 사건으로 인해 대불련 등 이른바 386세대 운동권 출신 가운데는 석왕사와 인연을 맺은 이가 적지 않다고 한다.

석왕사는 지역사회의 복지에도 일찍 눈을 돌렸다. 초창기부터 장애인 특

수 교실을 설치했고, 1991년에는 별
도의 사회복지법인을 세웠다. 불교
의 역할은 전통적으로 교육과 구휼
(복지)에 있다는 관점이 확고했기 때
문이다. 룸비니 수영장을 건립한 것
도, 장례식장이 부족한 부천의 현실
을 감안하여 사찰 경내에 장례식장
을 세운 것도 이러한 관점을 실천
에 옮기기 위해서였다. 또한, 부천에
토박이보다 타 지역 이주민이 많은
점을 감안해 지역 커뮤니티를 형성
하는 방안의 하나로 지역 주간신문
을 창간하기도 했다. 영담 스님이 앞
장 서 만든 「부천시민신문」은 석왕
사 자부담으로 광고 없이 운영했는

보운산 쪽에 있었던 마애불. 지금은 명부전 옆에 있다

데, 운영권을 넘길 때까지 총 12억 원 정도를 투자했다. 또 중동 신도시 개발에
따라 신도시와 구도시 주민의 융화를 위한 매체가 필요하다는 판단 아래 「중동
신문」을 만들기도 했다. 이 신문도 광고에 의존하는 경영을 탈피하려고 애썼다.
현재는 두 신문의 운영권이 석왕사와 관계없지만, 이들 신문은 새로운 모델의
지역 주간지로서 지금도 기억된다.

1990년대 중반 들어서는 새로운 시대 흐름에 따라 포교의 패러다임도 바
꾸었다. 백중 행사를 어르신 경로잔치로 성격을 변화시켰고, 노동운동은 외국

삼존육보살상. 역시 보운산에 있었으나 육화전 뒤로 옮겼다

인 근로자 문제에 집중하기로 하였다. 이에 따라 육화전 아래 개인 소유 집을 매입해 '부천 외국인 노동자의 집'을 열고, 미얀마, 스리랑카, 방글라데시 노동자가 많은 지역특성을 감안해 이들이 모이고 쉬고 행사할 수 있는 장소와 시설, 자금을 지원하기 시작했다. 외국인 근로자 문제는 근로자 개인이 안고 있는 어려움을 해결해 주는 일과 동시에 국가별 커뮤니티 형성에 초점을 맞추었다. 미얀마의 경우는 망명정부를 지원하고 망명자나 난민에게 숙식을 제공하기도 했다. 이러한 활동은 "대중이 요구하고 지향하는 바"를 적극적으로 실천한, 선구적인 사업이라고 할 수 있다.

아직도 세우지 못한 대웅전

석왕사의 첫인상이 어수선한 이유는 이처럼 당면한 현실에서 대중들에게 가장 필요한 일을 해야 한다는 정신을 실천에 옮기다 보니 그렇게 된 것이기도 하지만 또 다른 이유가 하나 더 있다. 1990년대 초반 원미산 중턱을 가로지르는 멀뫼길이 놓이면서 산 쪽에 있던 절터가 잘려 나간 것이다. 앞서 언급한 초전법륜상이나 삼존불 육보살상은 원래 육화전 뒤가 아니라 산 쪽 절터에 있었는데, 도로 개설 때문에 그곳으로 옮겨야만 했다. 대웅전을 세우려던 계획도 아직까지 실현되지 못하고 있다. 또한, 원래 산 아래 절 입구에 있는 게 상례인 일주문이 멀뫼길 쪽에 세워지고, 대신 마을 쪽으로는 불이문을 세울 수밖에 없었다. 불이

범종루와 천왕문

석왕사 범종

문에서 범종루 사이에는 석왕사 측이 매입하여 외국인 노동자 쉼터로 사용하는 집과 유치원과 어린이집, 아직도 개인 소유인 집이 섞여 있다. 육화전과 아파트가 붙어있기도 하다.

상식과는 어긋나는 이런 무질서는 오히려 도심 사찰의 모습이 어떠해야 하는가를 보여주는 상징이라고 할 수 있다. "이제 자기 수행에만 연연해할 것이 아니라 포교 그 자체를 자기 수행이라 생각하고서, 찾아오기를 기다리는 포교에서 찾아가는 적극적 포교의 자세로 바꿀 필요가 있다. 아집과 아만의 생각속에서 내가 아니면 안 된다는 생각을 하는 것이 아니라, 진정한 불교의 발전을 위하는 길에서 내가 아니면 안 된다는 생각을 가져야 할 것이다." (『걸림 없이 살 줄 알라』, 65쪽) 석왕사는 멀뫼길 때문에 잘린 절터에 연연하기보다는 마을 쪽으로 내려가게 된 것을 오히려 다행이라고 여기는 적극성을 보여주는 듯하다.

경내에 있는 '아름다운 가게'는 사찰에 들어선 것으로서는 국내 1호인데, "인근 수녀님들이 즐겨 찾아온다."고 한다. 사실 석왕사는 종교 간 교류에도 관심을 쏟아왔다. 1년에 두 차례 여는 산사음악회에 이웃 성모병원 성가수녀원 수녀들이 출연하기도 하고 스님들과 절 관계자가 성당의 부활절 미사에 참여하기도 한다. 부처님 오신 날과 성탄절 교류는 물론이다. 최근 들어서는 부천 종교인 평화회의를 상설기구화해서 지평교회-도당동 성당-석왕사의 목사, 신부, 스님이 머리를 맞대고 사회참여 방안을 논의하기도 하고 워크숍을 열기도 한다. "요즘은 여름 불교 학교를 교회에서 하고, 여름성경학교를 사찰에서 하는 방안을 찾고 있습니다."(최자운 사무국장)

석왕사가 절이라기보다는 부천 전체를 아우르는 동사무소와 같은 편안함을 준다면 바로 이런 노력들이 있기 때문일 것이다. "지난 35년간 석왕사는 깨어있는 시민사회를 만들기 위해 중요한 역할을 해왔지요. 사찰이 지역사회에서 가져야 하는 위상은 종교적 신성성을 바탕으로 한 함께 살기입니다. 중창 이후 35년이 지난 지금 석왕사는 동네 주민들의 휴식처로 자리 잡았습니다. 영담 스님이 고민과 고생을 많이 하셨지요. 지금은 명절이나 동지 팥죽 나누기 행사 때 인근 군부대와 시청 등에서 자진해서 찾아옵니다. 24시간 함께 팥죽을 끓여 이웃들과 나누기 위해서이지요."(최자운 국장)

| 도움말 주신 분 |

최자운 사회복지법인 대한불교조계종 석왕사 룸비니 법인사무국 국장
한도훈 부천문화원 향토사연구위원

| 참고자료 |

영담, 『걸림없이 살 줄 알아라』, 도서출판 법등, 1993.
석왕사 홈페이지 http://www.seowangsa.com.

02
부천 자유시장^(땡땡이시장)

답사일 : 2010년 2월 23일

땡땡이시장의 유래

부천 자유시장은 심곡본동에 있는 부천 남부역^{(전철}
^{역)}을 등지고 볼 때 오른쪽에 있다. 이 시장은 1947

아케이드 공사중인 자유시장

아케이드가 설치된 시장 내부

년 무렵 경인선 철도변에 자생적으로 생긴 시장이다. 자유시장이라는 번듯한 이름을 얻기 전 이 시장 이름은 땡땡이 시장이었다. 지금도 부천 토박이들은 그리 부른다. 기차가 지나갈 때 땡땡땡 울리는 건널목 차단기 주변으로 시장이 형성되었기 때문이다.

땡땡이 골목은 현재 자취를 찾아볼 수 없다. 경인선이 경인전철로 바뀌고, 차단기 건널목은 지하보도로 바뀌었다. 현재 시장통 가운데 부천 자유시장 상인연합회(조합) 건물 앞 지하보도가 바로 그곳이다. 땡땡이 골목을 중심으로 형성된 시장이 지금은 1~3구역에 점포 수만 350개에 이르는 시장으로 변했다.

원래는 1구역만 시장이었고, 2~3구역은 살림집이었다. 땡땡이 골목은 1구역과 2구역 사이에 해당한다. 전쟁 이후 좌판이 늘어선

왈순아지매 상

공사 중인 자유시장

형태로 시작된 시장이 점차 커지면서 구역을 늘려온 것이다. 현재 시장 점포 350개 가운데 정식 점포는 260개 정도이고 나머지는 노점이다. 노점은 점포주들이 세를 준 것이다.

1950년대에 부천이라는 지명은 현재의 심곡본동과 소사본동 일대를 지칭했다. 그 지역을 통칭 부천이라 했다. 인구도 3만~4만 명에 불과했다. 지금은 부천에 시장이 19곳이나 되지만 당시 시장은 이곳 하나였다. 야채와 반찬거리 정도를 팔던 시장이었지만 장사는 잘 되었다.

시장 형성 초기 땡땡이 시장은 왈순아지매들의 무대이기도 했다. 전국에서 몰려든 피난민, 그 가운데서도 이북에서 내려온 아주머니들은 시장에 함지를 이고 나와 억척스럽게 장사를 해서 가족을 먹여 살리고, 자녀를 키웠다. 역 입구에 정운경 화백의 만화 주인공 '왈순아지매' 동상이 서 있는 것도 그 때문이다.

시장은 특히 초기 산업화 시기 들어 급팽창했다. 경인선을 중심으로 경공업제품 생산공장들이 크게 늘었기 때문이다. 땡땡이 시장에서 멀지 않은 내동 공단, 삼정 공단, 송내동 등이 모두 공장지대다. 여기서 나오는 온갖 제품이 땡

자유시장 상인회 현판   자유시장 전경 1

땡이 시장에 집산되고 전국으로 팔려나갔다. 여기에 더해 복사골 복숭아를 비롯해 과일과 근교농업지대의 야채 도매상도 많았고, 생선 식재료 도매업도 흥했다.

　"제가 듣기로는 상인들이 깔고 앉아 장사를 하는 의자가 돈궤짝이었다고 해요. 옷고리짝 만한 통인데, 통을 꽉 채우면 몇 억 원이 된대요. 그게 꽉 찰 정도로 돈을 벌었다고 해요. 돌멩이만 갖다 놔도 팔리는 시장이라는 소리를 들었으니까요. 특히 그릇을 전국으로 도매하는 가게가 많았는데 이 가게들은 돈궤가 넘쳤다더군요." 부천 자유시장 상인회(조합) 직원 강정희씨가 상인들에게 직

자유시장 전경

자유시장 상인회 건물

시장 내부

자유시장의 발상지 땡땡이 골목 1

자유시장내 오래된 건물

땡땡이골목 2

자유시장 점포 안내도

시장내 오래된 건물

접 들은 이야기라고 한다. 현재 부천의 유지는 대부분 이 시장 상인 출신이다.

자유시장 상권이 위축된 건 불과 20년 안쪽의 일이다. 그전에는 부천에 대형 할인점이 들어온다고 해도 상인들은 눈 하나 깜짝하지 않았다고 한다. 그만큼 자신이 있었기 때문이다. 하지만 유통의 대세는 서서히 기울었다. 아직도 주말이면 1만 5,000명이 찾는 대형 시장이고, 전철역 근처여서 유동인구가 워낙 많기는 하지만 소비자들의 발길이 대형 마트로 향하는 추세는 상인들로서 막기 어렵다.

"여전히 시장에서 장사를 하는 사람은 거의 2세 아니면 3세예요. 돈 번 사람들은 신도시 쪽으로 많이 빠져나갔고……. 그 사람들이 세를 주고 갔지요." 시장 안에서 견과류 노점을 하는 아주머니는 한숨을 쉬었다.

시장을 살리기 위한 노력도 이어지고 있다. 시장 현대화 계획과 재개발 사업이 동시에 추진 중이다. 시장 현대화 사업은 2010년 내로 전체 비가림시설(아케이드)를 설치하고, 소방시설을 손보는 한편 낡은 점포들을 정비하는 사업이다. 남부역 앞 대로변에서는 시장 내 낡은 건물이 보이지 않지만, 시장 안으로 들어가 자세히 보면 60~70년대 건물이 즐비하다. 심지어 1950년대로 추정되는 건물도 적지 않다. 이들 공사가 끝나봐야 지난 60년 부천 서민의 상징이었던 땡땡이 시장이 명맥을 이어갈 수 있을지 가늠해 볼 수 있을 듯하다.

| 도움말 주신 분 |

최의열 부천문화원 사무국장
조길원 부천자유시장상인회 이사장
강정희 부천자유시장상인회 직원

03
소사성당

답사일 : 2010년 2월 23일

부천 성당의 근원지

소사성당은 부천 지역 천주교회의 근원지가 되는 성당이다. 따져 보면 현재 부천시에 세워진 17개 성당이 모두 소사성당으로부터 갈라져 나갔다고 할 수 있기 때문이다. 소사성당이 본당으로 승격한 날이 1946년 4월 5일이므로 그로부터 기산하면 성당의 역사는 64년이 되고, 1938년 대골 공소로부터 분리된 소사 공소 시절까지 거슬러 올라가면 70년이 넘는다. 1889년 들어선 인천 답동성당 120년 역사에는 못 미치지만, 현재 천주교 인천 교구 내에서는 답동성당에 이어 두 번째로 오래된 성당이다.

뒤에 상술하듯이 소사성당은 시인 정지용鄭芝溶(1902~1950)과도 인연이 깊다. 정지용은 1943년 잠시 붓을 꺾고 이곳 소사로 내려와 3년여 머물렀는데, 이 기간에 소사 공소가 본당으로 승격되는 데 큰 역할을 한 것으로 알려져 있다. 1973년 부천시로 승격되기 전까지만 해도 복숭아의 고장으로만 유명했던 한적한 농촌 소사에 들어선 소사성당은 이후 부천의 성장을 지켜보면서 그 그늘을 껴안는 종교적 사명을 감당해왔다.

성당은 몇 차례의 고비를 넘어 1960년 10월 20일 부천시 원미구 심곡 2동

소사성당

489-14번지 현재의 위치에 자리를 잡았다. 애초 첫 미사를 올렸던 일본인이 남기고 떠난 별장 자리는 6.25 때 폭격으로 초토화되었고, 1954년 세워졌던 첫 성당 건물은 소명여고의 성당으로 쓰이다가 성가소비녀회聖家小婢女會 수녀원의 성당이 되었다. 이 성당은 원미구 소사동 2-5번지 부천성모병원 뒤편 성가요양원 부지에 그대로 남아 있다. 이들 두 성당은 향토사와 교회사적으로 큰 의미를

소사성당 출입문

소사성당 스텐드글라스

소사성당 내부

소사성당 고해소

소사성당 사무실과 사제관

갖는 것은 물론이고 1950년대 성당 건축 양식을 보여주는 귀중한 자료다.

심곡 2동 성주산 아래에 자리 잡은 현 본당은 대지면적 1,818m^2에 연면적 532m^2 조적조로 지어졌다. 성당 정면 아랫부분은 6개의 기둥이 위를 떠받치는 형상으로 배치되었고, 윗부분은 기하학적 조형미를 살렸다. 전체적으로 화려한 장식미를 보이지는 않으나 안정감과 경건함을 고려하여 설계되었다. 소사성당 이항섭 사무장은 "우리 성당을 다녀간 외국 신부님들이나 건축학자들에 따르면 유럽 소도시의 소박한 성당을 연상시키는 양식으로 지어졌지만 유럽에서도 이런 성당은 흔히 찾아볼 수 없다고 한다."고 말했다. 성당의 종도 당시 독일에서 주문해 온 것이다. 지금도 50년째 치고 있는 이 종은 "그때 함께 주문한 안성 구포동 성당, 수원 고등동 성

전쟁 이후 처음 지어진 소사성당. 현재는 성가소비녀회 수녀원 성당으로 쓰인다

당의 종과 같은 것인데 그중에서 소리가 가장 맑고 아름답다는 말을 듣게 되었다."(『소사본당반세기』 189쪽)

건평 370㎡ 규모인 소사동 옛 성당(현 성가소비녀회 성당)은 현 본당보다 더 소박한 양식을 보여준다. 합각지붕에 아치형 출입문과 창문, 네 귀퉁이 기둥 이외엔 멋을 부린 흔적이 없다. 성당 오른편에는 임시 성당의 종탑이 있었던 자리에 새로이 건축된 건물이 남아 있다. 소명여고 도서관으로도 쓰였던 이 건물은 둥근 원형 정면을 섬세하게 타일로 장식하였고, 측면에서 보면 층수가 3층인 건물과 2층인 건물이 연결된 형태로서 그리 크지 않지만 운치를 살린 건축물이다. 이 건물은 현재 수녀들의 숙소로 사용된다고 한다.

정지용과 소사성당
전 국민의 애송시 가운데 하나로 꼽히는 〈향수〉의 시인 정지용이 1943년 소사

고바야시 별장이 있었던 자리. 현재의 건물은 성가요양원이다

골로 내려온 이유는 암울한 시대 상황에 절망해 붓을 꺾었기 때문으로 알려져
있다. 그는 잡지『춘추』에 〈창〉이라는 시를 발표한 이후 더 이상 시를 세상에 내
놓지 않았다. 충북 옥천 태생인 그는 복사꽃 만발하는 소사에서 고향의 정취를
되새기고 싶었던 듯하다. 그는 소사에서 자신이 교편을 잡은 휘문 학교까지 출
퇴근을 했다. 동경 유학시절부터 천주교 신자였던 그는 소사동 90-5로 이사하
면서 학교 일과 인근 소사 공소에 열심히 출석했다고 한다. 그는 해방 이듬해인
1946년 가톨릭에서 경향신문을 창간하자 초대 편집국장을 맡으면서 다시 서울
로 이주했다.

    정지용이 소사 공소가 본당으로 승격되는 과정과 임시 성당을 마련하는

과정에 결정적으로 개입했다는 것이 정설이다.『소사본당반세기』와『경기문학지도』에는 서울로 노기남盧基南(1902~1984) 주교를 찾아가 소사 공소에 신부를 파견해 달라고 요청한 인물이 그였다고 기록되어 있다. 시인은 주교에게 무조건 떼를 쓰다가 마침 눈에 띈 젊은 신부를 지목하며 그를 보내달라고 떼를 썼다는 것이다. 노 주교는 할 수 없이 임시로 그 신부를 파견하기로 하였는데, 그 신부가 바로 소사성당 초대 주임신부인 임세빈林世彬 신부다.

임 신부는 당시 영종도 성당으로 발령을 받았으나 날이 차고 바람이 거세 배가 뜰 수 없었기 때문에 대기 상태였다고 한다. 임 신부는 1945년 성탄전야에 소사성당에 내려와 미사를 집전하고 돌아가려 했으나 신도들이 그를 붙잡아 앉혔고, 다시 정지용이 나서서 노 주교로부터 정식 임명장을 받아왔다는 것이다.

하지만 다른 증언도 있다. "정지용 시인이 임 신부님을 모셔온 게 아니라 임 신부님이 오히려 정 시인 때문에 곤욕을 치렀다고 해요. 해방을 전후해 정 시인이 소사에 은거했는데, 당국에서 정 시인을 붙잡으러 다녔고, 임 신부님이 그분을 숨겨주었다가 경찰에 불려 다니는 등 곤욕을 치렀다고 해요." 성가소비녀회 소속 은퇴 수녀 이 필립보 수녀는 소사가 고향인데다 소사성당을 다니며 자랐기 때문에 초등학교 시절 그런 이야기를 들었다고 했다. 사실이 그러했는지, 아니면 정 시인이 6.25 때 납북되어 아주 오랫동안 '정×용'으로 표기될 수밖에 없었던 저간의 사정이 낳은 이설인지는 이제 더 이상 확인하기 어렵다.

어쨌거나 임신부가 발령을 받아 올 무렵 정 시인이 소사성당과 깊은 인연을 맺고 있었다는 사실은 확실하다. 정설은 앞에서 언급한 일본인의 별장을 성당으로 사용하기로 결정하는 과정도 정 시인과 임 신부가 함께한 것으로 되어 있다. 고바야시小林라는 일본인의 별장은 원미산 중턱에 자리 잡고 있었는데,

아름드리 숲과 정원이 어우러져 성당 자리로는 안성맞춤이었다고 한다. 정 시인과 임 신부는 인천의 적산관리소로 찾아가 미군들을 설득하는 데 성공했다. 이런 노력 끝에 1946년 4월 5일 소사 공소는 본당 승격 기념 미사를 올릴 수 있었다.

이른바 '소림 별장'에서 시작한 소사성당은 6.25 때 큰 시련을 겪었다. "지금 수녀원 성당 옆에 있는 건물이 별장의 별채였어요. 거기에 종탑이 있었고요. 그런데 별장 근처에 인민군이 주둔했다고 해요. 미군들이 교회 건물은 폭격하지 않았는데 그 인민군 부대 때문에 일대를 폭격하는 바람에 별장이 잿더미가 되었지요. 별장은 검은 기와집이었는데, 주변 경관이 너무나 아름다운 숲이어서 장관이었어요."(이 필립보 수녀)

고바야시 별장의 별채 자리에 들어선 건물.
여기에 6.25 전에는 성당 종탑이 있었다고 한다.
현재는 수녀원 숙소로 쓰인다고 한다

신성우 신부와 소사성당

임시 성당이 폐허가 된 아픔을 딛고 별장 별채 자리 옆에 성당을 새로 짓는 일

고바야시 별장 별채 자리에 들어선 건물의 앞면.
뒤는 직육면체 건물인데 반해 앞면은 둥근 형식으로 지어졌다.
한동안은 소명여고 도서관으로 쓰였다

을 이끈 이는 임세빈 신부의 뒤를 이어 부임한 신성우申聖雨 신부였다. "신자 수는 9백여 명으로 이들이 목수, 미장, 조직, 전기 등 여러 분야의 건축기술과 잡역을 담당해야만 했다. 성당 신축공사는 1955년 5월 20일에 착공되었다. 성당이 완공될 때까지 연인원 1천5백 명이 동원되어 성당 건축에 참여했다. 그들은 벽돌을 손수 찍었고 목수와 미장일을 하였다. 미공군에서 공병 담당관을 파견하여 시멘트벽돌의 제조과정과 건축의 감리를 보아 주었다."(『소사본당반세기』, 151쪽) 이 성당은 착공 6개월만인 그 해 11월 27일 준공되었다. 이 성당이 앞에서 언급한 대로 성가소비녀회의 수녀원 성당이다.

성가소 비녀회는 그 이름 그대로 '작은 여종'이 되어 빈자 · 병자 · 장애자 · 무의탁자를 위한 사업과 교육 및 의료사업을 목표로 하는 수녀회다. 신성우 신부는 소사성당에 부임하기 전부터 성가소비녀회와 인연이 깊었다. 성가소비녀회가 성가 보육원을 운영하는데 어려움을 느끼고 있다는 소식을 들은 신 신부는 성가 보육원의 소사 이전을 제의

했다. 이에 따라 성가 보육원, 성가 병원 등이 부천으로 터를 옮겼다. 성가소비녀회는 다른 곳에 성당을 지어주는 조건으로 성당 건물을 인수하고 신 신부는 성가소비녀회의 도움으로 심곡리 489번지 현재의 자리에 또다시 성당 신축 작업에 들어가 1960년 10월 20일 준공하였다.

신성우 신부는 전쟁 이후 피폐한 지역사회를 위해 동분서주한 것으로도 유명하다. 그는 끼니를 잇기 어려운 전후 빈민들을 돕기 위해 한국 구호 본부로부터 밀가루, 강냉이, 우유 등을 얻어다가 교회 앞마당에서 우유죽 급식을 하는가 하면, 거리를 배회하는 소녀들에게 희망과 일자리를 마련해주기 위해 1954년 소명가정기술학교를 세우기도 하였다. 재봉 자수 타자 등을 가르치는 것으로 시작한 이 학교는 후일 1961년에서 1962년에 걸쳐 소명여중고가 되었다.

신성우 신부가 소사성당 2대 주임신부로 재직하는 동안 이룬 일 가운데 조선 최초의 천주고 신자 이승훈李承薰의 묘를 발견한 사실을 빼놓을 수 없다. 신 신부는 대야리 출신의 이희달에게 자신이 1957년 공소 방문을 하다 담쟁이골(현 인천 만수동)에서 우연히 알게 된 묘소가 누구의 무덤인지 알아보도록 시켰다. 이희달은 지역 사람들과 기록을 철저히 탐문한 끝에 장수리 초곡에 있는 이 무덤이 이승훈의 묘임을 밝혀냈다. 신 신부는 이 사실을 서울교구에 알렸다. 1981년 이 묘는 한국천주교의 발상지 천진암으로 옮겨졌다.

신 신부에 대해 『소사본당반세기』는 이렇게 기록하고 있다. "신성우(마르꼬) 신부는 하늘이 소사를 위해 보내준 사제라 해도 과언이 아니었다. 그는 척박한 소사에서 성인 돈보스코처럼 인간의 능력을 초월하여 많은 일을 하였다. 그가 소사를 위하여 많은 일을 할 수 있었던 것은 소사가 그와 같은 인물을 필요로 했기 때문이기도 하지만 그가 사제로서 타고난 능력이 이 땅을 위하여 적절하

게 쓰였던 데도 원인이 있었다."(159쪽)

서울교구 소속으로 출발한 소사성당은 1963년 인천교구로 편입되었다. 이후 작은 농촌 소사가 도시로 팽창하는 과정을 고스란히 지켜보면서 현재에 이르렀다. 그러나 지금 소사 본당의 모태였던 소사 공소, 정지용이 내려와 살던 집은 남아 있지 않다. 당시 모습을 보여주는 기록자료나 사진도 희귀

소사성당에서 만든 소사신용협동조합. 이 신협은 33년 전에 구성되었다

하다. 『소사본당반세기』가 발간된 것도 벌써 20년 전인 1991년이다. 그나마 60년 이상의 역사를 지켜본 소사성당과 수녀원 성당이 남아 있어 다행이지만, 소사성당이 부천 현대사에서 차지하는 위상을 고려할 때 더욱 치밀하고 광범위한 연구작업이 필요하다.

| 도움말 주신 분 |

이항섭 소사성당 사무장
이 필립보 성가소비녀회 수녀
한도훈 부천 향토사연구위원

| 참고자료 |

천주교소사교회본당사편찬위, 『소사본당 반세기』, 1991.
경기문화재단, 『경기문학지도 1』, 2000.
경기도, 『경기도 근대문화유산 조사 및 목록화 보고서』, 2004.
디지털부천문화대전 http://bucheon.grandculture.net/
사이버 정지용 문학관 http://www.jiyong.or.kr/html/jiyong/

04
펄벅기념관

답사일 : 2018년 10월 19일

펄벅기념관은 아파트 단지와 주택가 끝자락에 있었다. 좁은 언덕길인 성주로 214번 길을 따라 구불구불 올라가야 한다. 내비게이션으로 도로명 주소 성주로 214번 길 61을 찍지 않는다면 외지인은 찾기가 쉽지 않다. 도로는 자동차가 마

펄벅기념관 내부에 전시된 소사희망원 축소모형

펄벅기념관 내부

주 지나가기 어려울 정도로 좁다. 언덕은 이 지역이 성주산 자락이라는 걸 일깨워준다. 펄벅기념관 주차장에 차를 대고 보니, 동쪽(기념관을 정면으로 바라본 상태에서 오른쪽)으로 밭과 오솔길이 보인다. 부천 둘레길 2코스가 이 근처로 지나간다던가. 어쩌다 노벨문학상 작가인 펄 벅을 기리는 공간이 여기에 자리했을까.

펄 벅의 생애, 유일한의 일생, 두 사람의 인연

가운데 이름을 생략해 흔히 펄 벅(Pearl Sydenstricker Buck)으로 불리는 이 소설가는 1892년 미국 웨스트버지니아에서 태어났다. 생후 3개월이 되었을 때 펄 벅은 선교사인 부모를 따라 중국으로 건너갔다. 펄 벅은 양쯔강 강가의 소도시에서 성장했다. 흰 피부에 중국어 억양이 다른 소녀 펄 벅은 중국인 학생들에게 놀림감이었다. 펄 벅은 18세 되던 해에 대학에 다니기 위해 미국으로 왔다. 이번에는 미국 학생들이 중국식 영어를 쓰고 옷차림이 중국식인 펄 벅을 비웃었다. 훗날 펄 벅은 자신이 영원한 '정신적 혼혈인'이라고 회고했다.

펄 벅은 1931년 〈대지〉라는 소설을 발표했다. 중국 농촌을 배경으로 왕룽과 오란의 이야기를 다룬 〈대지〉는 선풍적인 인기를 끌었다. 펄 벅은 1932년 퓰리처상을 받았다. 〈대지〉의 후속작인 〈아들들〉, 〈분열된 일가〉 또한 주목을 받았다. 왕룽 일가의 3대의 걸친 대 서사는 1938년 노벨문학상을 펄 벅에게 안겨

펄벅과 소사희망원 어린이 모형

소사희망원의 역사와 생활 설명 전시물

주었다.

　필 벅은 소설을 쓰는 일 못지않게 인권 운동과 사회사업 분야에서 맹렬한 활동을 전개했다. 그녀는 1930년대부터 연방수사국(FBI)의 감시 대상 리스트에 올라가 있었다고 한다. 필 벅은 1963년 〈살아 있는 갈대〉라는 작품을 발표했다. 〈살아 있는 갈대〉는 1882년 조-미 수호조약 시기부터 1945년 해방으로 한반도에 미군이 들어오는 시기까지를 시대 배경으로 안동 김씨 4대 이야기를 다룬 소설이다. 〈살아있는 갈대〉는 영어판과 한국어판으로 동시 출판되었는데, 한국어 번역 초판의 제목은 〈갈대는 바람에 시달려도〉다. 필 벅은 여러 해에 걸쳐 한국과 중국 일대의 항일 운동 현장을 찾아다니며 직접 취재를 했다. 소설의 작

펄 벅 여사의 팔순을 기념해 소사희망원생들이 선물한 산수화(전면)　　산수화 뒷면. 소사희망원생들의 이름이 빼곡하게 적혀 있다

중 인물 가운데 김일한은 실제 모델이 살아 있었다. 유한양행의 창업자 유일한
柳一韓이다.

　　유일한은 1895년 평양에서 태어났다. 펄 벅보다 세 살 아래다. 독실한 기
독교도였던 유일한의 부친은 미국 감리회에서 유학생을 모집한다는 소식을 듣

1967년 당시 펄벅재단 현판

고 9살밖에 되지 않는 장남을 미국으로 보낸다.

유일한은 유학을 떠나는 배에서부터 박용만 등 독립운동가들을 만나 인연을 맺었다. 미주 한인사회에서 유일한은 믿음직한 일꾼으로 성장했다. 미시간 대학을 졸업한 유일한은 제네럴 일렉트릭 사에 잠시 다니다가 1922년 숙주나물 통조림을 만들어 파는 라초이 식품회사를 차렸다. 숙주나물은 중국인들의 식탁에서 빠지면 안 되는 식재료였다.

라초이는 번창했다. 유일한이 거래하는 상대 가운데는 중국인이 많았다. 그는 중국 출신의 소아과 의사인 호미리와 중매로 결혼했다. 펄 벅과 유일한의 인연은 중국인 부인 덕분에 맺어졌다고 한다. 펄 벅이 〈살아있는 갈대〉에서 유일한을 등장시킨 것은 우연이 아니다. 실제로 유일한은 미국 유학 시절부터 해방이 될 때까지 독립운동과 비밀리에 꾸준히 이어갔다.

유한양행 소사공장, 소사희망원이 되다

유일한은 식민지 조국에 귀국하여 1926년 당시 경성의 종로에 의약품을 수입하여 판매하는 유한양행을 설립했다. 유한양행은 조선인에게 치명적인 결핵 퇴치에 힘쓰는 한편 1933년 저 유명한 '안티푸라민'을 개발하는데 성공했다. 유일한은 1936년 경기도 부천군 소사면 심곡리 25번지 2만 평의 땅을 매입해, 한국 최초의 근대적 제약공장을 지었다. 유한양행 소사 공장은 1939년까지 증축을 계속했다. 한편 유일한은 50대의 나이로 미군 특수공작 조직(OSS)이 조선에 비밀 요원을 침투시키는 작전인 냅코 프로젝트에 참여해 훈련을 모두 마쳤으나, 일본이 패망하는 바람에 작전이 취소되어 귀국해야 했다. 냅코 작전은 극비 작전이었기 때문에 유일한의 참여는 최근에야 알려졌다.

펄벅기념관에 전시된 옛 사진 가운데는 유한양행 소사 공장의 옛 모습을 보여주는 항공사진이 있다. 펄벅기념관 자리에서 북쪽 방향으로 널찍하게 자리 잡은 공장이 한눈에 들어온다. 현재는 아파트와 주택이 들어선 탓에 예전 광경이 낯설게 느껴질 정도다. 유한양행 소사 공장에는 약품 등을 생산하는 공장 외에도 사택과 집회소도 있었다고 한다. 유한양행은 1942년 본사를 아예 이곳 소사공장으로 옮겼다.

유한양행 소사 공장은 한국전쟁 당시 북한군이 점령했을 때는 북한군 주둔지로, 유엔군이 수복한 다음에는 유엔군 병영으로 쓰였다고 전해진다. 그러니 폭격을 피해 가기 어려웠다. 대부분의 건물이 파괴되었다. 다른 건물은 전쟁

후 복구되었으나, 도로변 쪽 초자 공장(유리병 생산)은 원래의 모습을 유지했다. 내화벽돌로 지은 건물이었던 덕분이다.

유한양행은 소사 공장을 짓던 1936년 종업원들에게 회사의 주식을 나누어 주었다. 우리 역사에서 최초로 종업원 지주제를 실행에 옮긴 것이다. 종업원 지주제는 오늘날 관점에서도 혁신적인 제도로 받아들여지니 당시엔 얼마나 획기적이었을지 가늠하기조차 어렵다. 유한양행은 착실하게 성장했다. 유한양행은 1967년 공장을 서울로 옮겨가면서, 소사 공장의 터를 펄 벅 여사에게 기증했다.

유일한은 1969년 은퇴하면서, 유한양행 경영을 전문경영인에게 맡겼다. 온갖 불법과 해괴한 변칙을 저질러서라도 가족에게 회사를 세습하는 기업들과

소사희망원의 생활관 모형. 현재 펄벅기념관은 이 건물을 그대로 재현해 지었다

는 너무나도 대조적이다. 유일한은 1971년 타계하면서 손녀의 장래 학자금 용도인 1만 달러 외의 전 재산을 교육 사업에 기부했다. 그의 생전에 설립된 유한공업고등학교와 타계 후 설립된 유한공업전문대학(현 유한대학)이 속한 유한재단은 그 유산을 기반으로 한다. 유일한에게는 1971년 국민훈장 무궁화장이 주어졌고, 1995년에는 독립운동 공로를 뒤늦게 인정받아 건국훈장 독립장이 추서되었다.

한편 펄 벅은 1963년경 자신의 전 재산에 가까운 700만 달러를 들여 '펄 벅재단(Pearl Buck International)'을 설립했다. 평생 스스로를 '정신적 혼혈인'이라고 여겼던 펄 벅은 세계, 특히 아시아의 혼혈 고아를 돕고자 했다. 펄벅 재단은

모형 내부

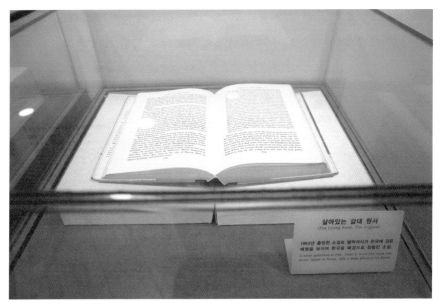

한국을 배경으로 한 1963년 작 〈살아있는 갈대〉(The Living Reed) 원서

1964년 한국지부를 최초로 창설했다. 펄 벅은 평소에도 "한국은 고상한 사람들이 사는 보석 같은 나라"라고 칭송을 아끼지 않았다. 펄 벅의 뜻에 기꺼이 공감한 유일한이 1967년 소사 공장 터를 내놓자, 펄 벅은 이곳에 소사희망원을 세웠다. 소사희망원은 혼혈아동과 전쟁고아를 돌보는 보육원이다.

펄 벅은 8차례나 한국을 방문해 직접 고아들을 보살폈다. 소사희망원은 소사공장 자리에 원아들의 남녀 기숙사와 교육 시설, 직업재활시설, 펄벅 재단 사무동 등을 설치했다. 소사희망원 출범 초기에는 입양 사업이 중심이었으나, 펄 벅은 곧 양재, 미용, 목공 등 원생들이 직업훈련을 통해 기능인으로 성장하도록 힘썼다. 사회에 나가 어엿한 사회구성원이 되는 일이 중요하다고 판단했기 때문이다. 소사희망원은 펄 벅의 별세(1973년) 2년 후인 1975년 문을 닫을 때까지 7년 남짓 기간 동안 약 2,000명에 가까운 혼혈아동과 고아를 돌보았다. 가수 인순이, 함중아, 정동권 등이 펄벅 재단의 도움을 받았다. 특히 정동권은 1993년 펄 벅 20주기 추도식에 '연꽃처럼 뿌리내려'라는 추모 노래를 발표해, 펄 벅에게 받은 각별한 정을 기렸다.

펄 벅의 유품을 둘러보며

소사 공장이 이전한 이후 반세기 넘는 세월이 흘렀고, 소사희망원이 문을 닫은 지도 40여 년이 지났다. 그사이 부지는 분할되어 매각되었다. 2000년대 초반까

힘은 희망을
가진 사람들에게 주어지고
용기는 가슴속의
의지에서 일어나는 것이다

펄 벅의 사진

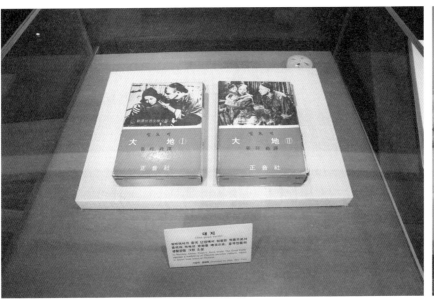

대표작 〈대지〉의 한국어판

지 그래도 두 동의 연고 건물이 남아 있었다. 하나는 초자 공장으로 쓰이던 내화벽돌 건물이고, 다른 하나는 현재 펄 벽기념관 자리에 있던 사택 건물이었다.

초자 공장 건물은 역사적 가치를 인정받아 2001년경 기도 문화재 자료 제101호로 지정되기까지 했다. 그러나 소유자가 2003년 문화재 지정 취소 행정소송을 제기했고, 사유재산이라는 대법원의 확정판결로 문화재 지정이 취소 되었다. 어느샌가 이 건물 역시 헐리고 말았다. 지역 주민 들은 2010년대까지 이 공장 건물이 있었다고 기억한다. 이 로써, 유한양행이라는 한국 기업사에서 특별한 위상을 차 지하는 기업의 초기 역사를 입증해줄 건물이 사라졌다.

영문학자 장왕록 교수가 번역한 펄 벅의 저서들

펄 벅 여사가 집필에 사용하던 타자기

유한양행 소사 공장 부지의 남쪽 끄트머리 가장 지대가 놓은 곳에 있었던 사택 건물도 2000년대 초 부천시가 매입했다. 부천시로 넘어갈 무렵 건물의 상태는 비록 낡았어도 골격은 살려 쓸 만했지만, 부천시는 부수고 다시 짓는 길을 택했다. 설명을 듣지 않고는 여기가 유한양행 소사공장이 있던 자리라는 걸 알아볼 방도가 완전히 없어져 버렸다. 부천시는 사택의 구조를 되살리는 방향으로 새로 지은 건물을 '펄벅기념관'으로 꾸며 2006년 개관했다.

펄벅기념관은 이제 유일한 선생의 유한양행 초기 공장과 펄 벅 여사의 소사희망원의 흔적을 기릴 수 있는 유일한 공간이 됐다. 전시관 한쪽에는 소사희망원의 교육장과 숙소를 모형으로 재현한 미니어처가 놓여 있고, 벽면 사진에는 예전 사진 몇 점이 걸려 있다. 400점에 이르는 전시품은 대부분 펄 벅 여사와 관련

기념관 입구

된 물건들이다. 초상화를 비롯해 자신의 이름과 같은 진주를 좋아했다는 펄 벅 여사의 장신구들, 그가 집필할 때 썼다는 타자기가 연대별로 여러 대 보인다. 한국에 오갈 때 썼던 가방과 캐리어, 펄 벅 여사의 수고手稿와 작품 초판본(영어판과 한국어판)도 볼 수 있다. 최진주(펄 벅 여사의 한국 이름) 명의로 수여된 명예 시민증도 눈길을 끈다.

전시장 가운데 유리 진열장에 걸린 큰 족자는 1971년 여사의 팔순을 맞아 원생들이 헌정한 선물이다. 앞면은 산수화이고, 뒷면에는 소사희망원 출신 1030명의 이름이 빼곡히 적혀 있다. "500년 후에는 전 세계인이 혼혈인일 겁니다." 펄 벅 여사는 혼혈 아동들에게 늘 고개를 들고 당당하게 살아가라고 당부했다. 혼혈아들을 소외시키고 손가락질하던 1960~70년대 한국 땅에 소사희망원은 말 그대로 희망의 공간이었다.

급격한 도시화가 진행되던 시기에 공장 터와 고아원 터까지 배려하기는 어려웠을 수도 있다. 하지만 우리의 근현대 역사에 조금만 더 관심을 기울일 여유는 과연 없었을까 아쉬움이 진하게 남는다. 펄벅기념관이 그래도 문을 열고 있고, 뒤늦게나마 아시아 배움터, 아시아 문화탐험대 같은 다문화 체험 프로그램이 진행된다는 사실을 위안으로 삼아야 할까. 부천시와 부천 문화 재단은 최근 들어 유한양행 소사 공장이자 펄 벅 소사희망원을 새롭게 조명하는 학술행사와 문화콘텐츠 방안을 모색하고 있다.

| 도움말 주신 분 |

김충재 펄벅기념관 해설사

| 참고자료 |

생생부천, 펄벅여사와 소사희망원.
http://news.bucheon.go.kr/news/articleView.html?idxno=1077
디지털부천문화대전, '펄벅기념관'
유한양행 홈페이지
한국펄벅재단 홈페이지
한도훈, "깊은구지에서 고아, 혼혈아들을 위한 소사희망원을 연 펄벅 선생", 「콩나물신문」, 2016년 8월 26일.
"[이희용의 글로벌시대] 아메라시안의 대모 펄 벅과 소사희망원", 「연합뉴스」, 2017년 6월 5일
"한국을 사랑한 소설 '대지' 작가 펄 벅 부천 펄벅기념관", 「국민일보」, 2018년 10월 31일.

12부

성남

01
망경암

답사일 : 2010년 10월 26일

정화수 떠놓고 빌던 자리

망경암望京庵은 영장산靈長山 중턱에 있다. 영장산은 성남 시내 구시가지 옛 성남 시청의 배산背山이다. 망경암 마당에 올라서면 멀리 북한산까지 보인다. 망경암은 본디 고려 말 조선 초에 세워진 유서 깊은 고찰이라 전해진다. "이성계가 조선을 건국을 할 당시에 무학대사가 한양 도읍지를 정하고 나서 한양 주변 산을 일주했다고 해요. 그때 이 산에 올라보고 절을 만들었다는 설이 전해집니다. 올라 와서 보니까 서울이 보인다 하여 망경암이라 했다는 창건 설화지요." 현 주지 정법正法 스님이 들려준 이야기다. 정법 스님은 1988년부터 망경암 주지를 맡고 있다. 성남시 수정구 복정동 553-1 대한불교조계종 조계사의 직할 사찰이다.

설화는 설화일 뿐, 망경암은 그리 화려한 역사를 이어온 절은 아니다. 망경암은 조선시대 내내 움막처럼 작은 절로 머문 듯하다. 현재 망경암을 이루는 대웅전과 미륵전, 삼성각, 미륵대불은 모두 정법 스님이 암자에 와서 일으킨 불사의 결과들이다. 예전 망경암은 "서너 평짜리 법당이 있던 조그만 암자에 불과"했다고 한다. "일제시대에도 이 지역 토박이들이 찾아와서 정화수 떠놓고 빌고, 그 물을 가져다 먹었던 곳이라고 들었습니다. 칠성대가 칡넝쿨로 덮였던 시기

426 경기도 근현대 생활문화 Ⅰ

망경암 전경

칠성대에서 내려다 본 서울 방향

영장산

도 있었구요."

　망경암의 중심은 법당이 아니라 칠성대七星臺다. 칠성대는 미륵전과 대웅전 사이에 있는 바위 덩어리다. 북향한 이 바위는 절의 창건설화를 낳은 여말선초보다 훨씬 더 깊은 역사를 가지고 있다고 해도 과언이 아니다. 그 이름으로 미루어 한민족의 고유 신앙인 '칠성신앙'의 장소로 추정되기 때문이다. "제가 주지로 온 다음에 일본인 다큐멘터리 감독이 한 사람 여기에 찾아왔었습니다. 그 감독은 여기 칠성대를 칠성신앙의 원류라고 보고 있었습니다."

　'칠성신앙'은 고대 이래로 한민족의 독특한 고유 신앙이다. '칠성신앙'에 따르면 사람으로 태어나는 것 자체가 북두칠성의 기운을 받아야 가능하다고 믿는다. 옛 여인들이 장독대에 정화수를 떠놓고 소원을 빈 대상이 '칠성님'이다. '칠성신', '칠성여래如來', '칠원성군七元星君'으로도 불린 '칠성님'은 비를 내리는 신이자, 인간의 수명과 재물과 소원성취를 관장하는 신격을 지녔다. '칠성신앙' 은 후대로 내려오면서 도교와 결합하기도 하고, 불교와 융합하기도 했다. 정화 수 떠놓고 비는 신앙 형태는 불과 한 세대 전까지도 이어졌다.

따라서 망경암 칠성대는 암자 창건 훨씬 이전부터 이 일대 '칠성신앙'의 중 심이었다고 해도 과언이 아니다. 암자가 세워지고 나서도 오랫동안 절의 기능 보다는 칠성님께 비는 장소였던 것으로 추정된다. 대한제국 시기 칠성대에 마 애여래좌상이 새겨지고 중수비가 세워졌지만, 이 역시 '칠성님'과 '부처님'께 위

칠성대

칠성대 마애여래좌상과 새긴 글

태로운 황실의 안녕을 비는 의미가 강했다고 할 수 있다. 이후 칠성대는 파란과 곡절로 점철된 식민지 근대를 살아내야 했던 힘없는 백성들이 찾아와 소원을 빌고 치성을 드리는 장소였던 듯하다.

정법 스님도 이를 부정하지 않는다. "칠성대 복우물福井은 개인적으로 정화수 떠다 놓고 빌던 곳입니다. 칠성신앙이라고 봐야겠지요. 마애불을 새긴 이유도 칠성신앙과 통합니다. 마애불은 미륵사상인데, 미륵은 꿈과 희망, 내세의 좋은 세상을 기원한다는 의미지요. 칠성대 위에 미륵 불상을 1995년에 세운 것도 그 때문입니다."

두 개의 비석

마애여래좌상과 중수비

망경암 칠성대는 하나의 바위 덩어리이지만 중간 부분이 약간 들어가 있는데, 그 부분에서 물이 솟아 나온다. 큰 암괴 가운데서 샘이 솟는다는 사실 자체가

감로천 샘자리

칠성대를 '칠성신앙'의 중심으로 만들었을 것이다. 바위샘 위에는 '감로천甘露泉'
이라 새겨져 있다. 망경암 마애여래좌상은 감로천 우측 상단 바위에 장방형 감
실을 만들고 그 안에 부조浮彫한 불상이다.

　　마애여래좌상은 결가부좌의 좌상이며 양 어깨를 덮은 통견通肩의 법의法衣
를 입고 있다. 왼손은 가슴에 댔고 오른손 수인은 항마촉지인이다. 얼굴 모습은
마모가 심해 정확한 형태를 파악하기 어렵다. 디지털 성남 문화대전의 관련 항
목은 다음과 같이 평가하고 있다. "마애여래좌상은 조형미나 조각 기법이 그다
지 우수하지는 않지만 정확한 건립 연대를 알 수 있는 몇 안 되는 조선 후기 불
상 중 하나이며, 또한 당시의 칠성 신앙을 알려주는 중요한 자료로서 가치가 있

다." 망경암 마애여래좌상은 경기도 유형문화재 102호로 지정돼 있다.

칠성대의 이곳저곳에는 암벽을 평평하게 다듬고 파서 14곳의 얕은 감실을 만들어 '대황제폐하만만세大皇帝陛下萬萬歲' 등의 명문銘文을 새겨 놓았다. 명문은 북두칠성에 경배를 올리는 내용. 왕실 평안을 비는 내용 등이라고 한다. '마애여래좌상'과 이들 명문은 1897^(광무 1년) 이규승李圭承이라는 사람에 의해 새겨졌다. 이규승은 황실의 후손이다. 이규승은 평원대군, 제안대군의 봉사손奉祀孫이자 종묘서령宗廟署令이었다.

칠성대 감로천 왼쪽 아래에는 두 개의 비석이 서 있다. 이 가운데 큰 비석이 망경암의 역사를 기록한 '망경암칠성대중수비望京庵七星臺重修碑'다. 비문은 고종황제의 등극과 황세자의 탄생을 축원하고, 칠성대를 중수한 사실을 새겨 놓았다. 이들 비석의 비문에 따르면 망경암은 서울이 한눈에 내려다보이는 영장산靈長山 중턱에 위치하고 있어 망경암이라 했으며, 고려 말에서 조선 초에 걸쳐 임금이 친히 찾아와 나라와 백성의 안락과 수복을 기원한 장소라 한다.

조선 왕실에서 세종의 일곱째 아들로 천연두를 앓다 19세에 요절한 평원대군平原大君(1427~1445)과 예종의 둘째 아들로 평원대군의 양자로 입양된 제안대군齊安大君(1466~1525)의 명복을 빌기 위해 망경암마애여래좌상의 위치에 칠성단을 세워 칠성재七星齋를 지냈으며, 이로 인해 이곳을 칠성대七星臺라 불렀다는 내용도 있다. 하지만 앞에서 살폈듯이 이 자리는 왕실의 명명 이전에 고유한 '칠성신앙' 장소였다고 보아야 할 것이다.

큰 비석과 작은 비석 2개가 56cm의 거리를 두고 세워져 있다. 이중 큰 비석이 중수비다. 중수비 역시 이규승이 1898년^(광무 2년) 건립했다고 하며 회백색 화강암제의 비신에 비문이 4면에 있다. 비의 규모는 비신 높이 136cm, 너비 상

53cm, 하 47cm, 두께 14cm이다. 비문은 '대한제국광주영장산망경암칠성대중수서大韓帝國廣州靈長山望京庵七星臺重修序'라는 제목 아래 망경암과 칠성대의 유래 및 대한제국 황실의 번영을 영장산령과 법륜아미法輪阿彌, 봉국세존奉國世尊과 망경약사望京藥師, 칠성대성신七星臺星神 등에게 기원하는 내용을 담고 있다.

작은 비석은 큰 비석보다 24년 전, 즉 고종이 대한제국 황제를 선포하기 전인 1874년(고종 11)에 건립된 것이다. 백색 대리석에 비문이 3면에 있으며, 큰 비석과 마찬가지로 조선 왕실의 번영과 수복壽福을 기원하는 내용을 담고 있다. 작은 비석은 고종의 황제 즉위 이전 건립되었기 때문에 큰 비석에 '황제'로 표현된 것과는 달리 '조선 국왕'으로 표현되어 있다. 크기는 높이 87cm, 너비 42.5cm, 두께 11.5cm이다.

망경암 대웅전

망경암 미륵전

망경암 삼성각

망경암 미륵불

칠성대, 감로천, 복우물

칠성대 중턱 바위샘은 '감로천'이라는 이름 외에 '복우물'이라고도 불린다. 성남시 복정동福井洞이라는 동명은 바로 이 복우물에서 왔다. "복우물은 원래 수량이 풍부했습니다. 20년 전 내가 올 당시만 해도 물이 철철 넘쳤어요. 그래서 칠성대 옆에 수각水閣을 세웠었지요. 그 물이 칠성대 아래 연못으로 흘렀습니다. 하지만 지금은 수각이 없어졌습니다. 영장산 양쪽으로 분당선과 성남선 전철이 생기고 나서 신령스러운 산 영장산의 물길이 끊겼습니다."

정법 스님의 말처럼 현재 수각은 찾아볼 수 없고, 칠성대 바로 아래 인공 연못만 남아 있다. 감로천에서 여전히 물이 솟긴 하지만 수량이 적은 탓이다. 그래도 마을 토박이들이 찾아와 칠성대를 향해 절을 올리고 간다. 이 물은 상

복정동 717번지 복우물

망경암 보호수

수도가 보급되기 전 마을 사람들의 약수이자 식수의 구실도 했다. 많은 절이 대웅전 뒤편에 칠성각, 칠성당, 칠성전이라는 전각을 두고 있는 점도 불교 사찰과 칠성신앙의 결합이라고 보아야 할 것이다. "예전에는 칠성대 앞이 야외 법당 격이었을 겁니다. 거기서 가끔 법회를 했을 것인데, 그야말로 야단법석이 벌어졌던 것이지요."

근현대 시기 망경암 칠성대는 "바위를 가릴 정도로 칡넝쿨이 우거졌던 시기도 있었다"고 한다. 특히 일제강점기에 망경암은 돌보는 이 없는 암자였던 듯하다. "내가 듣기로 영장산은 일제시대 소나무 산이었다고 해요. 그런데 일본인들이 다 베어갔다고 주민들에게 들었습니다." 정법 스님이 망경암에 와서 소나무를 심어보니 잘 자랐다고 한다. 현재 영장산의 소나무는 정법 스님이 심은 것이 대부분이라고 했다.

복정동에 가면 마을 한복판에 또 하나의 '복우물'이 있다. "망경암 칠성대 감로천이 그 우물의 원류입니다. 여기서 흘러내린 물이 마을로 가서 샘을 이룬 것이지요." 실제로 망경암 인근에 사는 40~50대는 망경암 개울에서 가재를 잡던 추억을 가지고 있다. 망경암은 이들이 어릴 적 소풍 오던 자리다.

정법 스님의 말대로 복정동 716-6(성남 대로 1380번 길)에 있는 복우물 안내판에는 '제2의 복우물' '복샘'이라고 표현되어 있다. 이 우물은 17세기부터 1985년 상수도가 들어올 때까지 마을의 식수원이었다. 그 후 폐쇄됐다가 2003년 12월 복원했다. 지금은 뚜껑을 덮고 사용하지 않으나, 열어보면 꽤 깊은 우물이라는 걸 알 수 있다. 두 개의 복우물은 이 일대 칠성신앙의 뿌리가 같다는 증거다.

"본래 영장산의 3대 사찰은 망경암. 봉국사, 법륜사입니다. 법륜사는 없어졌고, 봉국사는 조선 중기 사찰입니다. 일반적으로 망경암이 봉국사의 암자처럼 알려져 있지만, 이는 사실이 아닙니다. 잘못된 인식이죠. 왜냐하면 절은 대체적으로 암자부터 생깁니다. 암자에서 공부하여 법력이 높아진 스님이 절을 세우는 식이지요."

지금은 높은 빌딩이 들어서면서 망경암 마당에서 한강과 서울이 훤히 보이지는 않는다. 하지만 예전에는 망경암에서 창경궁까지 보였다고 한다. 반면 봉국사는 성남 시가지가 개발되면서 도심에 인접한 사찰이 되었다. 망경암이 봉국사의 암자라는 오해도 이 때문에 발생한 듯하다. 망경암 역시 1990년대 전통사찰로 등록되었다. 하지만 근현대 시기에도 이어져온 칠성신앙을 보여주는 중요한 장소로서 망경암과 칠성대는 여전히 더 깊이 연구해 볼 가치가 있다고 판단된다.

| 도움말 주신 분 |

정법 스님 망경암 주지

| 참고자료 |

경기도, 『경기도 근대문화유산 조사 및 목록화 보고서』, 2004
http://seongnam.grandculture.net/ 디지털성남문화대전

02
옛 광주대단지 제일교회 건물

답사일 : 2009년 10월 13일

'광주 대단지 사태'의 구심점이었던 교회

성남 수정 경찰서 앞 대로를 건너 주택가 한복판에 예전에 교회 예배당으로 쓰

이던 건물이 있다. 지금은 다세대주택 용도로 리모델링 되어 겉으로 보아서는

광주대단지
제일교회 예배당이었던
건물

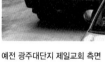

예전 광주대단지 제일교회 측면   예전 광주대단지 제일교회 내부 계단

교회의 흔적을 찾아보기 힘들다. 현 지번으로 성남시 수정구 태평 1동 5768번지. 이곳에 자리 잡고 교회 구실을 하던 당시 교회명은 광주 대단지 제일교회였다. 1969년 12월 첫 예배를 드린 이 교회는 성남 지역에 최초로 들어선 교회로서 처음부터 '광주 대단지'의 아픔과 슬픔을 껴안고 출발했다.

"당시에 근처는 허허벌판이었습니다. 이곳으로 강제 이주 당한 서울 철거민들이 천막을 치고 살거나 토굴 생활을 했지요. 천막 하나에 2~3세대가 함께

예전 광주대단지 제일교회의 현 주소판　　　　　　　　　　　　　예전 광주대단지 제일교회 입구 자리

살았지요. 화장실도 없었고 비가 오면 진흙 구덩이가 되었어요. 저도 그 무렵 저 너머 동네에서 살았는데, 저희 부부는 서울에서 온 게 아니라 충남 부여에서 이사를 왔지요. 다닐 교회를 찾아다니다가 이 교회를 발견했습니다. 들어가 보니까 1층은 돼 있는데, 2층은 마무리가 안 돼 있었어요. 교인이라고는 전성천 목사님 내외, 전도사님 두 분, 우리 부부, 그리고 길 가다가 작은 나무 십자가를 보고 들어온 행인 한 사람 이렇게 일곱 명이 전부였습니다."

이범필 성남교회 원로장로와 유병순 장로(이 장로의 부인)의 증언이다. 이들이 봉직하는 성남교회는 광주 대단지 제일 교회가 1990년 수정 경찰서 맞은편에 번듯한 예배당을 세워 옮겨가면서 바꾼 이름이다. 성남교회 주보에 보면 교회창립일이 1970년 11월 29일로 되어 있다. 첫 예배를 드린 때로부터 거의 1년이나 걸려 교회를 완공하고 입당예배를 드렸기 때문이다. 사재를 털어 교회를

성남시가지

세운 이는 전성천全聖天 목사(1913~2007)다.

　전 목사는 경북 예천 출생으로 일본 아오야마靑山학원에서 신학을 공부했고, 프린스턴대학 석사, 예일대 철학박사를 받은 엘리트였다. 전 목사는 이승만 정권 말기인 1959년 장관급인 공보실장을 지냈다.

　"전 목사님이 정계를 은퇴한 뒤에 미국의 대학교수로 초청을 받았다고 해요. 그런데 광주 철거민 소식을 듣고 현장에 와 보니 너무 험악하거든요. 그래서 이곳에서 하나님의 사역을 하자고 결심했다고 들었습니다. 참 고생을 많이 하셨습니다. 호롱불을 켜고 예배를 드리고, 심방을 가야 거의가 천막집이라 들어갈 자리도 없었지요. 그래

다른 각도로 본 성남 시가지

태평동 주택가. 언덕의 경사가 심한 구릉지대다

도 목사님이 이렇게 설교하시던 게 기억납니다. '지금은 엉망진창이지만 희망을 가지고 살자. 10년 후에는 우리 교인들이 자가용 굴리고 사는 날이 올 것이다.' 당시엔 안 믿었지만 결국 그렇게 됐지요."(이범필 장로)

전 목사는 헌신적으로 목회를 했던 듯하다. 당시 광주대단지 제일교회 교인들은 그가 사방으로 뛰어다니며 교섭해서 밀가루와 이부자리를 얻어다 주고, 세브란스 병원 의료팀이 1주일에 한 번씩 찾아와서 진료를 해주게 했다고 기억한다. "이 동네에 하도 굶어서 머리카락이 나지 않는 아이들이 있었어요. 전 목사님이 우유를 구해다 먹여서 치료를 하기도 했지요."(유병순 장로) 전 목사는 1971년 여름 이른바 '광주 대단지 사태'의 중심인물이기도 했다.

광주대단지와 1971년 8월 10일

성남시 수정구 복정동 망경암望京庵이 자리 잡은 영장산靈長山에서 내려다보면 태평동을 비롯한 수정구 일대가 한눈에 내려다보인다. 성남 시청과 성남 대로 뒤쪽으로 경사도 가파른 언덕을 따라 주택이 빽빽이 들어서 있다. 지금은 완전히 자리를 잡은 시가지의 모습을 갖추고 있지만 서울시가 이곳을 개발하기로 결정했을 당시엔 '사람 사는 곳'으로 그리 적합하지 않은 구릉지대에 지나지 않았다. 그럼에도 불구하고 서울시는 1967년 7월 땅값이 싸고 농경지가 적은 이곳(당시 지명 광주군 중부면 수진리, 탄리, 단대리, 상대원리) 일대 300만 평에 10만 5,000가구 인구 50만~60만 명이 거주하는 대규모 주택단지를 건설하겠다고 발표했다.

말이 좋아 대규모 주택단지이지 실상은 서울시가 1960년대 내내 밀어붙인 '무허가 판잣집 강제이주 정책'의 일환이었다. 서울시는 6.25 이후 자연발생적으로 형성된 판잣집촌을 눈에 잘 띄지 않는 곳으로 치우는 방식을 선호했는데, 이는 도시미관이라는 미명 아래 영세 서민 주거권과 생계문제를 무시하는 편의적인 방식이었다. 어쨌거나 서울시는 현장에 '광주대단지사업소'를 설치하고 곧 사업에 착수했다. 그러나 행정은 경기도가 설치한 '성남지구출장소'가 맡았다.

'광주 대단지'에 최초로 입주한 사람들은 용산역 주변 철거민 3,301가구였다. 이때가 1969년 9월 1일이었다. 당시 서울시는 주택단지 계획면적의 절반도 매입하지 못한 상태였고, 이주하는 철거민에게 1가구 당 땅 20평을 나누어주었을 뿐 주거시설이고, 기반시설이고 아무 것도 갖추지 못한 상황이었다. 땅도 거저 나누어 준 것이 아니다. 다만 '선입주 후지불' 하기로 했을 따름이다. 그런데도 이주를 강행한 것은 박정희 당시 대통령이 외국인 관광객을 맞이하는 준비로 주요 철도역 주변을 말끔히 정리하라는 지시를 내렸기 때문이라고 한다. 이후 이주는 급속히 진행되어 71년 여름 무렵이면 15만~17명이 거주하는 것으로 추산되었다.

　이주민들은 시에서 지급한 천막 쪼가리로 토굴과 같은 움막을 짓고 살았다. 더 큰 문제는 생계였다. 이주민들은 대부분 서울로 가서 막노동 등 날품을 팔아 연명하는 형편이었다. 하지만 광주 대단지에서 서울로 가는 길은 천호동까지 가는 폭 7m의 국도 하나뿐이었다. 이 길로는 버스도 잘 다니지 않았고 요금도 비쌌다. 광주 대단지 이주민들이 이용하는 버스 요금은 서울 시내버스 요금의 2배였고, 서울 도심까지 거의 2시간이 걸렸다. 그래도 광주 대단지에는 일자리가 없었기 때문에 이주민들은 일거리를 찾아 서울까지 가지 않으면 안 되었다.

서울 방향

    71년 봄부터 서울시는 지가 정산 작업에 들어갔다. 그 해 7월 주민들에게 토지 가격 납부고지서가 발부되었다. 대책 없이 대단지 사업을 벌인 서울시는 급등한 지가와 조성비를 이주자들에게 전가하는 방식으로 토지가를 산정했다. 철거민 이주자에게는 실비^(평당 2,000원) 수준, 입주증을 사서 들어온 입주자에게는 평당 8,000^(C급)~1만 6,000원^(A급)을 7월 말까지 일시불로 완불토록 요구했다. 당시 이주민 구성을 보면 철거민이 2만 1,300여 가구 10만여 명, 전매입주자가 6,344가구 1만 4,000여 명, 공장 입주 및 유보지 매각 등에 따라 전입한 약 3,000가구, 1만 3,000여 명이었다.

    입주증이 전매된 것은 앞서 언급한 생계문제로 인해 이주당했던 철거민이 입주증을 팔고 서울로 갔기 때문이다. 입주증을 사서 온 주민들이나 기타 전입 가구도 영세 서민이기는 마찬가지였다. 그렇지 않다면 생활기반이 전무하다시피 한 이곳으로 옮겨올 이유가 없었다. 이들은 이미 입주증을 산 데다가 다시 이처럼 높은 땅값을 감당할 수 없었다. 광주 대단지 분양가는 다른 지역과 비교해도 지나치게 높게 책정된 것이었다. 서울시 거여동의 경우 10평 정도를 철거민에게 분양할 때 500~2,500원이었고 서울 남산의 땅값이 1만 6,000원이었기 때문이다. 게다가 엎친 데 덮친 격으로 경기도가 가옥 취득세까지 부과했다. 가뜩이나 토지 대금 때문에 예민해져 있던 주민들은 10평당 평균 3,000원씩을 산정하여 3,712동에 대해 1,539만 원이 부과되자 불만이 극도로 부풀어 올랐다.

    71년 제헌절에 분노한 광주 대단지 주민 100여 명이 광주 대단지 제일 교회로 모였다. 이들은 단지를 11개 구역으로 나누고 각 구 대표 1명씩을 선출하여 11명으로 '불하가격 시정위원회'를 구성했다. 19일 이 위원회가 주도한 집회에 2,000여 명이 참석했다. 이 자리에서 각 구마다 2명의 대표를 더 뽑아 위원회를 33명으로 확대했고, 위원장에는 제일 교회 박진하 장로를 선출하고 전성천 목사를 고문으로 추대했다.

불하가격 시정위원회가 주장한 요구 조건은 첫째, 철거민이나 전입자를 불문하고 대지 불하 가격을 평당 2,000원 이하로 해줄 것, 둘째, 불하 대금의 상환은 10년간 연부상환토록 해줄 것, 셋째, 향후 5년간 각종 세금을 면제할 것, 넷째, 영세민 취로장 알선과 그들에 대한 구호 대책을 수립할 것 등이었다. 그러나 서울시와 경기도가 이러한 요구 조건을 묵살하고 기존의 방침을 고수하자 불하가격 시정 위원회는 시정 위원회를 투쟁 위원회로 명칭을 변경하고 요구 조건의 관철을 천명하였다. 당황한 광주 대단지 사업소 측이 타협안을 제시하였으나 결렬되었고, 8월 9일 최종안 서울시 제2부시장이 내려왔으나 역시 실패하였다.

8월 10일 비가 내리는 가운데 투쟁 위원회는 양택식 서울시장이 내려오기를 기다렸다. 시장이 온다는 소식에 성남출장소(현재 성남시청) 뒷산에 아침부터 3만여 주민이 운집했다. 하지만 이들의 기세에 겁을 먹은 양 시장은 당초 약속 장소가 아닌 인근 업체의 회의실에서 주민 대표들과 만났다. 그러나 주민들의 감정이 폭발했다.

흥분한 주민들은 성남출장소 마당에 세워 둔 반트럭과 관용차를 불태우며 시위를 전개하였다. 오후 1시에 이르러 시위를 주도한 40여 명이 시영 버스를 탈취하여 서울로 가자는 구호와 함께 수진리고개로 진출하였다. 2시부터 과격해진 주민 5,000여 명은 단지 앞 간선도로에서 지나가는 버스와 트럭을 탈취하여 주변 간선도로에서 시위운동을 전개했다. 이에 서울시 경찰국 소속 기동대 50여 명이 단지 입구 수진리고개에서 서울 진출을 저지하기 위해 대치하는

성남대로. 광주대단지 시절 서울로 가는 유일한 도로였다. 당시엔 비포장 7m 도로에 불과했다

한편 최루탄을 발사하여 해산을 시도하자 시위자들은 투석전으로 맞섰다. 서울시 경찰국 기동대 4,500여 명과 광주 경찰서 기동대 400여 명이 도착하여 시위대를 저지하자 시위 양상은 더욱 과격하게 진행되었다. 시위대는 오후 2시경에 성남파출소에 몰려가 파출소의 유리창을 파괴하고 파출소에 주차한 광주 경찰서 소속의 경찰차에 휘발유를 뿌려 불살랐다. 이러한 시위 투쟁은 오후 5시까지 진행되었으며 마침내 서울시가 주민들의 요구 조건을 수용하겠다는 소식이 전해지자 진정 국면으로 전환하였다.(《디지털성남문화대전》 '8.10광주대단지사태')

양 시장과 대표자들 간에는 4개 항의 합의가 이루어졌다. 첫째, 전입자의 대지가격도 철거민 수준으로 한다. 둘째, 구호양곡을 방출하고 자조근로공사自助勤勞工事를 실시한다. 셋째, 경기도와 협의하여 취득세 부과를 보류토록 하며

다른 세금도 가급적 면제되도록 정부와 협의한다. 넷째, 주민은 당국과 협조하여 계속 지역발전에 노력한다. 합의된 내용을 보면, 서울시가 왜 이 지경까지 사태를 방치했을까 하는 의문을 떨치기 어렵다. 이에 대해 당시 서울시 고위관계자였던 학자는 '전성천의 정치적 야망이 사태의 원인 가운데 하나'라고 지적하고 있다. 하지만 사건의 발단과 경과로 미루어 이러한 지적은 설득력이 약하다. 전 목사의 '선동'이 없었더라도 주민들의 분노는 이미 임계점을 넘어서 있었다고 할 수밖에 없기 때문이다.

어쨌거나 이날의 사태로 성남출장소가 전소되고, 광주 대단지 사업소가 대파되었으며 차량 22대가 불탔다. 경찰 20여 명, 주민 7명이 부상을 당했다. 경찰은 이에 대한 처벌로 22명을 구속했다. 한편 전국적으로 이목이 집중되자 8월 11일 대통령의 지시로 새로운 도시계획을 확정하고 이 지역을 독립된 자치단체로 인정하기로 하는 등 종합적인 대책이 강구되었다. 주민들의 생활여건을 개선하기 위한 대책도 시행되었다. 즉각 구호양곡으로 밀가루 500포대가 보내졌고, 정부는 이듬해 3월까지 구호양곡 1,808t의 지급과 1973년까지 56억 원을 투자하겠다는 계획을 세웠다. 교통대책, 상수도 및 전화 가설, 시장 개설, 학교 건립 등의 부차적인 계획도 발표됐다. 이후 1973년 7월 1일 광주대단지는 성남시로 승격되었다.

1971년 8월 10일의 광주 대단지를 어떻게 규정하느냐를 두고 아직도 의견이 엇갈린다. 여전히 '난동' 혹은 '폭동'으로 보는 시각이 있다. 성남에 관한 온라인 백과사전인 〈디지털 성남 문화대전〉은 '1971년 8월 10일 광주 대단지 빈민층이 도시화 과정에서 파생하는 소외와 개발의 구조적 모순에 반대하여 일으킨 사건'으로 정의한다. 일각에서는 '오늘날의 성남을 있게 한 시민운동으로 보아야 한다.'는 의견을 제시하기도 한다. 무엇이라고 규정하건 간에 한 도시를 탄생시키기 위한 산통産痛치고는 가혹한 고통이었다는 사실만큼은 누구도 부인하기 어렵다. 광주 대단지 제일 교회는 그 고통의 한복판에 서 있었다.

기억의 도시학

"여기가 교회로 들어가는 입구였습니다. 저기 종탑이 있었구요. 건물 겉모습은 변했지만 안을 들여다보니 2층으로 올라가는 계단 같은 것은 예전 그대로네요." 이범필 장로는 지금은 주차장으로 변한 자리 앞에서 예전 교회의 구조를 설명해 주었다. 하지만 이제는 소유자도 바뀐 데다 문이 잠겨 있어 옛 계단을 제대로 살펴보기는 어려웠다. "전 목사님이 교회 마당 한 귀퉁이에 작은 사무실을 마련해 주시기도 했지요." 당시 제일 교회에 다녔던 신도들은 1백 평 남짓한 터전에 2층으로 세워졌던 교회에서 올리던 예배와 친교의 시간들을 소중한 추억으로 간직하고 있다. 그러나 이 장로처럼 원로들이나 옛 교회 자리를 정확히 기억할 뿐 요즘 세대는 주택가 속

광주대단지 제일교회의 후신인 성남교회 전경

에 자리 잡은 예전 교회 건물을 찾아가지도 못한다. "내년이 헌당예배를 드린 40주년이기 때문에 '성남교회 40년사'를 지금 준비 중입니다."

성남교회 교인이 아니더라도 성남 시민이라면 교회 초기 역사는 매우 중요한 기록적 가치를 지닌다. 성남 탄생의 역사와 일치하기 때문이다. 성남은 이제 경기도 내 인구 2위[93만], 총예산 규모 2조 2,000억 원의 대도시로 발돋움했다. 성남은 여전히 더 큰 앞날을 꿈꾸는데 몰두할 뿐 아픈 과거는 '새우 벼락 맞던 얘기' 쯤으로 여긴다는 인상이 강하다. 하지만 역사를 외면하고 미래를 기약할 수 있을까. 1971년 8월 10일에 배태된 이 도시의 유전자가 미래의 발목을 계속 붙잡을지도 모른다.

이는 비단 성남에만 국한되는 이야기도 아닐 듯하다. 화려한 도시의 욕망을 쫓느라 변두리로 밀려나는 서민들의 생존권과 주거권을 돌보지 않는 다른 도시들도 마찬가지다. 2009년 용산의 기억이 생생한데 아직도 도시재정비라는 미명 하에 진행되는 대책 없는 철거의 현장들이 이를 말해 준다. 십분 양보해서 우리의 근대도시들이 현대화되는 과정에서 불가피하게 겪을 수밖에 없었던 과정이라고 받아들인다 해도 앞으로도 그러할 수밖에 없다는 논리는 수긍하기 어렵다. 시행착오를 되풀이하지 않기 위해서라도 기억의 도시학은 절실하다.

2004년 성남문화원은 '광주 대단지 사건의 역사적 재조명'이라는 학술

성남교회 머릿돌.
창립일을 광주대단지 제일교회 헌당일로 명기해 놓았다

예전 성남시청 자리. 광주대단지사태가 발생했던 장소다

회의를 개최했다. 회의를 준비하는 과정에서 어려움이 적지 않았다고 한다. 그러한 주제의 학술회의를 꼭 해야 하느냐에서부터 발표자와 토론자의 섭외까지 말이 많았다는 것이다. 71년 8월로부터 33년이나 지났는데도 그때 그 사건을 예민한 문제로 받아들이는 시각이 여전하다는 증거다. 하지만 달리 보면 늦었지만 성남이 용기 있게 자신의 과거를 객관화하기 시작했다는 점에서 고무적이라고 해석할 수도 있다. 한 걸음 더 나아가 성남시가 당당하게 과거를 기억하고 조명하는 태도를 보여줄 날을 기대한다.

| 도움말 주신 분 |

진영욱 성남시 학예연구사
이범필 성남교회 원로장로 (017−343−9930)
유병순 성남교회 장로
길종식 성남교회 장로 (010−7227−4720)

| 참고자료 |

성남시사편찬위원회, 『성남시사』, 2004.
성남문화원, 『광주대단지 사건의 역사적 재조명』, 2004
http://seongnam.grandculture.net (디지털성남문화대전)

경기그레이트북스 **18**

경기도 근현대 생활문화 I

초판 1쇄 발행 2019년 12월 23일

발 행 처 경기문화재단
          (16614 경기도 수원시 권선구 서둔로 166 생생 1990)
기 　 획 경기문화재단 경기학연구센터
집 　 필 양훈도
편 　 집 진디자인 (전화 031-256-3614)
인 　 쇄 우리들행복나눔 인쇄사업단 (전화 031-442-0470)

ISBN 979-11-958557-3-5 04900
      979-11-958557-1-1 (세트)